本书系国家社科基金一般项目『唐前期陇右防御体系研究』（16BZS118）的结项成果

本书受宁夏大学民族学一流学科建设经费资助出版（NXYLXK2017A02）

唐前期陇右防御体系研究

李新贵　著

中国社会科学出版社

图书在版编目(CIP)数据

唐前期陇右防御体系研究 / 李新贵著. —北京：中国社会科学出版社，2023. 9

ISBN 978 - 7 - 5227 - 2541 - 3

Ⅰ. ①唐…　Ⅱ. ①李…　Ⅲ. ①防御体系—研究—甘肃—唐代　Ⅳ. ①E294. 21

中国国家版本馆 CIP 数据核字(2023)第 162950 号

出 版 人　赵剑英
责任编辑　杨　康
责任校对　夏慧萍
责任印制　戴　宽

出　　版　中国社会科学出版社
社　　址　北京鼓楼西大街甲 158 号
邮　　编　100720
网　　址　http://www. csspw. cn
发 行 部　010 - 84083685
门 市 部　010 - 84029450
经　　销　新华书店及其他书店

印刷装订　三河市华骏印务包装有限公司
版　　次　2023 年 9 月第 1 版
印　　次　2023 年 9 月第 1 次印刷

开　　本　710 × 1000　1/16
印　　张　15. 5
插　　页　2
字　　数　226 千字
定　　价　89. 00 元

序

李新贵先生《唐前期陇右防御体系研究》即将付梓，要我写一篇序言。该书是融合历史地理和军事历史研究的积年力作，我对历史地理没有研究，近年因课题任务，对中国古代军事思想、国防战略与军事地理的联系有一些接触和思索，借此机会试谈谈粗浅看法。

地理是历史的舞台、文明的胎腹，自不待言。对于军事和战争而言，地理是基本的活动空间。人类社会的各种职业，都有其活动的空间，军事职业的基本活动空间就是地理，一切战争都在地理空间中进行，一切军事规划都以地理为根本的基础。因此，老祖宗孙武子说，“地之道也，将之至任也”“不可不察也”！《孙子兵法》十三篇，有三篇（《行军篇》《地形篇》《九地篇》）都是专门论述地理地形问题的，在孙子看来，从事军事和战争这个行当而不了解地之理，那就简直是寸步难行。遗憾的是，后世历代兵学家大多数典而忘祖，热衷于谈论虚实、奇正之变，以为这就是孙子的真传，而少言地理，更罕做具体深入的地理调查分析，以至兵书撰著汗牛充栋，大多皆虚泛空谈，不切实际，无补实用，反而有害。这也是中国传统兵学的一个悲哀。在军事地理的调查分析上，秦汉以后倒是“不谙军务”的儒生做出了巨大贡献，郦道元《水经注》、顾祖禹《读史方舆纪要》，其在军事上的价值，超过了秦汉以后大部分的兵书。

陇右地区东屏关中平原，西扼河西走廊，历史上是中国西部极其重要的咽喉之地。在秦始皇统一中国时，它是秦王朝最西部的防线，秦长城西边的起点就在这里。汉武帝开拓河西后，它是中原王朝西部的最后一道防线。汉唐两朝的前期，国势昌盛，都大力开拓西域，把西部防线前推至河西走廊和新疆地区，但后来随着国势衰颓，又都不约而同地收缩防线，陇右地区也因此又成为西部防线的前沿，一旦这里失守，强敌循渭河谷地东进，关中危矣！所以中原王朝对于陇右的防御都很上心，特别是唐代，吐蕃崛起，试图遮断河西，陇右地区成为保河西而护关中的关键，面临空前的压力，唐朝在这里进行了长期的经营和艰难的斗争。

唐朝在陇右的防御体系，以陇右地理格局为基础，根据敌我情势的变化而不断调整。新贵先生此作，对唐前期陇右防御体系作了全面系统的历史考察，对其地理布局的调整变化过程和体系构成、功能作用以及得失教训作了具体深入的分析总结，辨明了许多不为常人了解的原因和道理，是迄今这个方面研究的集成之作。后人再谈陇右军事地理，必不遗此书矣。

“青海长云暗雪山，孤城遥望玉门关。”陇右、河西紧密相接，守望相连，这里是唐朝向西开拓的起点。唐朝经略西域，一度取得了超越前人的成就，但最终却只能退守陇右，甚至把河西都放弃了，这个历史过程让人扼腕叹息。新贵先生以后可把对唐朝陇右地理、军事的研究，纳入唐朝大西北历史的整体框架，深入探讨其中的历史规律和得失教训，必会有新的收获。

钟少异

2022 年 6 月 23 日

目　录

绪　论

一　选题意义

两《唐书》列传部分都有对唐代周边民族的记载。无论是《旧唐书》，还是《新唐书》，突厥、吐蕃、回纥均单独列传；余下绝大部分民族分别列在《南蛮传》《西南蛮传》《西戎传》《东夷传》《北狄传》，或者在《北狄传》《东夷传》《西域传》《南蛮传》下。按照地理方位，突厥列于《北狄传》下，《旧唐书》称其为“北狄”，①《通典》确实将其看作北狄的一部分。② 吐蕃，列于《西戎传》下，《旧唐书》称其为“西戎”。③《通典》同样将其看作西戎的一部分。④至于回纥，虽然两《唐书》等文献未对其势力范围明确记载，但自唐肃宗（756—762）之后至文宗（827—840）之前，七十余年北方草原未能有颉颃者。⑤

---

① （后晋）刘昫等：《旧唐书》卷194上《突厥传上》，中华书局1975年版，第5153页。

② 《通典》卷197《边防典十三》、卷198《边防典十四》、卷199《边防典十五》直接将突厥列于“北狄四”“北狄五”“北狄六”等条下［（唐）杜佑撰，王文锦点校，中华书局1988年版，第5401、5432、5452页］。

③ （后晋）刘昫等：《旧唐书》卷196上《吐蕃传上》，中华书局1975年版，第5219页。

④ 《通典》卷190《边防典六》直接将吐蕃列于“西戎二”条之下（中华书局1988年版，第5170页）。

⑤ （后晋）刘昫等：《旧唐书》卷195《回纥传》，中华书局1975年版，第5199—5216页；（宋）欧阳修等：《新唐书》卷217上《回鹘传上》，中华书局1975年版，第6111页。

表 1　　两《唐书》列传所见唐代周边民族一览

《旧唐书》		《新唐书》	
卷 194 上/下	突厥传	卷 215 上/下	突厥传
卷 195	回纥传	卷 216 上/下	吐蕃传
卷 196 上/下	吐蕃传	卷 217 上/下	回鹘传
卷 197	南蛮传 西南蛮传	卷 218	沙陀传
卷 198	西戎传	卷 219	北狄传
卷 199 上	东夷传	卷 220	东夷传
卷 199 下	北狄传	卷 221 上/下	西域传
		卷 222 上/中/下	南蛮传

两《唐书》为何单独给突厥、吐蕃、回纥列传呢？《新唐书》记载：

> 唐兴，蛮夷更盛衰，尝与中国亢衡者有四：突厥、吐蕃、回鹘、云南是也……凡突厥、吐蕃、回鹘以盛衰先后为次；东夷、西域又次之，迹用兵之轻重也；终之以南蛮，记唐所由亡云。①

之所以给突厥、吐蕃、回纥单独列传，是因为它们曾先后颉颃于唐朝。虽然南诏/云南没有单独列传，但它自唐文宗（827—840）开始至懿宗（859—873）之世，亦令唐朝不得不疲于应付。② 东夷、西域等其他民族于唐朝而言，基本上是处于防守状态，迥异于突厥、吐蕃、回纥、云南与唐朝的互为攻守。至于其他民族，于唐朝国家安全的影响则又次之。③

---

① （宋）欧阳修等：《新唐书》卷 215 上《突厥传上》，中华书局 1975 年版，第 6023、6027—6028 页。

② （宋）欧阳修等：《新唐书》卷 222 中《南蛮传中》，中华书局 1975 年版，第 6281—6295 页。

③ 比如北狄、东夷、西南蛮，“北狄密迩中华，侵边盖有之矣；东夷隔碍瀛海，作梗罕常闻之”“西南蛮夷不少矣，虽言语布偶听，嗜欲不同，亦能候律瞻风，远修职贡”［（后晋）刘昫等：《旧唐书》卷 199 下《北狄传下》，中华书局 1975 年版，第 5364 页；（后晋）刘昫等：《旧唐书》卷 197《西南蛮传》，中华书局 1975 年版，第 5286 页］。

至此，根据周边民族对唐之国家安全的影响，从地缘战略角度可以将它们分为两种类型：第一种为地缘战略对手，如突厥、吐蕃、回纥与南诏。[①] 称为地缘战略对手，因为它们有能力在本境之外运用力量去改变自己的地缘政治状况，影响唐朝的国家利益，像吐蕃与突厥、吐蕃与回纥的联合以制衡唐朝；第二种为地缘政治支轴政权，如吐谷浑、契丹。这些政权的重要性体现在夹处地缘战略对手之间的敏感地理位置，可能因此成为大国之间争夺的地带。吐谷浑因位处吐蕃、唐朝之间，使它成为吐蕃、唐朝都城上游的屏障，进而成为吐蕃、唐朝两大地缘战略对手激烈角逐之处。

安史之乱（755—763）之前，唐朝的地缘战略对手主要是突厥与吐蕃。唐朝定都关中，所以它有两个经略国家安全的战略方向。一是以长安为中心指向大漠南北的广阔草原地带，二是以长安为中心指向经河西走廊至西域的纵深地带。贞观四年（630）灭掉东突厥后，唐朝首要任务是打破突厥管理部属的两翼制[②]，建立弱化突厥原来统辖之下及周边民族的羁縻府州制[③]，以防止像突厥这样的政权东山再起。因此，唐朝对长安以北的大漠南北实行的是一种先破后建的战略。至

---

① 南诏首先是一个地处唐朝、吐蕃这两个地缘战略对手之间的地缘战略支轴政权。（后晋）刘昫等《旧唐书》卷197《西南蛮传》记载：天宝十年，阁罗凤说：“吐蕃大兵压境，若不许，当归命于吐蕃，云南之地，非唐所有也”，中华书局1975年版，第5281页。阁罗凤从位于唐朝与吐蕃两大地缘战略棋手之间的敏感位置，向唐朝提出自己的利益诉求。后来南诏同样利用其敏感的地理位置与吐蕃结盟，逐渐成为与唐朝的地缘战略棋手。随后趁着吐蕃衰落的际遇，才逐步地成为抗衡唐朝的地缘战略对手。

② 突厥汗国自木杆可汗之后，将其牙帐从金山（今新疆北部阿尔泰山）迁到于都斤山（今蒙古国杭爱山北山）后，大可汗把整个突厥汗国按照两翼制分为左、中、右三部。可汗处于于都斤山，直辖整个汗国中部，大致范围北起今贝尔加湖南至阴山的蒙古草原中部地区。东面可汗地位仅次于大可汗，辖区在突厥汗国东部，即左地，牙帐置幽州之北，管理契丹、奚、霫、室韦等部族。西面可汗地位次于东面可汗，辖区在突厥汗国西部，即右地，牙帐设置在鹰娑川（今新疆库车县北开都河），管理西起今咸海，北统铁勒诸部，葱岭东西诸国都为其所辖。至隋开皇十九年（599），隋朝册立启民可汗，至唐贞观四年（630）颉利可汗被俘，这段时期是为东突厥汗国时期。这时的东突厥汗国分为东西两部，西牙为大可汗统辖之地，牙帐设置在定襄（今内蒙古自治区呼和浩特市南），辖区北起于都斤山、南至阴山以南，西至吐谷浑、高昌。东牙牙帐设置幽州之北，所辖范围大致在大兴安岭东西两侧区域。参见肖爱民《中国古代北方游牧民族两翼制度研究》，人民出版社2007年版，第119—126页。

③ 关于这个问题详细论述，可以参考唐太宗国家安全战略实践之章节。

于长安以西的纵深地带，则遵循汉武之迹实行由东向西、寓战于建的战略。

> 是岁，又诏右鹰扬卫将军王孝杰为武威道行军总管，率西州都督唐休璟、左武卫大将军阿史那忠节击吐蕃，大破其众，复取四镇，更置安西都护府于龟兹，以兵镇守。议者请废四镇勿有也，右史崔融献议："戎狄为中国患尚矣，五帝、三王所不臣。汉以百万众困平城，其后武帝赫然发愤，甘心四夷，张骞始通西域，列四郡，据两关，断匈奴右臂，稍稍度河、湟，筑令居，以绝南羌。于是郭候亭燧出长城数千里，倾府库，殚士马，行人使者岁月不绝，至作皮币，算缗法，税舟车，榷酒酤。夫岂不怀，为长久计然也！匈奴于是孤特远窜，遂开西域，置使者领护。光武中兴，皆复内属，至于延光，三绝三通。太宗文皇帝践汉旧迹，并南山抵葱岭，剖裂府镇，烟火相望，吐蕃不敢内侮。高宗时，有司无状，弃四镇不能有，而吐蕃遂张，入焉耆之西，长鼓右驱，逾高昌，历车师，钞常乐，绝莫贺延碛，以临敦煌。今孝杰一举而取四镇，还先帝旧封，若又弃之，是自毁成功而破完策也。夫四镇无守，胡兵必临西域，西域震则威憺南羌，南羌连衡，河西必危。且莫贺延碛袤二千里，无水草，若北接虏，唐兵不可度而北，则伊西、北庭、安西诸番悉亡"，议乃格。①
>
> 昔秦以陇山已西为陇西郡。汉怀匈奴于河右，置姑臧、张掖、酒泉、伊吾等郡；又于碛外置西域都护，控引胡国；又分陇西为金城、西平等郡，杂以氐、羌居之。历代丧乱，不为贤豪所据，则为远夷侵废，迨千年矣。武德初，薛仁杲奄有陇上之地，至于河湟；李轨尽有凉州之域，通于碛外。贞观中，李靖破吐谷浑，侯君集平高昌，阿史那社尔开西域，置四镇。前王之所未

① （宋）欧阳修等：《新唐书》卷216上《吐蕃传上》，中华书局1975年版，第6078—6079页。

> 伏，尽为臣妾，秦、汉之封域，得议其土境耶！于是岁调山东丁男为戍卒，缯帛为军资，有屯田以资糗粮，牧使以娩羊马。大军万人、小军前人，烽戍逻卒，万里相继，以却于强敌。陇右鄯州为节度，河西凉州为节度，安西、北庭亦置节度，关内则于灵州置朔方节度，又有受降城、单于都护亭为之藩卫。[①]

第一段文献是武周长寿元年（692），王孝杰率部击败吐蕃，设置安西四镇与安西都护府后，崔融针对废弃安西四镇者所提出的驳斥理由。第二段文献是天宝十四年（755），针对哥舒翰率部东屯潼关造成长安以西防御空虚的议论。两者都赞同汉武帝为断隔匈奴与羌部联系设置的武威、酒泉、张掖、敦煌、金城五郡，为控制西域所设置的西域都护府；亦认同唐太宗遵循汉武帝策略所设计的一系列军政建置，从而说明唐朝对长安以西纵深地带采取的是一种从东向西逐步开拓的战略。这与吐蕃从西域威胁河西走廊、连衡吐谷浑、进逼关中的西进战略产生了激烈碰撞。无论吐蕃从西域，还是从湟水流域，抑或是从其他地方东进，都说明唐与吐蕃的冲突是一种不可调和的战略冲突。所以，唐朝对长安以西从陇山经河西走廊至西域纵深地带发展了寓战于建的战略，就是为了达成保护都城长安安全的战略目标。

为了实现这个目标，唐朝除在长安之西的纵深地带设置了陇右、河西、安西、北庭四个节度使，还在长安之北的广袤地带设置了朔方、河东、范阳、平卢四个节度使，长安之东的临海地带设置了长乐郡经略使、东莱郡守捉、东牟郡守捉，长安之南的弯曲地带设置了剑南节度使与岭南五府经略使。就战略指导思想而言，陇右节度使防御青藏高原的吐蕃[②]，河西节度使阻断隔绝青藏高原吐蕃与蒙古高原突

---

① （后晋）刘昫等：《旧唐书》卷196上《吐蕃传上》，中华书局1975年版，第5236页。

② 《通典》卷172《州郡二》记载："陇右节度使，以备西戎"（中华书局1988年版，第4482页）；《元和郡县图志》卷39《陇右道上》记载基本相同（中华书局1983年版，第991页）；《旧唐书》卷38《地理志一》记载："陇右节度使，以备羌戎"（中华书局1975年版，第1388页）。以此观之，所谓"羌戎"指的就是以吐蕃为主体的民族。

厥等强大民族的联系①，安西节度使安抚平定西域②，北庭节度使防制突骑施、坚昆、斩啜③，朔方节度使抵御突厥等北狄的南下④；河东节度使与朔方节度使形成犄角之势以共同抗御北狄⑤，范阳节度使监临、控制奚与契丹⑥，平卢节度使镇抚室韦、靺鞨⑦，长乐郡经略使、东莱郡守捉、东牟郡守捉防备海寇⑧；剑南节度使肩负着向西抵挡吐蕃与向南安抚蛮獠的双重任务⑨；岭南五府经略使安抚夷獠。⑩简而言之，像对突厥、吐蕃、回纥这样的地缘战略对手，唐朝采取了防御、抗击的战略思想；像对分布在这些地缘战略对手与唐朝之间像

① 《通典》卷172《州郡二》记载："河西节度使，断隔羌胡"（中华书局1988年版，第4479页）；《旧唐书》卷38《地理志一》同于前引《通典》（中华书局1975年版，第1386页）；《元和郡县图志》卷40《陇右道下》则曰：河西节度使，"备羌胡"（中华书局1983年版，第1018页）。所谓"备羌胡"就是防备吐蕃与突厥交通，意义同于《通典》《旧唐书》"断隔羌胡"之义。

② 《通典》卷172《州郡二》记载："镇西节度使，抚宁西域"（中华书局1988年版，第4479页）；《旧唐书》卷38《地理志一》则曰："安西节度使，抚宁西域"（中华书局1975年版，第1385页）。以此观之，《通典》所载"镇西节度使"即《旧唐书》"安西节度使"，两者战略指导思想都是"抚宁西域"。

③ 《通典》卷172《州郡二》记载："防制突骑施、坚昆、斩啜"（中华书局1988年版，第4479页）。

④ 《通典》卷172《州郡二》记载："朔方节度使，捍御北狄"（中华书局1988年版，第4480页）；《旧唐书》卷38《地理志一》同于前引《通典》（中华书局1975年版，第1386页）。

⑤ 《通典》卷172《州郡二》记载："犄角朔方，统天兵军"（中华书局1988年版，第4480—4481页）；《元和郡县图志》卷13《河东道二》同于前引《通典·州郡二》（中华书局1983年版，第361页）；《旧唐书》卷38《地理志一》记载亦同（中华书局1975年版，第1386页）。

⑥ 《通典》卷172《州郡二》记载："临制奚、契丹"（中华书局1988年版，第4481页）；《旧唐书》卷38《地理志一》同于前引《通典》（中华书局1975年版，第1387页）。

⑦ 《通典》卷172《州郡二》记载："镇抚韦、靺鞨"（中华书局1988年版，第4811页）；《旧唐书》卷38《地理志一》同于前引《通典》（中华书局1975年版，第1387页）。

⑧ 《通典》卷172《州郡二》记载："以防海寇"（中华书局1988年版，第4483页）；《旧唐书》卷38《地理志一》（中华书局1975年版，第1389页）与前引《通典》记载略有不同，"长乐郡经略使"改为"长乐经略使"、"东莱郡守捉"改为"东莱守捉"，同时缺少"东牟郡守捉"，以及这些经略使、守捉使的战略指导思想。

⑨ 《通典》卷172《州郡二》记载："西抗吐蕃、南抚蛮獠"（中华书局1988年版，第4482页）；《旧唐书》卷38《地理志一》同于前引《通典》（中华书局1975年版，第1388页）。

⑩ 《通典》卷172《州郡二》记载："绥静夷獠"（中华书局1988年版，第4483页）；《旧唐书》卷38《地理志一》同于前引《通典》（中华书局1975年版，第1389页）。

契丹等地缘战略支轴的民族政权，唐朝则采取了安抚、监视的战略思想。

在唐前期众多的边境节度使、经略使中，体现唐朝为实现国家安全战略总目标进行武装力量建设的方向和重点，是在长安以西纵深地带所设置的陇右、河西、安西、北庭四个节度使。这里不仅是唐朝部署兵力较多的地方，还是唐朝与来自蒙古高原、青藏高原两大地缘战略对手角逐激烈的地方。所以，通过对紧邻唐都长安且位于其上游陇右防御体系形成过程的研究，既可以借此研究唐朝的地缘战略棋手所实行的战略战术，又可以清晰地梳理出唐朝在应对过程中的战略战术，进而可以窥探唐朝国家安全建设的历程，同时对目前学界所谓的“盛唐”有一个清醒客观的认识。作为唐朝与其地缘战略对手战略战术碰撞的军政建置，遂成为衡量唐朝维护国家安全、经营周边民族战略的重要标尺。而军政建置的设置绝不仅仅包括地理层面的微观考量，还应包括大到国家安全，再到军事安全的宏观、中观考量。这需要对目前的研究现状与研究思路进行全面系统与深刻的检讨。

二　现状梳理

（一）唐与周边民族关系研究

研究唐前期陇右防御体系形成过程，离不开对唐朝与周边民族关系的探讨。在唐太宗获得天可汗的称号之前，与唐朝关系最为密切者，无非就是当时极为活跃的东突厥。至今，国内对唐与东突厥关系史料最系统、最翔实的梳理考证为20世纪20年代岑仲勉所著《突厥集史》。这部著作参合两《唐书》《资治通鉴》《册府元龟》《唐会要》等文献，对从西魏大统八年（542）至唐天宝十四年（755）二百多年的东突厥历史进行了编年式研究。[①] 90年代，薛宗正《突厥史》是一部系统研究突厥史的专著，而《东突厥汗国》《大漠南北的

① 岑仲勉：《突厥集史》（上册），中华书局1958年版。

唐朝羁縻州府》《后东突厥汗国》等篇章论述了唐与东突厥关系。[①]无论是岑著还是薛著，都是基于突厥整体历史的前提去梳理文献、系统研究，而不是从唐与突厥关系角度进行的探讨。吴仁贵先生《突厥汗国与隋唐关系史研究》是这一角度研究的代表。作者通过对汉籍史料的考辨，澄清或揭示了6世纪中叶突厥汗国兴起至唐高宗显庆三年（658）平定西突厥阿史那贺鲁这段时期突厥汗国与隋、唐交往的重要史实，[②]其中不乏真知灼见。

在梳理、研究唐与东突厥关系的同时，自然不能忽视曾经臣服东突厥、在唐贞观四年（630）东突厥灭亡后仍然与唐朝颉颃的吐谷浑。目前，系统研究吐谷浑成果首推周伟洲《吐谷浑史》。这部著作翔实地研究了吐谷浑来源迁徙、兴盛时期与南北朝的关系、衰亡时期与唐朝的关系、吐谷浑的政治经济文化、吐谷浑灭国后唐与吐蕃对它的统治等。[③]吐谷浑灭国之后，它原来统辖下的大部分土地为青藏高原上的新兴吐蕃政权所吞并。自此以后，唐蕃关系成为唐前期唐与周边民族最重要的关系。林冠群《玉帛干戈：唐蕃关系史研究》是研究唐蕃关系史的集大成者。该著在海内外研究的基础上，以时间为经、事件为纬，系统研讨了从唐初至唐末近三百年唐蕃关系的发展脉络。[④]

纵观近半个多世纪，学界对唐朝与周边民族关系已经进行了非常深厚的研究。不过，如果将其放在地缘政治的视角下考察，仍有进一步拓展的空间。一个国家或政权在对外发展的过程中，最重要的就是构建国家安全。国家安全又必然受到历史文化、现实因素的双重影响。所以，搞清楚唐朝与地缘战略对手突厥、吐蕃，以及地缘战略支轴政权吐谷浑的安全观念，就成为研究唐前期陇右防御体

---

① 薛宗正：《突厥史》，中国社会科学出版社1992年版，第178—265、371—584页。

② 吴仁贵：《突厥汗国与隋唐关系史研究》，中国社会科学出版社1998年版。

③ 周伟洲：《吐谷浑史》，广西师范大学出版社2006年版。

④ 林冠群：《玉帛干戈：唐蕃关系史研究》，（台北）联经出版事业股份有限公司2016年版。

系形成过程中必不可少的基础工作。唯有清楚唐朝及其地缘战略对手、地缘政治支轴政权在对外发展过程中的安全观念，才能够更加明确各政权在此观念影响下对外发展方向、战略战术、防御体系。唐前期陇右防御体系正是唐朝与这些周边民族政权根据国家利益进行设计与调整的结果。

（二）唐朝战略体系研究

一个国家在建构国家安全的过程中，必然有相应的战略作为指导。根据战略体系的结构层次，可以分为国家战略、军事战略与战区战略。国家战略包括国家安全战略和国家发展战略两个部分，是战略体系结构的第一层次。国家战略是制定军事战略的依据，而军事战略是战略体系结构的第二层次。战区战略，是对战区力量建设与运用全局的筹划和指导，是战略体系结构的第三层次。[①] 陇右节度使的战略目标、战略方向与兵力部署，文献记载都非常清楚。[②] 陇右的战略目标是保护从长安向西越过陇山至河西走廊这条国家安全生命线的畅通。维护这条生命线的畅通既是唐朝经略西部边疆的军事战略，也是唐朝维护国家安全战略的重要组成部分。

这条生命线的设计是唐太宗遵循汉武帝开拓河西、经略西域的结果。这是北方游牧民族帝国的两翼结构决定的。汉初，北方草原上活跃的民族为匈奴，唐初则为突厥。这两个北方游牧帝国除单于/可汗所居本部之外，都拥有左右两翼结构。汉武帝之前，今河西走廊属于匈奴右翼的领地。虽然唐朝初年河西走廊没有被突厥占据，但却处于突厥及辖属势力的包围。无论是匈奴占据的河西走廊，还是被突厥包围的河西走廊，无疑都对定都关中平原的汉、唐都城产生了重大威胁。解除威胁之法，就是威胁这些游牧民族的右翼。因此，位处这些民族右翼之地之间的河西走廊与西域就成为汉、唐王朝解除都城威胁的首选之地。正是基于对此地缘结构的相同认知，汉、唐才会采取相

---

① 军事科学院军事战略研究院编著：《战略学》，军事科学出版社 2013 年版，第 6—8 页。

② 具体可以参看两《唐书·地理志》《元和郡县图志》《通典》。

同的经略方式。东汉尚书陈勇上疏："今北虏已破车师，势必南攻鄯善，弃而不救，则诸国从矣。若然，则虏财贿益增，胆势益殖，威临南羌，与之交连。如此，河西四郡危矣。河西既危，不得不救，则百倍之役兴，不赀之费发矣"。[①] 这是从匈奴攻破西域，交通南羌，进而危及河西走廊的论述。已经迁都洛阳的东汉尚且如此，定都关中平原西汉何尝不是这样。东汉时期，陈勇对汉廷失去西域所造成岌岌可危形势的高屋建瓴的论述至武周长寿元年（692）又被重新提起，前引崔融针对废弃安西四镇者所提出的驳斥理由："夫四镇无守，胡兵必临西域，西域震则威憺南羌，南羌连衡，河西必危"[②]。

无论唐初的东突厥是否拥有西域，防止东突厥以及像东突厥这样的草原霸主占据西域，就成为唐朝始终不变的经营策略。开元五年（717）五月，唐册立勃律国王苏弗舍利支离泥为勃律王，册文："谢知信由其远略，郭虔瓘所以足兵，行观郁成授首，何止断匈奴臂。"[③]"何止断匈奴臂"显然是对汉代断匈奴西域臂而言的。除此之外，唐朝所隔断的不仅仅局限于北方后突厥汗国，还指向与唐军在西域角逐的吐蕃。事实上，吐蕃自高宗朝与唐交恶以来，已经开始试图从河西、西域等地与北方草原的游牧民族交通，以威胁唐都城长安的安全。直至安史之乱，吐蕃这一战略目标才得以实现。[④] 从吐蕃百余年来对唐朝西域、河西攻击的战略目标可以看出，唐朝维护国家安全的战略体系结构始终秉持着与吐蕃相反的经营目标。质言之，唐朝维护国家安全的战略体系结构，因为吐蕃的存在始终向着完善的趋势发展。

目前，学界对唐之战略研究的集大成者为台湾"三军"大学编著

---

① （南朝宋）范晔撰：《后汉书》卷88《西域传》，中华书局1965年版，第2912页。

② （宋）欧阳修等：《新唐书》卷216上《吐蕃传上》，中华书局1975年版，第6079页。

③ （宋）王钦若等编纂，周勋初等校订：《册府元龟》卷964《外臣部九·封册第二》，凤凰出版社2006年版，第11172页。

④ 李新贵：《吐蕃关内道战略战术嬗变与粮秣补给关系试析》，《军事历史研究》2010年第2期。

《中国历代战争史》唐代部分。该著将唐前期战略分为开国战略、扩张战略。就开国战略言之，分为进克长安、西取陇蜀、北灭刘武周、东伐郑与南平梁之战。就扩张战略来说，唐太宗高宗时期征高丽、讨薛延陀、西征突厥与吐蕃，唐玄宗时期征奚、契丹、突厥与绥靖突骑施与征吐蕃。[①] 阅读这些战略，可以发现相关的历史事件、战场形势、作战经过、战后政局，以及战略得失。这是从国家兴衰过程角度所言的战略，对于我们从国家安全与发展研究的战略有所补充，但不能完全取代之，而且也没有涉及前面所言的战略体系中的军事战略、战区战略。所有这些都是本课题进一步补充和研究的内容。

（三）陇右军政建置研究

无论是行政建置，还是军事建置，都应多角度研究，唐代设置在陇右地区的建置也应如此。

从沿革地理或行政区划角度整理研究者，除了留存至今《通典·州郡典》《元和郡县图志》《旧唐书·地理志》《新唐书·地理志》外，近年来也出版了不少专著。[②] 对唐代行政建置设置时间、行政归属考证精详者，是郭声波所著《中国行政区划通史·唐代卷》。[③] 通过对这些行政建置的整合研究，可以进一步探究陇右防区在地域上变化的规律。

从兵志笺正角度对陇右军事建置研究的代表是唐长孺。[④] 通过对旧史记载去伪存真的鉴别，他纠谬了陇右一些军事建置名称书写、年代设置、区域归属、空间迁移等方面的错误。这给研究陇右战略体系框架内的军事建置，梳理出一份详细的文献目录清单，指明了一些尚待深入研究的问题。

---

① 台湾“三军”大学编著：《中国历代战争史·唐上》，中信出版社 2013 年版，第 3—17 页。

② 程志、韩滨娜：《唐代的州和道》，三秦出版社 1987 年版；［日］平冈武夫：《唐代的行政地理》，上海古籍出版社 1994 年影印本；艾冲：《唐代都督府研究》，西安地图出版社 2005 年版；陈志坚：《唐代州郡制度研究》，上海古籍出版社 2005 年版。

③ 郭声波：《中国行政区划通史·唐代卷》，复旦大学出版社 2012 年版。

④ 唐长孺：《唐书兵志笺正》，科学出版社 1957 年版。

从交通地理角度对陇右军政建置研究的集大成者是严耕望。[①] 通过运用正史、方志、碑刻等多方面的文献，严先生考订了陇右军政建置的具体地望，重要的是将这些地域上零星分布的军政建置以交通路线的方式联系起来，清晰地展示了这些建置在空间上的具体位置。所以，可以通过这些建置设置的先后顺序与空间分布，考察唐朝在陇右防御的方向变化轨迹。

从军事史角度对陇右军事建置研究的代表是王永兴。[②] 王先生基于唐朝在西北地区的军事格局，提出了河西、陇右互相支持，河西、安西、北庭则以河西为中心，以安西、北庭为两翼；河西为经营西域的后方总部，安西、北庭则为两个前沿阵地的观点。在此大格局之上，详细考证了陇右辖属每个军事建置的设置时间、地理方位、兵马人数。这为研究陇右防御体系形成过程提供了开阔的视野。

通过前辈学者从不同角度对陇右军政建置的研究，可以发现仍有深入的空间。由于受到两《唐书》等传世文献的影响，前贤对陇右军政建置研究，基本遵循着传统文献书写的顺序，这存在一定的问题。这些军政建置都是某个时间节点的产物，不是以其形成过程作为书写的顺序和目的。

这忽略了陇右防御体系的形成过程，以及始终贯穿其中保护国家安全战略的思想。反过来言之，基于国家安全战略思想形成的陇右防御体系，自然由陇右节度使辖属的军政建置逐渐完成。这些军政建置设置的时间、空间的分合，不能仅仅从陇右防区的角度考量，还应考虑与陇右节度使相邻的防区，尤其是那些位于陇右与其他防区接合部且属于陇右的军政建置，更应如此。

因此，无论是以多大的区域作为研究地理单元，都要打破经典文献中已经呈现的框架，或者今天以经典文献为基础所设计的框架，而应将视野和高度放在唐朝建构国家安全的大地域观念中考察。这样就

---

① 严耕望：《唐代交通图考》第 2 卷《河陇碛西区》，上海古籍出版社 2007 年版，第 497—574 页。

② 王永兴：《唐代经营西北研究》，兰州大学出版社 2010 年版，第 12—224 页。

不会因此忽略唐朝为建构国家安全过程中设置的各个军政建置的微观分工，同时随着国家安全建构过程的推进，陇右防区内亚区的地域分工也会自然而然地呈现。

三 创新之处

史学研究贵在创新。这里所考察的是唐前期中央政府为维护国家安全在陇右构建防御体系的过程。这要求所使用的基本文献，是以记载帝王将相事迹的传统经典为主，如两《唐书》《资治通鉴》《册府元龟》《唐大诏令集》。面对大家熟悉的文献，必须结合所研究主题的内在结构进行理论方法的创新，才有可能获得不同于前贤的研究结论。

（一）方法创新

1. 大地域研究

今天，学者在从事历史地理研究的时候，通常是根据主题需要划定一定区域作为研究对象发生的范围。这不知不觉地陷入预设的“圈套”里。首先，所使用的文献不是基于今天研究对象的设计，而是基于当时不同使用目的的编纂。结果，研究者在根据主题研究时，从一开始已经背离撰写者的目的。这要求研究者从所熟知的历史背景与当时社会发展的过程中，能够敏锐地发现反映历史发展大势的事件进行深入研究，尽力还原这些反映历史大势发展的空间规律。

作为反映历史发展大势的事件，从来就不会固定在一定的空间内，而是按照应有的路线有规律地运动。所以，区域的划分要和体现历史发展大势的重大事件充分结合起来，而不是主观地根据有限的认知去圈定所研究的区域。因为重大历史事件在空间的演进，很少按照所划定的区域里进行，尤其是那些时间跨度长、地域跨度广的事件更是如此。这要求研究者要宏观把握体现这些历史事件的起因与后果，将其放在一定区域内考察，从而形成了研究区域的核心区。

这种基于重大历史事件起因与后果所划定的区域只能看作区域的核心，不能看作最终的区域。即使区域上看似没有联系的历史事件，有时其中一个也会对另外一个产生意想不到的影响。这在军事历史地理的研究中尤为明显。任何政权在没有足够的力量同时发动两线或多线作战时，都想专力于其中一条战线。任何战争都是两方或多方的角逐。为了牵制或击败对方，政权间的结盟成为国际交往中的惯例。即使与对方没有结盟，一些政权也可能在利益促使下，攻击我方的侧翼或背后。所以，只关注所划定的区域，可得出的结论多数不会接近历史的真实。这需要将研究区域放在一个更大的区域，或者两个看似不相邻却成系统的区域中研究。这种相对区域的核心区，可以称为边缘区。

唐代在经略陇右的过程中，面临的对象不仅有来自青藏高原的吐蕃，还要处理如何隔断它与北方草原上突厥等民族的联系。稍有不慎，北面由北庭、朔方、河东、范阳、平卢构成的防线，南面由安西、河西、剑南构成的防线，就会出现警报迭起的局面。陇右作为唐代建构国家安全战略的重中之重，自然应将其置于这两条防线中考虑。陇右节度使辖属的区域就是所研究的核心区，这两条防线就成为边缘区。

2. 多史观研究

陇右的核心区和边缘区是一个多民族聚居的地方，也是多个民族政权角逐的区域。具体言之，有以关中平原为中心的唐朝，以大漠南北为中心的突厥、回纥，以青藏高原雅鲁藏布江谷地为中心的吐蕃。这些政权在各自建立的过程中，由于受到历史、现实的影响，逐步形成了以其政治中心为核心对周边环境的认知，以及在此认知下不同的书写系统。

目前，流传至今的史料，多是以中原王朝史观为主的系统记述。这固然可以从中看到唐前期中央政府经略陇右的大致发展脉络。但这毕竟是基于中原史官的一家之言，很难全面细致地反映历史事件的来龙去脉，特别是涉及唐朝统治者时候。在这种情况下，经过多重取舍的文献，有的已经失去事件本身的完整性，甚至面目全非。

唐朝想极力隐去的历史事件，有些可以在宋代人书写的文本中找到，有些还要依据第三方的记载补充。毕竟，唐人想要抹去的史事，在吐蕃人、突厥人那里已没有必要消除，有些还是他们想大书特书的事情。战史的记载尤其如此。战败一方对败绩的记述多寥寥数语，胜方却多浓笔重墨。

史料的缺憾，除了书写者有意地掩盖，长久地流传或兵燹也会造成史料的不完整。这时借助当时第三方的记载，一些事件的来龙去脉会更加清楚，借此复原出的史事会更加丰满，而不至于干瘪。这需要研究唐前期中央政府在建构陇右防御体系时，地缘战略对手与地缘战略支轴政权留存至今的文献。

在唐前期的一百多年中，战略地缘对手先后有突厥、吐蕃，地缘战略支轴政权是吐谷浑。因此，研究唐代前期陇右防御体系构建，除利用传统汉文书写的两《唐书》《册府元龟》《资治通鉴》《元和郡县图志》《通典》《全唐文》《唐会要》《唐大诏令集》等基本史料外，还要充分利用吐蕃历史文书《敦煌本吐蕃历史文书》《敦煌藏文吐蕃文献译注》等。

3. 战役进程复原

战役进程是战争史研究的重要内容。通过对作战双方战役进程的空间复原研究，可以清楚地看出彼此作战的目的。如果选择一段时间一定区域内的若干战役进行空间复原，可以进一步把握作战双方的攻守方向，以及下一步遂行的作战计划、作战行动。所以，掌握这种方法对研究唐朝构建陇右防御体系至关重要。

早在先秦，古代兵学家把战争作为同祭祀一样重要的大事。自秦汉以来，随着儒家思想在社会意识形态统治地位的确立，中国人对战争暴力变得越来越反感。在这种史观支配下所记述的战争历史极为简单，与西方史学家笔下丰富的记述形成鲜明的对比。

在文献有限的情况下，如何复原作战双方的战役呢？一般的方法，先从纪传体、编年体等史书中，找出所研究战役发生的时间，其次结合参战人物的主次找出传记、碑刻、谱牒、方志、笔记加以对比，再进行研究加以复原。这些史料，有时并不如意。这给复原特定战役，甚至更多战役带来了一定困难。

任何战役都发生在特定空间里，按照一定时间顺序展开。这给复原战役进程提供了新思路。一个战区中，一个地点意味着作战空间，两个地点联系起来意味着空间进程。从理论上讲，一场战役从准备、实施到结束，一般都会在两个或两个以上的地点实行。把这些不同的地点连接成线，可以初步判断出双方战役的进程及目标。战役目标遂行成功，有时可能需要发动两次甚至多次战役。只要将这些战役发生的地点联系考察，就可以判断出彼此双方的作战目的与攻守方向。

（二）内容创新

1. 详细分析陇右防区形成的具体过程与地域转移的规律

陇右防区初置时，辖属鄯州（今青海海东市乐都区）、秦州（今甘肃天水市）、河州（今甘肃临夏市）、渭州（今甘肃陇西市）、兰州（今甘肃兰州市）、武州（今甘肃陇南市）、洮州（今甘肃临潭县）、岷州（今甘肃岷县）、廓州（今青海化隆县西）、叠州（今甘肃迭部县）、宕州（今甘肃舟曲县西）、成州（今甘肃礼县西南）。这经历了从秦州总管府析出岷州都督府、叠州都督府、洮州都督府，共辖岷州、叠州、洮州、宕州，原秦州都督府辖属秦州、渭州、成州、武州以及凉州总管府析出兰州都督府、鄯州都督府，共辖兰州、鄯州、河州、廓州近百年的演变过程。

在时间置废上，这些都督府承上启下。武德四年（621）设置的岷州总管府，是唐朝与吐谷浑从合作走向冲突的结果。贞观十二年（638）岷州都督府废除，随之十三年（639）设置的叠州都督府是唐朝与吐谷浑关系转变后，吐蕃在接触战略框架内进攻唐之松州（今四川松潘）所致。永徽元年（650）废除叠州都督府、设置洮州都督府，是吐蕃突破与唐朝接触战略框架，与唐朝战略竞争方向指向青海湖的产物。武德八年（625）设置的兰州都督府，主要防御北方的突厥。显庆元年（656）废除兰州都督府、设置鄯州都督府是唐廷针对吐蕃入侵白兰所做出的应对。

在地域经略上，这些都督府逐渐西移。岷州总管府的经略方向从武德时期的若尔盖草原转向贞观时期的九曲。虽然叠州都督府的经略方向从一开始指向若尔盖草原，随着唐蕃关系改善几乎形同虚设。洮州都督府正式完成了从若尔盖草原向九曲的转变。兰州都督府初置时在指向北方草原的同时，也指向青海湖。随着贞观初年完成对突厥的征服，最终指向青海湖。鄯州都督府亦是如此，不过防御对象从吐谷浑变为吐蕃而已。结果，在黄河东西分别形成两个经略方向：黄河以东为九曲，黄河以西为青海湖。这影响开元初年陇右节度使的选址与经略方向。

2. 系统揭示陇右防区戍守体系的形成过程与阶段性特征

陇右防区辖属合川郡界守捉、河源军、莫门军、积石军、临洮军、平夷守捉、绥和守捉、白水军、安人军、振武军、宁塞军、镇西军、威戎军 13 个军事据点。这些据点主要以从秦州至鄯州这条战略生命线及支线为依托进行的军事部署，贯穿着唐朝与吐谷浑的地缘安全战略的碰撞、唐朝与吐蕃边疆安全战略的冲突和交锋。

合川郡界守捉，是贞观九年（635）唐太宗为解决与吐谷浑地缘安全战略碰撞的问题，保护征讨吐谷浑的侯君集部从河州经鄯州行军路线的安全所置。仪凤二年（677）的河源、莫门与积石三军，是仪凤元年（676）闰三月至二年五月唐高宗针对吐蕃分别从九曲、若尔盖草原两个方向接连破坏太宗时设置在九曲内外的预警体系，根据吐蕃入侵路线与有限的镇戍兵力分布原则分别在湟水谷地、黄河谷地、洮水谷地部署的结果。这些据点的设置意味着陇右戍守体系开始。

久视元年（700）的临洮军，是则天朝陇右防区之北面临突厥南下抢劫牧马、南面临吐蕃北上九曲安排的综合防御部署。随着陇右南北两面压力的增减，以及唐蕃战场在黄河东西移动，成为唯一一个机动性据点。这是其在开元十六年（728）、十七年（729）、二十七年（739）与天宝元年（742）迁徙的原因。

开元二年（714）以来平夷守捉等八个据点，则是唐玄宗与吐蕃在九曲、河西（本书中的“河西”，皆指黄河之西，下同）边界冲突与谈判交替的产物。开元二年（714）的绥和守捉，是这年洮水之役处于守势的唐朝，试图将防御吐蕃入侵方向推到九曲之外的结果。这年的平夷守捉是唐朝在陇右防区黄河支流大夏河补苴罅漏所致。开元五年（717）、六年（718）唐军趁着唐蕃边界谈判接连发动两次九曲之役，随后本着隔绝吐蕃与突厥联系的国策，五年从河源军北上之途设置白水军，七年从河源军西去青海之途设置安人军。开元十五年（727）设置的振武军填补了赤岭以西唐朝权力的真空。二十六年（738），唐军根据在吐蕃侵入要害军县增设兵马的部署原则，在廓、河两州城内以及陇右、河西接合部别设置宁塞、镇西和威戎三军。

3. 充分论证陇右防区前沿防区和后勤补给区分工和协作

陇右防区由前沿防区和后勤补给区两部分组成。前沿防区由鄯州、廓州、河州、洮州、兰州组成，后勤补给区则由秦州、渭州、成州组成。前沿防区，唐朝以军、守捉等军事据点为依托部署了三条面向九曲的横向防线和三条面向青海湖方向的纵向防线。

第一条面向九曲横向防线，即积石军—宁塞军—盐泉城—平夷守捉—莫门军，这条防线兵力 16000 人，约占陇右防区总兵力 75000 人的 21%。第二条横向防线，即绥和守捉—合川郡界守捉，这条防线兵力总和 2000，约占陇右总兵力 75000 人的 2.6%。第三条横向防线，即安人军—河源军—镇西军—临洮军，这条防线兵力总和 51000 人，约占陇右防区总兵力 75000 人的 68%。虽然第一条防线较长，但兵力部署较少，说明这时唐朝与吐蕃作战战场已从九曲转移到青海湖。第二条兵力部署最少，是唐之兵力部署缺陷，成为开元二十九年（741）吐蕃两次行军的突破口。第三条防线兵力部署最多，体现了唐朝保护从秦州延伸而来经狄道至鄯州这条通道的精神。

唐朝面向青海湖，则部署了三条纵向防线。第一条防线即振武军—定戎城—绥戎城—安人军，兵力 11000 人，约占陇右总兵力 75000 人的 15%。第二条防线即积石军—绥和守捉—白水军—威戎军，兵力 13000 人，约占陇右防区总兵力 75000 人的 17%。第三条防线即宁塞军—合川郡界守捉—鄯州，兵力 1500 人，约占陇右总兵力

75000 人的 2% 。第一条防线兵力较少，石堡城和威戎军易守难攻的地形减少了兵力部署，却成为唐蕃争夺最激烈的两处战略要地。这条防线兵力最多的地方是驻守 10000 人的安人军。这里缺乏“一夫当关、万夫莫开”的地理险要，直接面临来自青海湖北道吐蕃的压力。第三条防线兵力最少，除部署者战略错误外，还有这时戍守鄯州城内的临洮军已经东迁至狄道县城。这也给开元二十九年（741）吐蕃趁势穿插陇右防区提供了机会。

这些以军、守捉为依托的军事据点主要部署在鄯州都督府辖属的鄯州、廓州、河州、兰州之境。鄯州都督府之东是由洮州、岷州、叠州、宕州、武州组成的洮州都督府，洮州都督府以东则是由秦州、渭州、成州组成的秦州都督府。鄯州都督府适合陇右防区小规模的战役，秦州都督府起到转运关中、四川等地粮秣的作用，洮州都督府兼有防御九曲吐蕃、沟通鄯秦两州都督府，以及保护秦州都督府侧翼的作用。陇右防区各都督府有机的分工和协作，使由点组线、由线带面的防御体系得以和河西等防区积极实行大规模的协同作战。开元二十九年（741）吐蕃行军路线以及唐军的应对措施再次证明，解决陇右防区兵力部署分散的问题就是积极谋划外线进攻。

4. 阐释陇右、河西两大防区兵力部署差异及原因

《元和郡县图志》《通典》《资治通鉴》《旧唐书・地理志》等文献所记陇右、河西两大防区的兵力部署时间是开元二十九年（741）。这些文献所记两个防区兵力部署的差异，是唐朝主要针对吐蕃开元二十九年（741）十二月两次行军路线进行兵力调动的结果。这是一次战役的前后两个阶段，吐蕃遂行作战的目的是攻克威戎军和石堡城两个战略要地。根据作战的目的，这年六月吐蕃赞普设计了从廓州北上至河源军分兵的进攻思路。一路继续北上经今大通县攻克威戎军，另一路从此西去经今湟源西南下攻克石堡城。前者攻克，后者未遂。作为唐之陇右节度使、河西节度使的盖嘉运并不清楚吐蕃的作战意图，遂在开元二十九年（741）六月做出如下兵力调动。

在陇右防区，将设置在狄道县城的临洮军兵力从平时的 15000 人

增加至战时的 55000 人，河州城的镇西军兵力从平时的 12000 人增加至战时的 13000 人。这两处都没有在吐蕃行军路线所经战事区，唐廷如此部署主要是保护从秦州经渭州、狄道至河州这条事关唐都长安上游战略通道的安全。在河西防区，豆卢军象征地在平时兵力 4300 人的基础上增加 200 人，以保护所在军需重镇瓜州城的安全。玉门军兵力从平时的 5200 人抽调 4200 人、建康军从平时的 5300 人仅仅抽调 100 人，玉门军抽调较少，因其位于来自蒙古高原民族穿过河西走廊南下的前沿。张掖守捉则从平时的 7300 人抽调 500 人。这基本上本着吐蕃入侵河西大斗军距离远近进行调动。

开元二十九年（741）十二月吐蕃为了实现攻克石堡城的目标，通过实行屠灭达化县城的手段以诱骗唐军救援达化县、减少支援石堡城兵力。唐军再次做出战略误判，将河源军兵力从平时的 14000 人抽调 10000 人、镇西军兵力从平时的 12000 人抽调 1000 人进行支援。至于河西张掖守捉兵力从平时的 7300 人抽调的 6800 人刚好等于宁寇军兵力从平时的 1700 人增加的 6800 人，新泉军兵力从平时的 1000 人增加至 7000 人，则是突厥内乱进行防御的结果，体现了河西节度使隔绝南北民族交通，以保障长安至此战略通道畅通的精神。

第一章　陇右地理环境与攻守态势

陇右防区，指陇右节度使所辖属的区域。位于青藏高原向黄土高原过渡的地带。东起六盘山，西至日月山，南接阿尼玛卿山、西倾山、迭山和岷山，北界祖厉河及其支流的上游，自成一个独立的防御单元。在行政区划上，包括今天甘肃省兰州市、定西市、天水市和临夏回族自治州、甘南藏族自治州，以及青海省的西宁市、海东市和黄南藏族自治州。

第一节　河流谷地与战略通道

这个区域内的主要河流，自西向东主要有黄河的支流渭河、洮河、大夏河和湟水。渭河发源于今甘肃省渭源县的鸟鼠山，从西向东流经定西市、天水市，最终汇入今天的关中平原。这段河流，川地、峡谷相间，水量较小。如果不是洪水期，大部河段都可以徒涉。川地则成为唐朝设置行政建置的依托，渭州、秦州东西并列。前者位于渭河的源头，后者位于陇山的西麓。沿着渭河谷地所形成的道路，成为陇右防区最为重要的战略通道。它东连唐都长安，西接河西。

洮河，发源于西倾山东麓的碌曲县，曲折北流经今甘肃境内的临潭县、卓尼县、岷县、临洮县、广河县，在永靖县注入黄河。沿河多丛林、峡谷。卓尼以上的河流段可以选点徒涉，其他凭借船只可以渡过。这条大致呈南北走向的河谷，为渭河谷地战略通道提供了向西延伸的节点，并将这条通道向西延伸至大夏河谷。唐朝以其为依托所设置的洮州、岷州，以及莫门军、临洮军，则成为保护这条战略通道畅通的侧翼。

大夏河，发源于今甘肃夏河县西南部甘、青两省交界的大不勒赫卡山。它西南东北流经夏河县、临夏市，在东乡族自治县境汇入黄河。这条河谷的走向大致与洮河平行，唐朝以其为依托所设置的平夷守捉，阻止了顺河谷北上的民族。河州及其设置在城内的镇西军则控制了黄河南岸渡口凤林关，同时将渭河谷地这条战略通道西向延伸至湟水谷地。

湟水，发源于今青海省海晏县西北的热水山和湟源县之南的大雪山，自西向东流经湟源县、西宁市、乐都县、民和县，在甘肃永靖县达家川汇入黄河。除小峡、大峡、老鸦峡外，其余均为川谷地带。这样的地形结构既利于多层次防御，又利于农业种植的发展。这条东西向的谷地，是渭河战略通道向西延伸的结果。唐朝以其为依托，自西向东依次设置了安人军、河源军、鄯州等军政建置，成为唐军向西开拓的前沿基地。

这些河谷通道的上游，是青藏高原、黄土高原的分界线，相当于今西宁—临夏—临洮—岷县—宕昌的3000米等高线。这条分界线以南多是牧区，以北多是农区。武德元年（618）至安史之乱近140年的时间内，唐朝围绕着这条界线，与外围的民族展开了长久的拉锯战。

第二节　陇右攻守与战略要地

唐朝与周边民族展开拉锯战的地方主要有三处。第一处是湟水谷地上游、日月山之外的青海湖区。位于青藏高原、祁连山接合部。湖中有四岛，以海心山最大。夏季乘船可至，冬季踏冰可达。湖滨地区，海拔较低，气温较高，牧草繁茂，是盛产战马的好地方①。

隋末唐初，青海湖区属吐谷浑。贞观九年（635），吐谷浑伏允可

---

① 《通典》卷190《边防典·西戎二》“吐谷浑”条曰：“其青海，周回千余里。海中有小山，每冬冰合后，以良牝马置此山，至来冬收之，马有孕，所生得驹，号曰龙种。吐谷浑尝得波斯草马，放入海，因生骢驹，能日行千里，故时称青海骢焉。”（中华书局1988年版，第5164页）

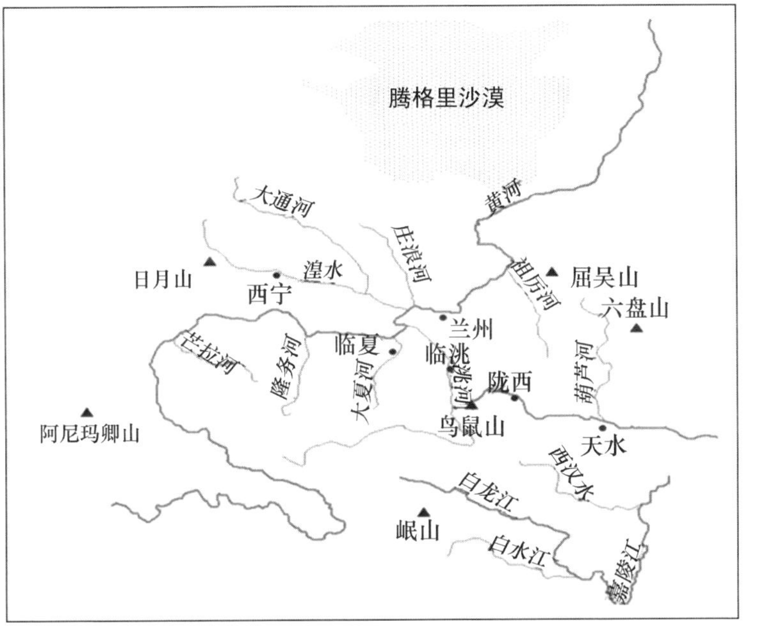

图 1.1　陇右地形示意图

汗被唐朝推翻后，这里为亲唐的吐谷浑所有。龙朔三年（663），该政权被吐蕃灭后，青海湖区沦落吐蕃之手，以后成为唐蕃角逐的前沿。景云元年（710），随着河西部分地区为吐蕃所有，以青海湖区为前沿的吐蕃就压缩了唐朝以湟水谷地为基地向西开拓的空间。开元以后，唐蕃双方于此进行了激烈角逐。唐人得之，相当于在湟水谷地农业区的外围，建构了一道进可攻、退可守的阵地，压缩了吐蕃的战略空间，延长了陇右节度使防御的纵深，保护了河西节度防区侧翼的安全。这个地方为吐蕃所有，则为进攻河西的基地与西域的补给站。青海湖区，位处陇右、河西两大防区之间的战略位置，又使这两大防区时常处于战备状态。当景云元年（710）吐蕃获得九曲之后，又与河西的青海湖区形成东西呼应之势。

第二处是九曲。此处因阿尼玛卿山断块的上升，迫使流经这里的黄河河道形成一个大转弯。在行政区划上，包括今青海省河南蒙古自治县、同德县、贵南县、泽库县和甘肃夏河县，以及甘肃碌曲县、青海同仁县的一部分[①]，今天洮河、白龙江上游以西的区域。发源于这里众多细小的支流，呈放射状流向黄河。九曲因此具有了居高临下、四面出击的战略优势。这里有可以屯兵畜牧的丰美水草[②]，因此具有了资源优势。仪凤二年（677），吐蕃占领以后，对陇右防区造成威胁的同时，也给长安造成了震荡。为了维护唐都安全与补苴罅漏，唐朝以黄河及支流为依托部署了诸多军事据点，尽力将吐蕃赶出这片要地，吐蕃则不遗余力地反击。

第三处是位于陇右、剑南两大防区之间，为阿尼玛卿山、西倾山、迭山、岷山所环绕的若尔盖草原。由于为势力弱小民族所居，所以这里稍微风吹草动常常成为唐之边疆是否安全的风向标，也是唐朝极力拉拢的地方。吐蕃等族众由此北上攻击陇右防区，更多是沿着白龙江谷地东南下。这里已经进入亚热带的长江流域，愈往东南，气候愈加湿热，距离唐都愈远，造成的威胁与影响则愈小。因此，吐蕃对这里发动的战役不是深层次的进攻，多是浅层次的骚扰，以配合其他地方达到真正的目的。

在安史之乱之前，首先与唐朝争夺这三处地方是以青海湖为中心的吐谷浑。这三处位于长安与伏俟城之间的位置，使在较短的时间内会对投入战争的双方产生巨大冲击力。所以，军事强大的一方吞掉弱小的一方就会轻而易举。贞观年间，唐朝吞并吐谷浑。不过，唐朝对吐蕃的战争并非如此，一个重要因素就是吐蕃都城逻些（今西藏拉萨）距离唐都过远。逻些东北方是高原。高原上由北向南，依次平行排列且向北突出的昆仑山、唐古拉山、念青唐古拉山，则构成吐蕃都城所在藏南谷地的天然屏障。这些位于平行山脉之间浅平开阔的谷盆为藏北高原主要农牧带，并不利于唐军，却是吐蕃依次向北行军的粮

① 刘满：《唐九曲及其相关军城镇戍考》，《敦煌学辑刊》2010 年第 2 期。

② （宋）王钦若等编纂，周勋初等校订：《册府元龟》卷 621《卿监部二 · 监牧》，凤凰出版社 2006 年版，第 7196 页；（后晋）刘昫等：《旧唐书》卷 196 上《吐蕃传》，中华书局 1975 年版，第 5228 页；（宋）司马光：《资治通鉴》卷 210，中华书局 1956 年版，第 6661 页。

秣补给和兵员补充的基地。

所有这些都决定唐蕃战场，只能选择既适应吐蕃，又适应唐军的青藏高原与黄土高原接合部。接合部能为双方战争提供战略资源，如青海湖区、九曲、若尔盖草原，成为争夺最激烈的地方。这既有它们对这里环境的充分利用，又有在当时技术条件下难以超越的环境障碍。于是，在一百多年的角逐中，形成了谁都无法克服而又长期对峙的“等力量边界”。名之为“等力量边界”，是因为这条边界距离长安更近，唐蕃间的战争对唐朝造成的震撼更甚于吐蕃。

这条“等力量边界”之北是唐朝西部边疆安全的生命线。这条生命线从陇右防区最西段的秦州（今甘肃天水）开始，向西沿着渭河谷地经渭州（今甘肃渭源）至洮水谷地的狄道县（今甘肃临洮）分为两条：一条继续西行经离水谷地的河州（今甘肃临夏）、湟水谷地的鄯州（今青海海东乐都）至鄯城（今青海西宁），从此沿着北川河谷经大斗谷（今扁都口）到河西辖属的甘州（今甘肃张掖）；另一条北上经黄河之南的兰州（今甘肃兰州）、乌逆水（今庄浪河）河谷到河西节度使辖属凉州（今甘肃武威），至甘州与从河州而来的道路会合。

以这些交通路线为依托的军政建置，是唐朝隔断南北民族交通、维护唐朝长安及西部边疆安全的重要保障。这些军政建置，建立在可以耕作的地理环境的基础上，如渭河谷地、湟水谷地等。与唐朝颉颃的民族所依托的则是可以用以畜牧的水草丰美的牧区，如九曲、青海湖、若尔盖草原。这些易于农业耕作、便于畜牧的地方，成为唐朝与这些交通线南北两侧民族争夺最剧烈之处，也是唐朝兵力部署最多、攻守最着力之点。

具体到陇右防区，由于各个地方距离唐都长安，以及从秦州至鄯州这条战略生命线远近的不同，所以在地域上各自被赋予的攻守职能就存在差异。结果，在唐前期为维护边疆安全所建构的防御体系中呈现出不同的规律；研究在这种不同规律下唐朝军事部署及国防政策具有十分重要的意义。

第二章　陇右防区初建与预警体系

陇右节度使初置之时辖属十二州。[①]《资治通鉴》卷211“玄宗开元二年十二月甲子条”：

> 置陇右节度大使，须嗣鄯、奉、河、渭、兰、临、武、洮、岷、郭、叠、宕十二州，以陇右防御副使郭知运为之。[②]

同卷胡注曰：“须”当作“领”，“嗣”字衍，“奉”当作“秦”，“郭”当作“廓”。文中的“临”字为“成”字之误。唐代，临州共设置过两次。第一次开元二十年（732），《元和郡县图志·陇右道上》“洮州”条曰：“（开元）二十年于临潭又置临州，二十七年又改为洮州。”[③] 以此观之，开元二十年（732），临州初置，治临潭县，乃洮州的改名。《新唐书·地理志四》“洮州临洮郡”条记载得更为清楚：“本治美相，贞观八年徙治临潭。开元十七年州废，以县隶岷

---

① 关于陇右节度使设置时间，《资治通鉴》将其记载为开元二年（714）十二月，《新唐书》记载为开元五年（717），《唐会要》记载为开元元年（713）十二月。王永兴先生经过详细考辨，认为陇右节度使设置时间为开元二年（714）十二月，这个结论得到学界认可。今从其说。参见王永兴《论唐代前期陇右节度》，《国学研究》1997年第4卷，第177—214页。又见氏著《唐代经营西北研究》，兰州大学出版社2010年版，第197—199页。

② （宋）司马光：《资治通鉴》卷211，中华书局1956年版，第6706—6707页。

③ （唐）李吉甫撰，贺次君点校：《元和郡县图志》卷39《陇右道上》“洮州”条，中华书局1983年版，第997页。

州，二十年复置，更名临州。二十七年复故名”[①]。第二次天宝（742—756）初年。《元和郡县图志·陇右道上》“临州”条曰：“天宝初，割兰州狄道县又别置安乐县置临州”[②]。所以，开元二年（714）陇右节度使初置之时不可能辖属临州，以临州之名归属该节度使是开元二十年（732）之后的事；“临州”为成州之误。成州，隋称之为汉阳郡。武德元年（618），更名成州。[③] 该州位于秦、武两州之间，既然开元初年这两州已属陇右节度使，那么成州也应属该节度使。《元和郡县图志》卷22《山南道三》“成州”条记载可以佐证，“本属陇右道，贞元五年（789）节度使严震奏割属山南道”。[④]质言之，在贞元五年（789）之前，陇右节度使辖属各州均在陇右道采访处置使监察之内。至此可以看出，开元二年（714）陇右节度初置之时，辖属鄯（今青海海东市乐都区）、秦州（今甘肃天水）、河州（今甘肃临夏）、渭州（今甘肃陇西）、兰州（今甘肃兰州）、武州（今甘肃陇南）、洮州（今甘肃临潭）、岷州（今甘肃岷县）、廓州（今青海化隆西）、叠州（今甘肃迭部）、宕州（今甘肃舟曲西）、成州（今甘肃礼县西南）。

《新唐书》卷67《方镇表四》“陇右栏”沿袭了《元和郡县图志》的记载，仍然将“成州”误为“临州”。

> 置陇右节度，亦曰陇西节度，兼陇右道经略大使，领秦、河、渭、鄯、兰、临、武、洮、岷、廓、叠、宕十二州，治鄯州。[⑤]

---

① （宋）欧阳修等：《新唐书》卷40《地理志四》“洮州临洮郡条”，中华书局1975年版，第1043页。

② （唐）李吉甫撰，贺次君点校：《元和郡县图志》卷39《陇右道上》“临州”条，中华书局1983年版，第1002页。

③ （后晋）刘昫等：《旧唐书》卷40《地理志四》“洮州临洮郡条”，中华书局1975年版，第1631页。

④ （唐）李吉甫撰，贺次君点校：《元和郡县图志》卷22《山南道三》“成州”条，中华书局1983年版，第572页。

⑤ （宋）欧阳修等：《新唐书》卷67《方镇表四》，中华书局1975年版，第1863页。

总之，陇右节度使初置于开元二年（714），治鄯州，起初统辖鄯州、秦州、河州、渭州、兰州、武州、洮州、岷州、廓州、叠州、宕州、成州。至开元二十年（732），洮州改为临州，陇右节度使才辖属临州。开元二十七年（739），随着临州更名为洮州，陇右节度使所辖又有洮州。换言之，在开元二十年（732）至二十七年（739），陇右节度使所辖十二州中，要么辖属临州，要么辖属洮州，不可能像《资治通鉴》《新唐书》记载同时辖属临州、洮州的情况。只有到了天宝初年，随着新的临州设置，陇右节度才可能共同辖属临州、洮州。这包括成州在内，该节度使已经辖属十三州。

开元二年（714）设置的陇右节度使及辖属各州都是为了备御吐蕃而进行的设计。《册府元龟》曰：

> 其年（开元二年）秋，吐蕃入寇，知运与薛纳、王晙等犄角击败之，拜知运鄯州都督、陇右诸军节度大使。①

《新唐书·郭知运传》有着类似的记载。所以，陇右节度使初置的职能是为了备御吐蕃。《通典》表述为“以备西戎”，②《元和郡县图志》记为“备西戎”，③《旧唐书》则为“以备羌戎”④。无论是“西戎”，还是“羌戎”，毫无疑问都是“吐蕃”。

这十二州经历了秦州总管府析出岷州都督府、叠州都督府、洮州都督府，共辖岷州、叠州、洮州、宕州，原秦州都督府辖属秦州、渭州、成州、武州，以及从凉州总管府析出兰州都督府、鄯州

---

① （宋）王钦若等编纂，周勋初等校订：《册府元龟》卷358《将帅部一九·立功第十一》，凤凰出版社2006年版，第4037页。

② （唐）杜佑撰，王文锦等点校：《通典》卷172《州郡二》“陇右节度使”条，中华书局1988年版，第4482页。

③ （唐）李吉甫撰，贺次君点校：《元和郡县图志》卷39《陇右道上》“鄯州”条，中华书局1983年版，第991页。

④ （后晋）刘昫等：《旧唐书》卷38《地理志一》“陇右节度使”条，中华书局1975年版，第1388页。

都督府，辖属兰州、鄯州、河州、廓州的近百年演变过程。[①] 目前，学者主要集中在对陇右节度辖区内各都督府设置时间的考订、辖属各州数量多少的研究[②]，很少从唐朝与吐谷浑、吐蕃关系演变的角度，分析从秦州、凉州总管府析出诸都督府属州归属陇右节度使的演变过程，探讨各州置废的原因，明确陇右防区的形成过程。

这种建置辖区的变化，在腹地可能更多的表现是中央和地方关系的互动，且相对稳定，在边疆则成为政权之间关系是否稳定的晴雨表：稳定时期，辖区趋向稳定，范围变化不大；非稳定时期，辖区则趋向波动，范围变化剧烈。从更深层次考虑，这些建置辖区变化的背后，隐藏着政权之间边疆安全战略的碰撞和较量。所以，通过边疆建置辖区变化的研究，看到的不仅有国家安全战略的碰撞和较量，还有防御对象、防御方向的变化等。在研究方法上，突破了基于沿革地理所做的梳理和考证，基于传统关系史所得出的关于一个政权发展、兴盛、衰亡的经典解释，而且从地域变迁的角度给予新的阐释、新的启迪。

第一节　岷州都督府与预警体系初建

武德四年（621），岷州总管府辖属岷州（今甘肃岷县）、宕州（今甘肃宕昌）、洮州（今甘肃临潭）、叠州（今甘肃迭部）、旭州（今甘肃碌曲县东）五州。七年（624），岷州总管府改称岷州都督

---

① 李新贵：《唐前期陇右节度使属州整合过程研究》，《历史地理》第 27 辑，上海人民出版社 2013 年版，第 22—35 页。

② 岑仲勉：《〈括地志〉序略新诠》，《史学专刊》1935 年第 1 期；程志、韩滨娜：《唐代州和道》，三秦出版社 1987 年版，第 58 页；吴松弟：《两唐书地理志汇释》，合肥教育出版社 2002 年版，第 316—328、396—400 页；艾冲：《唐代都督府研究——兼论总管府・都督府・节度司之关系》，西安地图出版社 2005 年版，第 62—66、132—133、164、327—329 页；严耕望：《〈括地志・序略〉都督府管州考》，《严耕望史学论文集（中）》，上海古籍出版社 2009 年版，第 621—660 页；刘统：《唐代羁縻府州研究》，西北大学出版社 1998 年版，第 22 页；郭声波：《中国行政区划通史・唐代卷》，复旦大学出版社 2012 年版，第 989—1017 页。

府，加督芳州（今甘肃迭部东）。九年（626），加督文州（今甘肃文县）、武州（今甘肃陇南）、扶州（今四川九寨沟县南坪镇北）。贞观二年（628），割叠州、文州、武州、扶州、芳州隶属松州都督府。[①] 四年（630），羁縻祐州（今青海河南县柯生乡）、西盐州（今青海河南县宁木特乡龙干多）、嶂州（今青海兴海县桑当乡夏塘古城）、西塘州（今青海贵南县森多乡青羊禾古城）四州[②]，洮州从洮阳防（今甘肃临潭县城关镇）向东移治洪和城（今甘肃临潭县扁都乡鸣鹤城）后于此设置临洮镇。五年（631），废除临洮镇于此设置旭州，洮州改治临潭县（今甘肃卓尼县卡车乡达子道村），同时西盐州归属松州都督府。八年（634）洮州移治洪和城而废除旭州。十二年（638），罢岷州都督府。[③] 以此观之，武德九年（626）之前岷州都督府辖区由北向南逐渐变大，贞观二年（628）以来该都督府辖区由南向北逐渐缩小；洮州州治则经历了从西向东、从东向西，又从西向东的往复过程。武德四年（621），岷州总管府初置之年是唐朝防御吐谷浑之始。贞观十年（636），则是唐和吐谷浑从对峙转向友好之际。

---

① 李新贵：《唐前期陇右节度使属州整合过程研究》，《历史地理》第27辑，上海人民出版社2013年版，第22—35页。

② 郭声波：《中国行政区划通史·唐代卷》，复旦大学出版社2012年版，第1319页。

③ 关于洮州治所，《元和郡县图志》卷39《陇右道上》“洮州”条曰：“《禹贡》雍州之域。古西羌地也。自秦、汉至于魏、晋，皆诸羌所据。至后魏吐谷浑又侵据其地，后周明帝武成中，西逐诸戎，其地内属，置洮阳防，武帝保定元年立洮州。隋大业三年罢州，改为临洮郡。隋季乱离，所在陷没，郡守孙长询率所部百姓婴城固守，以义宁元年举城归国，武德二年复于此置洮州。贞观四年，州移理故洪和城，于此置临洮镇，五年废镇旭州，八年废州，复移洮州理此”（中华书局1983年版，第997页）；“临潭县”条（第997页）曰：“临潭县，本隋美相县，周保定元年置。贞观四年，移美相县于东北洪和城内，五年于州理改置临潭县。其城东西北三面并枕洮水”。以此观之：周武帝保定元年设置的洮州，治在洮阳防；隋大业三年废除洮州，改为临洮郡，仍治洮阳防；武德二年（619），又在洮阳防设置洮州。洮阳防，即隋之美相县县治，今之临潭县城关镇［国家文物局主编：《中国文物地图集·甘肃分册（下）》，测绘出版社2011年版，第789页］。至贞观四年（630），洮州州治从洮阳防移动至东北洪和城（今临潭县扁都乡鸣鹤城）内，同时在洪和城内设置临洮镇；五年，废除临洮镇，在此设置旭州［（后晋）刘昫等：《旧唐书》卷40《地理志三》“临潭”条记载：“临潭……八年，废旭州”，中华书局1975年版，第1636页］，同时将洮州州治移动到临潭县（今卓尼县卡车乡达子道村，参见郭声波《中国行政区划通史·唐代卷》，复旦大学出版社2012年版，第1009页）。八年，洮州州治又移动到洪和城，废除设置在该城内的旭州。

目前，学界对岷州总管府属州变迁考证翔实者首推郭声波[①]，对唐朝与吐谷浑关系嬗变研究当属周伟洲。[②] 虽然作者试图从岷州总管府辖区盈缩的角度考察唐与吐谷浑关系的演变，但对这两个方面都缺乏宏观把握和规律性论述，方法上也缺乏从唐吐国家安全战略角度进行分析，具体论证过程需要详细展开、新的观点需要融入、某些细节问题还要重新订正[③]，而且至今也没有学者对此进行细致研究。所以，通过对岷州都督府辖区盈缩原因的深入分析，对考察唐朝与吐谷浑关系变化仍然有着非常重要的意义。

一　唐吐早期合作与地缘结构矛盾

吐谷浑，最初是慕容鲜卑的一支。后来，与居住在今天甘肃、青海南部等地的以羌族为主的各民族逐渐融合成吐谷浑族。至吐谷浑孙叶延时（329—351）时，开始建立政权，国号和部族均名吐谷浑。[④] 北周武成（559—560）、保定（561—565）、天和（566—572）时，周人驱逐吐谷浑民众，遂于其地设置洮州、岷州、旭州、叠州、宕州、扶州。[⑤] 隋末内乱，吐谷浑可汗伏允趁机“还收其故地”。[⑥] 这里

---

① 郭声波：《中国行政区划通史·唐代卷》，复旦大学出版社2012年版，第1007—1008页。

② 周伟洲：《吐谷浑史》，广西师范大学出版社2006年版，第76—109页。

③ 李新贵：《唐前期陇右节度使属州整合过程研究》，《历史地理》第27辑，上海人民出版社2013年版，第22—35页。

④ 周伟洲：《吐谷浑史》，广西师范大学出版社2006年版，第1页。

⑤ 《通典》卷190《边防六·西戎二·吐谷浑》记载：“后周明帝武成初，夸吕寇凉州，诏贺兰祥率兵讨破之。又攻拔其洮阳、洪和二城，置洮州（今临洮郡地）而还。武帝天和初，其龙涸王莫昌率众降，以其地为扶州”（中华书局1988年版，第5165页）；《元和郡县图志》卷39《陇右道上》“洮州”条，亦曰：“自秦、汉至魏、晋，皆诸羌所居。至后魏吐谷浑又侵据其地，后周明帝武成中，西逐诸羌，其地内属，置洮阳防，武帝保定元年立洮州”（中华书局1983年版，第997页）。临洮，今甘肃临潭。扶州，位于白水流域（今白龙江），今四川南坪北。以此观之，洮水流域的洮州、白水流域的扶州曾经都归属吐谷浑。不仅如此，羌水流域的叠州、宕州，洮水流域的旭州、岷州，亦曾是吐谷浑之地。《资治通鉴》卷190胡注曰：“后周武帝逐吐谷浑，置叠州于叠川，旭州于洮源，岷州于临洮”（中华书局1956年版，第5951页）。宕州亦如此，《元和郡县图志》卷39《陇右道上》“宕州”条，曰：“自秦、汉至魏、晋，皆羌据焉。后魏招抚西戎，始有其地。有梁弥忽者，宕昌羌也，其先羌豪祖勤自称宕昌王……周天和元年（566），改藩置宕州”（中华书局1983年版，第1001页）。

⑥ （宋）王溥：《唐会要》卷94《吐谷浑》，中华书局1955年版，第1698页。

的“故地”，应指“自西平临羌城以西，且末以东，祁连以南，雪山以北”[①] 隋朝设置郡县之地，以及北周驱逐吐谷浑之处。随着武德元年（618）薛举平定，唐廷随之设置秦州总管府，统辖秦州（今甘肃天水）、成州（今甘肃礼县南）、武州、文州、扶州、宕州、芳州、洮州、岷州、渭州（今甘肃陇西）等地。唐与吐谷浑在边界上产生了接壤，地缘上的矛盾也就无法避免。

这种历史上的疆土情结、现实上的地缘矛盾，因唐与吐谷浑的利益交换得以缓和。武德二年（619）二月，吐谷浑遣使到长安[②]，双方就吐谷浑出兵协助唐军攻击河西走廊的李轨、唐廷答应归还隋末羁留在长安的伏允之子慕容顺达成了一致意见。[③] 随后，吐谷浑数次遣使要求归还慕容顺，唐廷终将其放回。[④] 这年五月，李轨被灭[⑤]；唐廷随之设置凉州总管府，统辖凉州（今甘肃武威）、甘州（今甘肃张掖）、瓜州（今甘肃瓜州）、鄯州（今青海海东市乐都区）、肃州（今甘肃酒泉）、会州（今甘肃靖远）、兰州（今甘肃兰州）、河州（今甘肃临夏）、廓州（今青海化隆县西）。[⑥] 唐人对吐谷浑这次表现并不满意，认为它在对李轨的战役中“交绥而退”[⑦]。消灭李轨后，唐高祖更是公开批评吐谷浑，“（李）轨阻兵恃险，连接吐谷浑、突厥”[⑧]。

从吐谷浑可汗伏允方面来看，当然不希望李轨政权被消灭。李轨的存在，对唐军来说就是一个牵制。之所以数次遣使入唐要求归还慕

① （唐）杜佑撰，王文锦等点校：《通典》卷190《边防六·西戎二·吐谷浑》，中华书局1988年版，第5165页。

② （宋）王钦若等编纂，周勋初等校订：《册府元龟》卷970《外臣部一五·朝贡第三》，凤凰出版社2006年版，第11226页。

③ （宋）王溥：《唐会要》卷94《吐谷浑》，中华书局1955年版，第1698页；（宋）司马光：《资治通鉴》卷187，中华书局1956年版，第5841页；（后晋）刘昫等：《旧唐书》卷198《西戎·吐谷浑传》，中华书局1975年版，第5298页。

④ （宋）司马光：《资治通鉴》卷187，中华书局1956年版，第5841页。

⑤ （宋）司马光：《资治通鉴》卷187，中华书局1956年版，第5855页。

⑥ （宋）司马光：《资治通鉴》卷187，中华书局1956年版，第5856页。

⑦ （后晋）刘昫等：《旧唐书》卷198，《西戎·吐谷浑传》，中华书局1975年版，第5298页。

⑧ （宋）司马光：《资治通鉴》卷187，中华书局1956年版，第5855页。

容顺，无非就是不希望唐廷重习隋朝让慕容顺归国以取代其地位的故事，同时减少在以后同唐朝交往中被制衡的砝码。从唐朝方面来看，之所以联合吐谷浑攻击李轨，不过是其统一西部过程中实行的远交近攻的战略实践，就像武德元年（618）联合李轨消灭薛举一样，同时也可以暂时减少来自西部边疆的压力。随着彼此利益交换的结束，凉州总管府及辖属各州的设置，无疑又增加了吐谷浑北面的压力，尤其是鄯州逼近了吐谷浑腹地的青海湖，廓州扼制了从青海湖进入九曲的道路。所以，在旧的地缘矛盾还没有得以解决的情况下，新的地缘矛盾又横亘在唐与吐谷浑之间。这就是吐谷浑在配合唐军消灭李轨的过程中“交绥而退”的原因。

面对东面来自秦州总管府、北面来自凉州总管府的压力，以及唐廷公开的责难，这年五月吐谷浑派遣使者来到唐都，十一月则和党项一起来到长安。① 对于这两次吐谷浑到长安的目的，虽然现存的零星文献都没有涉及，唐朝对此也没有给予回应，但无疑表明是为缓和地缘上造成的压力而来，同时联合党项给予唐朝一定的军事压力。从后来的事态发展来看，唐与吐谷浑的两次交往都没有达成彼此谅解。

唐与吐谷浑不可能在边疆的问题上达成和解。无论是定都于关中的刘汉，还是建都于长安的李唐，无不把打通从长安出发经渭河谷地、河西走廊至西域这条战略通道及维护其畅通作为国家安全战略的重要组成部分。这需要在这条战略通道的南北建立有效的安全屏障，吐谷浑位于该通道以南的战略区位，要求沿此通道西进的唐朝必须把吐谷浑纳入统辖范围。对吐谷浑可汗伏允来说，无论如何都是不可能接受的事情。所以，消灭吐谷浑伏允可汗政权，扶植亲唐的新可汗政权成为唐朝西进过程中必须完成的课题。在完成吐谷浑新旧政权更迭之前，唐和吐谷浑合作是暂时的，冲突才是主旋律。随着唐和吐谷浑

---

① （宋）王钦若等编纂，周勋初等校订：《册府元龟》卷970《外臣部一五·朝贡第三》，凤凰出版社2006年版，第11227页。

短暂合作的结束，冲突就走入双方视野。

这可以分为前后两个阶段。前一阶段从武德三年（620）至贞观三年（629），这九年是吐谷浑进攻、唐朝防御的时期。后一阶段从贞观三年（629）至十年（636），这七年是唐朝进攻、吐谷浑防守的时期。之所以出现这种情况，既有北方草原的突厥因素，也有唐朝统治内部的因素。隋末唐初，北方突厥的崛起，使包括唐朝之内的诸多政权不得不向其臣服，迫使唐朝在完成国家统一的过程中，必须把国家主要战略方向放在北方，而把西面的吐谷浑作为经略的次要方向，加之唐朝内部李世民兄弟之间的争斗，也不得不如此。至贞观四年（630），随着北方突厥灭亡，唐朝开始把国家战略方向转向吐谷浑，唐吐攻守态势开始发生逆转。

二　岷州都督府辖区扩大与吐攻唐守

武德三年（620），发生了吐谷浑、党项联合入侵唐境之战。

> 又属党项寇松州，诏（窦）轨援之，又令扶州刺史蒋善合与轨合势。时党项引吐谷浑之众，其锋甚锐。轨等分军于宕昌、岷山二道俱进。轨师未至，善合先期，至错川遇贼，力战走之。高祖因令轨耀兵于临洮，酋首王子贡等诈降于轨，收而斩之。进击左封，破其部众。[①]

唐朝对于这次入侵松州（今四川松潘）的党项、吐谷浑实行南北夹击的战术，一方面派遣益州道行台左仆射窦轨从益州北上救援，另一方面窦轨下令唐军分别从宕昌道（今甘肃宕昌）、岷山[②]道（今甘肃岷山）北上。在这两路军队还没有到达目的地之前，先期而到钳川

---

① （宋）王钦若等编纂，周勋初等校订：《册府元龟》卷357《将帅部一八·立功第十》，凤凰出版社2006年版，第4031页。

② 《元和郡县图志》卷39《陇右道上》“溢乐县”条曰：“岷山，在县南一里”（中华书局1983年版，第996页）。

（今四川九寨沟县南坪镇西）的扶州刺史蒋善合击败了北上至此阻击唐军的吐谷浑和党项。唐高祖随即令从岷山道而来的唐军乘机耀兵洮州。

唐高祖诏令在洮水上游的洮州耀兵和从宕昌道、岷山道北上行军具有特别重要的意义。这是针对从洮水谷地而来的党项和吐谷浑所做的防备，唐廷欲借此达到不战而止兵的目的。因为顺着洮水谷地从洮州向东经该流域的旭州、岷州便至从长安至西域这条战略通道要地的渭州（今甘肃陇西），从洮州南下至羌水流域的叠州，至此东南经羌水流域的芳州便至松州。[①] 这条道路中从岷州西去经旭州到洮州，至此南下经叠州、芳州至松州的道路为岷山道。另外，从岷州南下经羌水流域的宕州、白水流域的扶州与钳川也可到达松州[②]，这条道路中从宕州经扶州至松州的道路为宕昌道。[③] 于是，以岷州为节点形成了连接洮水流域、羌水流域和白水流域的交通系统。既然唐军能够通过这两条道路北上，吐谷浑同样能通过这两条道路北上到达白水谷地、羌水谷地、洮水谷地，而且吐谷浑和党项确实到过白水流域的钳川进行阻击，所以加强扶州以北的洮水谷地和羌水谷地为依托的交通道路的防御就提上日程。

武德四年（621）六月岷州之役，直接促使唐廷设置岷州总管府。这年六月吐谷浑顺着洮水谷地侵寇洮州、岷州，七月从近千里之外赶赴而来的岐州（今陕西凤翔）刺史柴绍率兵作战，已占据高亢地形的吐谷浑乘机攻击唐军。随后柴绍派人在吐谷浑面前弹胡琵琶、跳胡舞才使其放松戒备，同时悄然派遣唐军绕到背后方将其击

---

① 严耕望：《唐代交通图考》第 4 卷《山剑滇黔区》，上海古籍出版社 2007 年版，第 953—954 页。

② 严耕望：《唐代交通图考》第 4 卷《山剑滇黔区》，上海古籍出版社 2007 年版，第 950 页。

③ 宕昌得名当与居住在宕州的宕昌羌有关。后魏时有宕昌羌梁弥忽，他的先羌豪祖勤自称宕昌王。魏太武帝又进拜弥忽为宕昌王，称其地为宕昌藩。周天和元年，改藩置宕州。隋大业三年（607）罢州置宕昌郡，武德元年（618）称宕州。参见（唐）李吉甫撰，贺次君点校《元和郡县图志》卷 39《陇右道上》“宕州”条，中华书局 1983 年版，第 1001 页。

败。这次战役斩杀包括吐谷浑名王在内的军队500多名[①]，俘获数千。[②] 虽最终赢得胜利，但暴露了唐军存在的问题。柴绍率军从岐州日夜兼程赶赴岷州作战，从一开始已陷入战前不利的作战态势。由于仓促应战，最终只能以计谋取得险胜。这绝不是经略边疆的常态，所以必须确立一处能应对吐谷浑侵扰的地点以及以此为中心防御的范围。

这次战役之后，唐廷在岷州设置岷州总管府，随之根据之前的行军路线建立了一个以岷州为节点连接洮水流域的岷州、旭州和洮州、羌水流域的叠州和宕州，以防御从松州方向北上的吐谷浑，保护从长安经渭河谷地至西域道路的防御系统。之所以这年没有将羌水流域的芳州纳入岷州总管府，是因为这时芳州和位于羌水流域的武州，以及白水流域的扶、文两州还属秦州总管府[③]，彼此协同能够减轻新设置的岷州总管府南面的压力，而且之前钳川之役的胜利也给予了唐军阻击吐谷浑的信心，况且在武德七年（624）之前岷州总管府还能够得到周边地区支援。[④] 所以，以岷州为节点、以岷山道和宕昌道为依托，旨在保护从长安至西域这条道路的防御系统，还需要吐谷浑进一步的压力才能逐渐完善。这种压力始于岷州总管府的设置。

尽管岷州总管府的设置是被动防守的结果，但无疑宣布这是唐人经略九曲的开始。对吐谷浑而言，就是对其边疆安全的挑战。

---

① （宋）王溥：《唐会要》卷94《吐谷浑传》（中华书局1955年版，第1699页）将此次吐谷浑入寇洮州、岷州的时间定在武德四年（621）七月；（宋）司马光：《资治通鉴》卷190（中华书局1956年版，第5969页）将其记载在武德四年（621）六月癸酉日。武德四年（621）六月癸酉日应为吐谷浑入侵洮州、岷州的时期，这年七月应是从岐州率兵而来的柴绍与吐谷浑作战的日期。

② （宋）欧阳修等：《新唐书》卷88《裴寂附三宝传》，中华书局1975年版，第3747页；（后晋）刘昫等：《旧唐书》卷58《柴绍附三宝传》，中华书局1975年版，第2316页。

③ 郭声波：《中国行政区划通史·唐代卷》，复旦大学出版社2012年版，第1001页。

④ 参见《武德五年以来吐谷浑侵扰唐境一览》。

表 2－1　　武德五年（622）以来吐谷浑侵扰唐境一览①

序号	时间	吐谷浑入侵地	战役结果
1	武德五年（622）六月	寇州、洮州、叠州、旭州	岷州总管李长卿击败吐谷浑
2	武德五年（622）八月	寇岷州	岷州总管李长卿败绩，益州道行台左仆射窦轨、渭州刺史且雒生援救，败吐谷浑
3	武德五年（622）八月	陷洮州	吐谷浑回军之途，武州刺史贺拔亮防御之

---

① 《武德五年以来吐谷浑侵扰唐境一览》中所引文献，按照序号排列：1.（宋）欧阳修等：《新唐书》卷1《高祖本纪》，中华书局1975年版，第14页；（宋）司马光：《资治通鉴》卷190，中华书局1956年版，第5951页。2.（宋）欧阳修等：《新唐书》卷1《高祖本纪》，中华书局1975年版，第14页；（宋）王钦若等编纂，周勋初等校订：《册府元龟》卷990《外臣部三五·备御第三》，凤凰出版社2006年版，第11469页；（宋）司马光：《资治通鉴》卷190，中华书局1956年版，第5954页。3.（宋）欧阳修等：《新唐书》卷1《高祖本纪》，中华书局1975年版，第14页；（宋）司马光：《资治通鉴》卷190，中华书局1956年版，第5954页。4.（宋）欧阳修等：《新唐书》卷1《高祖本纪》，中华书局1975年版，第16页；（宋）司马光：《资治通鉴》卷190，中华书局1956年版，第5966页。5.（宋）司马光：《资治通鉴》卷190，中华书局1956年版，第5967页；（宋）司马光：《资治通鉴》卷190，中华书局1956年版，第5967页。6.（宋）欧阳修等：《新唐书》卷1《高祖本纪一》，中华书局1975年版，第16页；（宋）司马光：《资治通鉴》卷190，中华书局1956年版，第5967页；（宋）王钦若等编纂，周勋初等校订：《册府元龟》卷397《将帅部五八·怀抚》，凤凰出版社2006年版，第4495页。7.（宋）司马光：《资治通鉴》卷190，中华书局1956年版，第5983页；（宋）王钦若等编纂，周勋初等校订：《册府元龟》卷985，《外臣部三〇·征讨第四》，凤凰出版社2006年版，第11399页。8.（宋）司马光：《资治通鉴》卷191，中华书局1956年版，第5984页。9.（宋）司马光：《资治通鉴》卷191，中华书局1956年版，第5988页。10.（宋）司马光：《资治通鉴》卷191，中华书局1956年版，第5988—5989页。11.（宋）欧阳修等：《新唐书》卷1《高祖本纪》，中华书局1975年版，第17页；（宋）司马光：《资治通鉴》卷191，中华书局1956年版，第5991页；12.（宋）司马光：《资治通鉴》卷191，中华书局1956年版，第5993—5994页。13.（宋）司马光：《资治通鉴》卷191，第5994页。14.（宋）王钦若等编纂，周勋初等校订：《册府元龟》卷990《外臣部三五·备御第三》，凤凰出版社2006年版，第11470页；（宋）司马光：《资治通鉴》卷191，中华书局1956年版，第5998页。15.（宋）司马光：《资治通鉴》卷191，中华书局1956年版，第5999页。16.（宋）司马光：《资治通鉴》卷191，中华书局1956年版，第6000页。17.（宋）司马光：《资治通鉴》卷191，中华书局1956年版，第6003页。18.（宋）司马光：《资治通鉴》卷191，中华书局1956年版，第6014页。

续表

序号	时间	吐谷浑入侵地	战役结果
4	武德六年（623）四月	陷芳州	刺史房当树奔松州
5	武德六年（623）四月	寇洮州、岷州	五月，遣岐州刺史柴绍救岷州
6	武德六年（623）五月	寇河州	河州刺史卢士良击破之
7	武德七年（624）五月	寇松州	益州道行台左仆射窦轨自益（翼）州道、扶州刺史蒋善合自芳州道合击
8	武德七年（624）六月	寇扶州	扶州刺史蒋善合击走
9	武德七年（624）七月	寇岷州	
10	武德七年（624）七月	寇松州	扶州刺史蒋善合击吐谷浑于松州赤默镇，破之
11	武德七年（624）八月	寇鄯州	骠骑将军彭武杰战死
12	武德七年（624）十月	寇叠州，陷合川	
13	武德八年（625）正月	寇叠州	
14	武德八年（625）十月	寇叠州	扶州刺史蒋善合援救
15	武德八年（625）十一月	寇岷州	
16	武德九年（626）三月	寇岷州	
17	武德九年（626）五月	寇河州	
18	武德九年（626）六月	寇岷州	

从武德五年（622）至九年（626），吐谷浑接连发动了18次战役，13次是在岷州总管府辖区内的旭州、洮州、岷州、叠州、芳州、

文州、武州、扶州，4 次在该总管府两侧的河州、松州，只有 1 次远在湟水流域的鄯州，从而说明武德年间吐谷浑对唐之战是为了其东部边疆的安全。综观唐军应对吐谷浑侵扰的战绩则是败多胜少，胜利仅有五次，前两次在武德五年（622）六月的洮州、叠州、旭州和八月的岷州，第三次在六年（623）五月的河州，第四次是在七年（624）六月的扶州，最后一次是武德七年（624）七月。唐朝应对措施，除了派遣益州道行台左仆射窦轨、渭州刺史且雒生、武州刺史贺拔亮、岐州刺史柴绍长途救援外，其余多是被动挨打。再看吐谷浑入侵唐境的地点，武德五年（622）八月之前在洮水流域，六年（623）开始移动到羌水流域，从此以后每年基本在后者活动，而且越后越明显，六年（623）1 次、七年（624）2 次、八年（625）2 次，而且七年（624）、八年（625）连续 3 次都在叠州。所以，无论是这五年内唐军与吐谷浑战役胜败的多寡，还是唐军应对措施的缺失，抑或是吐谷浑在唐境地域活动的规律，都可以发现唐军必须加强在羌水及其以南的军事防御。这里主要结合这些战役分析武德七年（624）岷州总管府改为岷州都督府后加督芳州，九年（626）增领文州、武州、扶州的深层次原因，探明吐谷浑侵扰这些地方的战略意图。

岷州总管府初置时，在应对吐谷浑入侵上确实起到一定的作用。武德五年（622）六月，吐谷浑入寇洮、旭、叠三州，岷州总管李长卿将其击破。这年八月，吐谷浑再寇岷州，李长卿反而为吐谷浑所败，唐廷诏令益州道行台左仆射窦轨、渭州刺史且雒生营救，结果吐谷浑战败。从此之后，唐军胜少败多。究竟发生什么事情，竟让岷州总管府如此尴尬？武德五年（622）以来，唐之北部边疆正面临突厥侵扰。五年（622）四月代州（今山西代县）总管李大恩为突厥所杀①，六月刘黑闼引突厥入寇定州（今河北定县）②，八月突厥寇雁门、略原州（今宁夏固原）③，九月唐军与突厥战于灵州（今宁夏灵

① （宋）司马光：《资治通鉴》卷 190，中华书局 1956 年版，第 5950 页。
② （宋）司马光：《资治通鉴》卷 190，中华书局 1956 年版，第 5952 页。
③ （宋）司马光：《资治通鉴》卷 190，中华书局 1956 年版，第 5954 页。

武西南）、甘州（今甘肃张掖）。[①] 这时李世民、李建成兄弟之间的太子之位之争也在发酵[②]，如此内乱外患一直持续到武德末年。这种北、西两面边疆且以北面为主要防御方向的两线战争势必影响唐朝对西面吐谷浑的经略，而且岷州总管府周边区域，比如秦州、渭州、兰州亦遭到突厥、党项频繁侵扰[③]，益州道行台左仆射窦轨辖区内的獠族也乘机作乱。[④] 所以，在主要防御方向上出现的问题还没有解决，以及岷州总管府周边遭受威胁且无暇顾及这里的情况下，唐朝不可能再从其他区域抽调兵力支援岷州总管府。

既然唐之三面边疆都处于不稳定的状态，那么岷州总管府在几乎外援断绝的情况下，面对吐谷浑入寇只能被动防御、很难提前设防。武德七年（624），岷州总管府改为都督府后加督芳州就是这种被动局势下的结果。武德六年（623）四月吐谷浑攻陷芳州，刺史房当树逃奔松州一事促使了第二年（624）岷州都督府加督芳州。芳州，治常芬县，今甘肃迭部县卡坝乡卡坝路村常芬古城。该城北为羌水（今白龙江）、西为达拉河、南靠大山，依地势所建。[⑤] 从此南下沿着达拉河谷便到松州。在这次吐谷浑攻陷芳州的过程中，文献没有提及位于芳州西北、同在羌水谷地的叠州，所以这次吐谷浑攻陷芳州的道路，当是从若尔盖草原北上沿着达拉河河谷。从芳州

① （宋）司马光：《资治通鉴》卷190，中华书局1956年版，第5955页。

② （宋）司马光：《资治通鉴》卷190，中华书局1956年版，第5957—5960页。

③ 《资治通鉴》卷190高祖武德六年（623）秋七月癸酉条记载：“（突厥）又寇渭州”（中华书局1956年版，第5971页）；《资治通鉴》卷191高祖武德八年（625）夏四月乙亥条记载：“党项寇渭州”（中华书局1956年版，第5995页）；《资治通鉴》卷191高祖武德八年（625）九月丙午条记载：“突厥寇兰州”（中华书局1956年版，第5998页）；《资治通鉴》卷191高祖武德九年（626）五月戊戌条记载：“突厥寇秦州”（中华书局1956年版，第6003页）；同卷丙午条记载：“突厥寇兰州”（中华书局1956年版，第6003页）。《资治通鉴》卷191高祖武德九年（626）六月辛未条记载：“突厥寇渭州”（中华书局1956年版，第6014页）。

④ 《资治通鉴》卷190高祖武德七年（624）五月丁亥条记载：“窦轨破反獠于方山，俘二万余口”（中华书局1956年版，第5983页）。

⑤ 国家文物局主编：《中国文物地图集·甘肃分册（下）》，测绘出版社2011年版，第808页。

沿着羌水谷地经武州东北可以到散关道。如果这条大道为吐谷浑攻破，作为关中大后方的四川可能拱手于人，而且七年（624）七月之后岷州都督府几乎得不到周边其他区域的支援，那么扩大其防御正面成为不得不为之事。这就是武德七年（624）岷州都督府加督芳州的原因。从武德六年（623）四月吐谷浑攻陷芳州至翌年该州归属岷州都督府已有八个月左右，从而说明唐廷在防御吐谷浑侵扰过程中所处的被动形势。

从此以后，岷州都督府处于孤立无依的被动防御态势仍旧没有改观，而且越来越严重。从武德七年（624）十月至九年（626）吐谷浑接连四次攻击叠州、三次攻击岷州来看，这两个方向是吐谷浑的主要进攻方向，自然是必须加强的防御方向，尤其以叠州方向为主。岷州，今甘肃岷县，岷州都督府治所，东有秦州都督府及陇山为之屏障。吐谷浑多次入寇岷州却未能像洮州、芳州、叠州被攻陷一样，说明作为岷州总管府治所的岷州在军事防御上有其他州所不具备的优越性，仅凭吐谷浑之力很难对岷州之北从长安至西域的大道造成威胁，更谈不上对唐都长安的打击。所以，叠州东南才是这次应当加强的主要防御方向。叠州接连遭受打击说明其南面的扶州之境并不安全；扶州若不安全，从此经文州、武州至散关道路的安全自然难以得到保障。[①] 所以，必须加强保护从武州东北至散关的交通大道，那么就必须将来自松州方向威胁所经各州至武州这个节点的所有各州纳入岷州都督府的管辖。这是武德九年（626）将羌水流域的武州、白水流域的扶州与文州归入该都督府的原因。

结果，至武德九年（626），唐朝建立了一个以武州为节点连接羌水流域的叠州、芳州、宕州和白水流域的扶州、文州，以防御来自松州方向的吐谷浑，旨在保护散关这条交通大道的防御系统。这个防御系统客观上补苴了以岷州为节点起初连接洮州流域旭州、洮州与羌水

---

① 严耕望：《唐代交通图考》第4卷《山剑滇黔区》，上海古籍出版社2007年版，第944—947页。

流域的叠州、宕州，从而使其得以深入白水流域的扶州。而以武州为节点的防御系统，始于武德八年（625）减少秦州都督府北面防御的系统。武德八年（625），秦州都督府废除辖属的伏州（今甘肃甘谷县）、交州（今甘肃秦安县西北），九年（626）遂将武州、扶州、文州从该都督府划出归属岷州都督府。[①] 这种减少秦州都督府北面部署，同时将该都督府辖属南面各州归属岷州都督府的行为，再次证明叠州东南才是应当加强的主要防御方向。通过这次调整，岷州都督府扩大了面向若尔盖草原的防御正面，延长了西北—东南向的防御纵深，保护了散关这条交通要道。

三　岷州都督府辖区缩小与吐守唐攻

贞观二年（628），岷州都督府所辖各州开始发生变化。这年岷州都督府割叠州、芳州、武州、文州、扶州，秦州都督府割松州，归属新设的松州都督府。结果岷州都督府仅督岷州、宕州、洮州、旭州。虽然这延续了武德九年（626）减少秦州都督府北面部署以加强其南面防御的趋势，但这次加强的不是岷州都督府，而是更南面的松州都督府。这次岷州都督府辖区的调整，背后隐藏着唐朝什么样的战略意图？与南面的松州都督府又有什么关系？

这是唐廷在经略北方突厥与消弭玄武门之变的过程中，采取积极地稳定内部、借机实行稳健拓边战略的结果。虽然武德九年（626）六月玄武门之变以李世民夺得太子之位，继而成为第二位皇帝而结束，但引起的政治风波却开始在边疆蔓延。贞观元年（627）正月，燕郡王罗艺反于泾州（今甘肃泾川）。[②] 四月，凉州都督、长

---

① 郭声波：《中国行政区划通史·唐代卷》，复旦大学出版社 2012 年版，第 973、1001 页。

② （后晋）刘昫等：《旧唐书》卷 2《太宗本纪上》，中华书局 1975 年版，第 32 页；（宋）欧阳修等：《新唐书》卷 2《太宗本纪》，中华书局 1975 年版，第 27 页；（宋）司马光：《资治通鉴》卷 192，中华书局 1956 年版，第 6032 页。

乐王幼良被诛。[①] 九月，幽州都督王君廓奔于突厥。[②] 针对这种北面边疆不稳定的形势，唐太宗迅速采取稳定的措施。在罗艺反于泾州之后，随之除去时任利州都督（治绵谷县，今四川广元）的罗艺之弟罗寿[③]，以仆射窦轨为益州大都督以稳定关中后方。[④] 在除去李幼良后，这年八月便任命中书令宇文士及检校凉州都督。[⑤] 十二月，又除去利州都督李孝常。[⑥] 在稳定内部统治后[⑦]，唐朝开始积极筹备征讨突厥的战争。[⑧] 这伴随着对地方行政区划的调整与边疆的开发经略。

在关中大后方主要表现在玄武门之变后，随即废除“起蜀，跨陇而东北”益州行台，[⑨] 顺势设置益州大都督府。该都督府辖属益州（今四川成都）、简州（今四川简阳）、陵州（今四川仁寿）、嘉州（今四川乐山）、眉州（今四川眉山）、雅州（今四川雅安）、邛州（今四川邛崃）、濛州（今四川彭州西北）、绵州（今四川绵阳）。[⑩] 于是，在岷州都督府与益州大都督府辖区之间出现了秦州都督府所属松州这块飞地。在益州道行台存在的时期，还能对松州行使控制权。随着该行台废除，对松州这种直接处在吐谷浑、党项威胁之下的飞地必须及时调整对策。贞观二年（628），遂将秦州都督府辖属的松州

---

① （后晋）刘昫等：《旧唐书》卷2《太宗本纪上》，中华书局1975年版，第32页；（宋）欧阳修等：《新唐书》卷2《太宗本纪》，中华书局1975年版，第28页；（宋）司马光：《资治通鉴》卷192，中华书局1956年版，第6034—6035页。

② （宋）欧阳修等：《新唐书》卷2《太宗本纪》，中华书局1975年版，第28页；（宋）司马光：《资治通鉴》卷192，中华书局1956年版，第6038—6039页。

③ （宋）司马光：《资治通鉴》卷192，中华书局1956年版，第6033页。

④ （后晋）刘昫等：《旧唐书》卷2《太宗本纪上》，中华书局1975年版，第32页。

⑤ （宋）欧阳修等：《新唐书》卷2《太宗本纪》，中华书局1975年版，第28页。

⑥ （宋）欧阳修等：《新唐书》卷2《太宗本纪》，中华书局1975年版，第28页；（宋）司马光：《资治通鉴》卷192，中华书局1956年版，第6039页。

⑦ （后晋）刘昫等：《旧唐书》卷2《太宗本纪上》，中华书局1975年版，第37页；（宋）欧阳修等：《新唐书》卷2《太宗本纪》，中华书局1975年版，第30页；（宋）司马光：《资治通鉴》卷193，中华书局1956年版，第6066页。

⑧ （宋）司马光：《资治通鉴》卷192，中华书局1956年版，第6044—6046页。

⑨ （宋）司马光：《资治通鉴》卷188，胡注，中华书局1956年版，第5880页。

⑩ 郭声波：《中国行政区划通史·唐代卷》，复旦大学出版社2012年版，第881页。

与岷州都督府辖属的叠州、芳州、扶州、文州、武州归属新置的松州都督府①，于是岷州都督府所辖只有洮水流域的岷州、旭州、洮州与羌水流域的宕州。

这样调整的目的是以松州为中心加强对依附于吐谷浑的党项诸部的招抚。

> 贞观三年，南会州都督郑元璹镌谕，其酋细封步赖举部降，太宗玺诏慰抚，步赖因入朝，宴锡特异，以其地为轨州，即授刺史，步赖请率兵讨吐谷浑。其后诸酋长悉内属，以其地为崌、奉、严、远四州，即首领拜刺史。②

从贞观三年（629）南会州（今四川茂县）都督郑元璹的镌谕、党项首领细封步赖为之举部投降、唐太宗因而特下诏书慰抚、遂之以其地为轨州（今四川松潘县上八寨乡阿基村），进而以细封步赖为刺史等一系列事件来看，唐廷招抚松州之西的党项显然是有意为之，目的就是借机让其讨伐吐谷浑。新设的轨州归属松州都督府③，则说明松州都督府已经成为唐朝经略吐谷浑的前沿阵地。

唐廷不仅令松州都督府之南的南会州都督府招抚党项，同样令在其北的岷州都督府也开始进行招抚。这始于贞观三年（629）设置的静边镇（今青海贵德河阴镇）。

> 积石军，置在廓州达化县西界，本吐谷浑之地。贞观三年，吐谷浑叛，置静边镇。仪凤二年，置军额焉。④

---

① 郭声波：《中国行政区划通史·唐代卷》，复旦大学出版社 2012 年版，第 973 页。

② （宋）欧阳修等：《新唐书》卷 221《西域列传上》，中华书局 1975 年版，第 6215 页。

③ 郭声波：《中国行政区划通史·唐代卷》，复旦大学出版社 2012 年版，第 1285 页。

④ （宋）王溥：《唐会要》卷 78《诸使中》，中华书局 1955 年版，第 1427 页。

贞观三年（629），唐廷以“吐谷浑叛”作为静边镇设置的理由似乎不能成立。唐廷所谓“吐谷浑叛”的依据从何而来？武德九年（626）八月“吐谷浑请和”[1]，这时玄武门之变刚刚结束，北方边疆的突厥威胁仍没有解除，所以唐人记载的“吐谷浑请和”系一面之词，是为了稳定唐朝内部局势派人在周边活动的结果，“其吐谷浑已修职贡……因而镇抚，允合机宜。分命行人，就申好睦，静乱息民”[2]。事实上，玄武门之变以后周边民族到唐朝朝贡的不止有吐谷浑，还有突厥颉利可汗、高丽、百济、新罗、党项。[3] 贞观元年（627）闰三月，吐谷浑又遣使朝贡。[4] 贞观二年（628），便发生了吐谷浑入寇岷州之事[5]；吐谷浑入寇岷州的原因文献无征，但结合贞观三年（629）设置的静边镇以及南会州招抚党项的活动可以判定，应是对这些事件的反应。所以，所谓“吐谷浑叛”，不过是唐廷向西拓边所找的借口而已。

唐廷向西对吐谷浑拓边，已经是上下共知之事。“（刘）师立上书请讨吐谷浑，书奏未报，便遣使间其部落，谕以利害，多有降附，列其地为开、桥二州”[6]。岷州都督刘师立还没有等到唐廷批示就已派人离间吐谷浑部落，反而没有受到责罚。值得注意的，“便遣使间其部落”的“部落”，应不是吐谷浑部落，而是依附于吐谷浑的党项部落，其中桥州（今青海泽库县泽曲镇智和罗合古城）就是羁縻党

---

① （宋）司马光：《资治通鉴》卷191，中华书局1956年版，第6017页；（宋）王钦若等编纂，周勋初等校订：《册府元龟》卷980《外臣部二五·同好》略微不同的是将其记载在武德九年（626）七月，“（武德）九年七月壬戌，吐谷浑遣使请和”，凤凰出版社2006年版，第11344页；今从《资治通鉴》记。

② （清）董浩等：《全唐文》卷1，唐高祖皇帝李渊《命行人镇抚外籓诏》，中华书局1983年版，第24页。

③ （宋）王钦若等编纂，周勋初等校订：《册府元龟》卷970《外臣部一五·朝贡第三》，凤凰出版社2006年版，第11228页。

④ （宋）王钦若等编纂，周勋初等校订：《册府元龟》卷970《外臣部一五·朝贡第三》，凤凰出版社2006年版，第11228页。

⑤ （宋）欧阳修等：《新唐书》卷2《太宗本纪》，中华书局1975年版，第28页；（宋）司马光：《资治通鉴》卷192，中华书局1956年版，第6047页。

⑥ （后晋）刘昫等：《旧唐书》卷57《刘师立（传）》，中华书局1975年版，第2299页。

项羌野利部落[1]，开州待考。所以，贞观三年（629）设置的静边镇不是针对吐谷浑，而是依附于吐谷浑的党项部落；静边镇的设置，意味着唐军控制了从九曲通往青海之南大非川的道路，无疑会对九曲之内党项的归附产生不小的影响。

贞观四年（630），岷州都督府顺势设置管理投抚党项部落的西塘州、嶂州、西盐州、祐州。[2] 随之唐之势力从九曲之内深入九曲之外，直逼吐谷浑住牧的中心之地青海湖。五年（631），岷州都督刘师立又趁机南下深入党项首领拓跋赤辞之地，赤辞率其种落内附。唐朝以其地设置西戎州都督府（今四川若尔盖县求吉乡麻藏沟口）[3]，同时将是年设置的西戎州（今四川若尔盖县求吉乡麻藏沟口）、西麟州（今四川若尔盖县达扎寺镇）、西吉州（今四川红原县色地镇）、阔州（今四川红原县安曲乡牧场）、西雅州（今四川阿坝县求吉玛乡）、丛州（今四川九寨沟县大录乡香扎村东北）、诺州（今四川若尔盖县嫩哇乡黑河牧场）、蛾州（今四川阿坝县贾洛镇）、洪州（今甘肃玛曲县阿万仓乡尕若村黄河南岸）、西集州（今若尔盖县阿西乡牧场）、肆州（今青海同仁县年都乎乡向阳古城）、玉州（今青海贵南县沙沟乡查纳寺古城）[4]，以及原属岷州都督府管辖西塘等四个羁縻州也归属西戎州都督府；西戎州都督府则归属松州都督府。

之所以将贞观四年（630）原属岷州都督府的西塘等四个羁縻州，以及五年（631）该都督府开拓的西戎等羁縻州均归属松州都督府，是因为贞观二年（628）唐廷已将松州都督府作为经略吐谷浑的前沿。随着九曲之地的开拓，也需要岷州都督府对周边这些归附党项管理。这些刚刚设置的党项羁縻州从一开始并不是心悦诚服归附，而是贞观三年（629）以来唐廷趁着突厥即将破灭的大势，趁机在九曲通往青海湖之地顺势设置

---

① 郭声波：《中国行政区划通史·唐代卷》，复旦大学出版社2012年版，第1283页。

② 郭声波：《中国行政区划通史·唐代卷》，复旦大学出版社2012年版，第1319—1321页。

③ （后晋）刘昫等：《旧唐书》卷57《刘师立传》，中华书局1975年版，第2299页。

④ 感谢郭声波先生提供《中国行政区划通史·唐代卷》第三版未刊稿。

表 2－2　**贞观元年至四年（627—630）周边民族至唐朝的朝贡情况**①

民族＼时间	贞观元年（627）	贞观二年（628）	贞观三年（629）	贞观四年（630）
高丽		1	1	
百济			1	
新罗 突厥	2	 1	1 1	
契丹			2	
奚			1	
霫			1	
室韦			1	
靺鞨			1	
薛延陀			1	1
铁勒		1		
同罗			1	
仆骨			1	
拔野古			1	
西突厥	2	1	1	
高昌	1		2	
吐谷浑	1			1
何国	1			
康国	1			
西赵			1	
夷子			1	
牂牁			1	
东谢蛮			1	
林邑		1		
真腊		1		
参半		1		
殊奈		1		

① 表 2－2 主要依据（宋）王钦若等编纂，周勋初等校订《册府元龟》卷 970《外臣部一五·朝贡三》，凤凰出版社 2006 年版，第 11228—11229 页；（宋）司马光：《资治通鉴》卷 192 至卷 193，中华书局 1983 年版，第 6030—6083 页。

静边镇，在心理上引起震慑的结果。从贞观元年（627）至四年（630），周边民族到唐朝的朝贡情况可以看得清楚。

贞观元年（627），北方各族遣使朝贡，如前所述是唐廷为了消弭玄武门之变的影响而在周边活动的结果。贞观二年（628），突厥政乱，契丹酋长为之率部来降[①]，高丽遣使贡上《封域图》[②]，突厥北边诸姓亦多数叛变[③]，林邑等到唐朝朝贡当受此影响。这年吐谷浑不仅没有朝贡，反而兵临岷州。[④] 问题是这次战役吐谷浑战败，两位名王被捕，700 多人被俘斩。[⑤] 这是贞观二年（628）、三年（629）吐谷浑没到唐朝朝贡、面对唐朝在东部边疆活动无可奈何的原因。吐谷浑的这些反应给趁势拓边的唐人带来难得的契机，但对夹在吐谷浑、唐朝中间的党项而言，只能选择有利于其生存发展的唐朝。就唐朝而言，对于这些迫于形势而归附的党项自然要加以防备，而且洮州治所洮阳防（今临潭城关镇）正处于通往西塘等羁縻州之途。这是贞观四年（630）唐朝将洮州州治从洮阳防向东移治洪和城（今临潭扁都乡鸣鹤城），于此设置临洮镇的原因。

贞观五年（631），随着大积山（今阿尼玛卿山）以东之地为唐境所有[⑥]，岷州都督府辖区随之从以前与吐谷浑的濒临之地变成唐之腹里之区，所以这年废除临洮镇在此设置旭州。不过，从洮水流域向南经叠州、芳州至松州一线之西的若尔盖草原上仍有很多党项，虽然这年陆续设置洪州（今甘肃玛曲县阿万仓乡尕若村黄河南岸）、丛州

---

① （宋）司马光：《资治通鉴》卷 192，贞观二年四月丙申条记载："契丹酋长帅其部落来降"，中华书局 1956 年版，第 6050 页。

② 《册府元龟》卷 970《外臣部一五·朝贡三》记载："（贞观二年）九月，高丽王建武遣使奉贺破突厥颉利可汗，并上《封域图》"（凤凰出版社 2006 年版，第 11228 页）。这年唐军并没有击破颉利可汗，所以高丽王闻说之后随即派遣使臣奉贺并敬上《封域图》。由此可见，突厥政乱在周边民族所造成的影响。

③ （宋）司马光：《资治通鉴》卷 193，中华书局 1956 年版，第 6061—6062 页。

④ （宋）欧阳修等：《新唐书》卷 2《太宗本纪》，中华书局 1975 年版，第 28 页；（宋）司马光：《资治通鉴》卷 192，中华书局 1956 年版，第 6047 页。

⑤ （宋）王钦若等编纂，周勋初等校订：《册府元龟》卷 985《外臣部三〇·征讨第四》，凤凰出版社 2006 年版，第 11400 页。

⑥ （宋）王溥：《唐会要》卷 98《党项羌》，中华书局 1955 年版，第 1756 页。

（今甘肃玛曲县阿万仓乡哈尔钦和东南黄河北岸）等羁縻州，归属羁縻西戎州都督府（今四川若尔盖县求吉乡麻藏沟口）。[①] 这些羁縻州正处若尔盖草原之上。所以要在洮水流域靠近这些羁縻州的地方选择一个地方加以设防，这就是临潭县，今甘肃卓尼卡车乡达子道村。[②] 这是贞观五年（631）唐廷将洮州州治从洪和城向西移动至此的原因。

贞观六年（632）以来，唐和吐谷浑在九曲内外的战事开始从东向西转移：六年（632）吐谷浑侵扰兰州[③]、八年（634）四月寇鄯州[④]，夏入寇凉州，十一月再次入寇凉州。贞观八年（634）吐谷浑的三次侵扰，是对唐军讨伐的剧烈反应。[⑤] 从此可以看出，洮州已经远离唐与吐谷浑的战事区，原来为防御吐谷浑及依附于吐谷浑的党项的洮州，因其远离岷州都督府治所就失去存在下去的必要性，所以贞观八年（634）将洮州州治向东迁移至洪和城而废除旭州亦是必然之势。事实上，从贞观八年（634）唐军行军路线亦可以看得清楚，唐人已不把九曲作为威胁。这年十二月诏书以李靖为西海（今青海）道行军大总管，节度各路军马。兵部尚书侯君集出积石（今阿尼玛卿

---

① 郭声波：《中国行政区划通史·唐代卷》，复旦大学出版社 2012 年版，第 1284 页。

② （唐）李吉甫撰，贺次君点校：《元和郡县图志》卷 39《陇右道上》“洮州”条、“临潭”条，中华书局 1983 年版，第 997 页。

③ （宋）司马光：《资治通鉴》卷 194，中华书局 1956 年版，第 6095 页。

④ 《资治通鉴》卷 194 太宗贞观八年（634）夏五月辛未条记载：“初，吐谷浑可汗伏允，遣使入贡，未返，大掠鄯州而去……六月，遣左骁卫大将军段志玄为西海道行军大总管，左骁卫将军樊兴为赤水道行军总管，将边兵及契苾、党项之众以击之”（中华书局 1956 年版，第 6106 页）。这次吐谷浑侵掠唐之鄯州，两《唐书》都没有记载，《资治通鉴》将其列在贞观五年（631）五月辛未条下，这却不是此次吐谷浑侵掠鄯州的具体时间。不过，通过引文中的“遣使入贡，未返，大掠鄯州而去”可以进一步推测。既然吐谷浑派遣出使唐朝的使者还没有从长安返回，吐谷浑就已经开始入侵鄯州，说明它已经获悉这次出使并不成功。由于这是唐廷贞观八年（634）六月大规模征讨吐谷浑之前的舆论造势，所以这次吐谷浑派遣使者至长安最后一次时间应是吐谷浑“大掠鄯州而去”的时间。综观《册府元龟》卷 970《外臣部一五·朝贡第三》（凤凰出版社 2006 年版，第 11229 页）所记吐谷浑伏允可汗时代遣使至长安最后一次时间是贞观八年（634）四月。所以，贞观八年（634）四月应是吐谷浑侵略鄯州的时间。这也符合前引《资治通鉴》将这次吐谷浑侵略鄯州列在贞观八年（634）夏五月下的时间，更符合唐廷为征讨吐谷浑的造势时间。

⑤ （宋）欧阳修等：《新唐书》卷 2《太宗本纪二》，中华书局 1975 年版，第 35 页。

山）道，刑部尚书任城王道宗出鄯善（今新疆若羌县）道，凉州都督李大亮出且末（今新疆且末县）道，岷州都督李道彦出赤水（今青海兴海东）、利州刺史高甑生为盐泽（今青海茶卡盐池）道行军总管，率领突厥、契苾出击吐谷浑。[①] 这些唐军最终指向以青海湖为中心的吐谷浑伏允可汗政权。即使从岷州都督府出发的李道彦部只不过把岷州都督辖区作为行军的始发地而已。正是因为唐人已不把九曲视为威胁而疏于防范，结果在唐军讨伐吐谷浑的途中就发生归附党项全部叛归，洮州境内的党项趁机杀掉刺史孔长秀的悲剧。[②]

从贞观八年（634）六月开始的征讨吐谷浑战争，至十年（636）三月以诺曷钵为河源郡王、乌地也拔勤豆可汗而结束。[③] 从此以后至十二年（638），唐与吐谷浑结束了自武德三年（620）以来兵戎相见的局面，进入了双方关系最平稳的时期。[④] 随着青藏高原吐蕃北进，原来为防御吐谷浑及依附于它的党项的岷州都督府失去了存在的意义，这年该都督府被废除。唐与青藏高原民族的关系随着贞观十三年（639）叠州都督府的设置，迈进了一个新时代。

通过对岷州总管府设置及其辖区演变的考察，可以发现唐与吐谷浑之间的战争是地缘结构矛盾所引起，唐与吐谷浑关系也是基于这种地缘结构矛盾的变化呈现战和不同的特征。

对唐朝而言，在河西走廊效法汉武，隔绝走廊南北民族的联系，

---

① （宋）司马光：《资治通鉴》卷194，中华书局1956年版，第6108页。

② （宋）欧阳修等：《新唐书》卷2《太宗本纪二》，中华书局1975年版，第35页；（宋）王钦若等编纂，周勋初等校订：《册府元龟》卷985《外臣部三〇·征讨四》，凤凰出版社2006年版，第11401页；（宋）司马光：《资治通鉴》卷194，中华书局1956年版，第6110页。

③ （宋）王钦若等编纂，周勋初等校订：《册府元龟》卷964《外臣部九·封册第二》，凤凰出版社2006年版，第11168页；（宋）司马光：《资治通鉴》卷194，中华书局1956年版，第6119页。

④ 《旧唐书》卷3《太宗本纪下》记载："（贞观十年）十二月壬申，吐谷浑河源郡王慕容诺曷钵来朝"（中华书局1975年版，第46页）；《册府元龟》卷970《外臣部一五·朝贡第三》记载："（贞观十一年）十一月，吐谷浑河源郡王慕容诺曷钵献牛羊万三千头"，"（贞观十二年）八月，吐谷浑……并遣使贡方物"（凤凰出版社2006年版，第11229—11230页）。

进而开拓西域是唐朝稳定西部边疆、维护国家安全的重要战略，所以将吐谷浑纳入管辖范围成为此项战略的重要组成部分。对吐谷浑而言，如何保存九曲党项，进而保存自己政权成为慕容伏允必须面对的事关生死存亡的紧要问题。随着与其紧邻的薛举、李轨政权相继覆灭，以及唐人随之在其东、北两面建立的秦州总管府、凉州总管府所带来的地缘压力，适时地解决这种重大压力显得十分迫切。所以，唐与吐谷浑各自地缘结构的诉求，确定武德三年（620）吐谷浑要求交还滞留唐都长安的质子以协助唐军攻击李轨的利益交换只能是暂时的选择，地缘结构上的矛盾才是唐与吐谷浑必须共同面临的问题。

吐谷浑选择何时何地攻击唐境成为十分重要的战略抉择。这时唐朝与北部边疆突厥的战争给吐谷浑带来了难得的契机。陇右道、剑南道的接合部是最佳攻击要地。这里远离吐谷浑都城伏俟城，却逼近从唐都长安西进西域、南下成都的两条交通要道。攻击这处地方，可以使唐朝无法集中精力沿着河西走廊西进，也可以制衡唐朝对关中大后方的管理。最佳进攻路线是从若尔盖草原北上。若尔盖草原有着可以利用的战略资源草场，以及依附于吐谷浑的党项各部，这也是一条易于撤退的线路。该线路只有东部靠近唐境，但却是党项族、獠族生活的地方，这里易于动荡的边疆形势也利于吐谷浑进攻。反之，如果选择从青海湖向东越过黄河干流经九曲的线路，这条线路北面的侧翼将时刻处在唐军威胁下。

吐谷浑选择攻击的地方与进攻的路线，决定了与唐进行的战场选择在洮水、羌水、白水流域。这些流域是岷州总管府（都督府）所依托的基本地理单元。顺着洮水谷地西去经岷州东北上，可以到达从长安向西通往西域的交通要道。顺着羌水谷地东南下经武州，可以到达散关道，从白水流域的扶州东南经文州至武州也可到达这条交通要道。所以，从岷州总管府设置至岷州都督府废除，它所辖羁縻州以外的正州都是在这些流域变动。吐谷浑选择唐朝北部边疆危机没有解除、内部不稳、唐廷疲于应付的时机攻击，确定岷州都督府只能在吐谷浑入侵之处以及可能侵扰的地方防御，辖区范围随之逐渐扩大。武德四年（621）辖属洮水流域的旭州、洮州、岷州与羌水流域叠州、宕州，七年（624）加督羌水流域的芳州，九年（626）又加督羌水流域的武州，白水流域的文州、扶州。

贞观元年（627）以来，趁着北方突厥政乱，唐廷在玄武门之变结束后对内部统治进行整顿，开始积极实行对吐谷浑的拓边战略。这表现在贞观元年（627）废除益州道行台后的第二年调整岷州都督府辖区和设置松州都督府，即将岷州都督府辖属羌水流域的叠州、芳州、武州与白水流域的文州、扶州，与秦州都督府辖属汶江流域的松州，一起划归松州都督府。虽然这缩小了岷州都督府面对若尔盖草原的防御正面，但可以向西专力招抚依附吐谷浑的党项。随着大积石山以东为唐境所有，岷州都督府从边疆之区变成腹里之地，唐军随之开始对其内部管理的调整。调整与招抚结束之际，贞观八年（634）唐军开始大规模征讨吐谷浑，终于迫使吐谷浑臣服。随着青藏高原吐蕃的兴起，唐朝西进战略的防御对象也从吐谷浑转向吐蕃，岷州都督府完成了使命，贞观十二年（638）被废除。

第二节　叠州都督府与预警体系转移

贞观十三年（639）设置叠州都督府，领叠州、岷州、洮州、宕州、芳州，以及盖州（今青海贵南县森多镇青羊禾古城）、位州（今甘肃合作市伊合昂街道）、嶂州（今青海兴海县唐乃亥乡夏塘村古城）、祐州（今青海河南县柯生乡）、肆州（今青海同仁县年都乎乡向阳古城）、玉州（今青海贵南县沙沟乡查纳寺古城）、台州（今甘肃碌曲县西仓乡）、桥州（今青海泽库县城泽曲镇知合龙村古城）、序州（今甘肃玛沁县大武镇东南军牧场）、都州（今青海都兰县香日德镇）、流州（今青海格尔木乌图美仁乡）、厥州（今青海格尔木市大格勒乡?）、调州（今青海格尔木市城区?）、凑州（今青海都兰县宗加镇?）、般州（今青海都兰县宗加镇托海村?）、匐州（今青海都兰县巴隆乡?）、器州（今青海都兰县城察汗乌苏镇英德尔滩南西台遗址）、迩州（今青海都兰县夏日哈镇?)、桼州(今青海玛多县花石峡镇)、钟州(今青海兴海县温泉乡?)。[①] 永徽元年(650)废除该都督。贞观十三年(639)设置的叠州都督府[②],是唐朝西进战略中更迭吐谷浑政权、平定高昌与吐蕃北上战略中迎娶唐朝公主而相互妥协的产物。

一 唐蕃关系重新解读

贞观八年(634),在唐军对吐谷浑实行大规模征讨行动之时,青藏高原上的吐蕃开始变得强大起来。《资治通鉴》卷 194“太宗贞观八年十一月甲申”条记载:

> 甲申,吐蕃赞普弃宗弄赞遣使入贡,仍请婚。吐蕃在吐谷浑西南,近世浸强,蚕食他国,土宇广大,胜兵数十万,然未尝通中国。其王称赞普,俗不言姓,王族皆曰论,宦族皆曰尚。弃宗弄赞有勇略,四邻畏之。上遣使者冯德遐往慰抚之。[③]

对于唐太宗派遣使者至吐蕃慰抚、吐蕃弃宗弄赞随后遣使入唐这两件重大之事,《旧唐书·太宗本纪》《新唐书·太宗本纪》均不言,可见这是唐廷故意回避,但仍可通过一些文献记载深入挖掘。《旧唐书·吐蕃传上》曰:

---

① (唐)李泰等撰,贺次君辑校:《括地志辑校》,中华书局 1980 年版,第 4 页;艾冲:《唐代都督府研究——兼论总管府、都督府、节度司之关系》,西安地图出版社 2005 年版,第 63—64 页;感谢郭声波先生提供《中国行政区划通史·唐代卷》第三版未刊稿。

② 叠州都督府置废的时间,参见(唐)李吉甫撰,贺次君点校《元和郡县图志》卷 39《陇右道上》“叠州”条,中华书局 1983 年版,第 998 页;(后晋)刘昫等《旧唐书》卷 40《地理志》“叠州下都督府条”所载皆同,中华书局 1975 年版,第 1638 页。不同的是,前者称“叠州都督府”为“叠州都护府”。据《唐六典》卷 30《大都护上都护府官吏》记载:“都护、副都护一职,掌抚慰诸蕃,辑宁外寇,觇候奸谲,征讨携离”(中华书局 1992 年版,第 755 页)。都护府主要领蕃州,补领州县。又据《新唐书》卷 93《李勣传》(中华书局 1975 年版,第 3819 页)记载贞观二十三年(649)李勣所任亦是叠州都督,而非叠州都护府。因此,《元和郡县图志》所记叠州都护府为误。

③ (宋)司马光:《资治通鉴》卷 194,中华书局 1956 年版,第 6107—6108 页。

> 贞观八年，其赞普弃宗弄赞始遣使朝贡。弄赞弱冠嗣位，性骁武，多英略，其邻国羊同及诸羌并宾伏之。太宗遣行人冯德遐往抚慰之。见德遐，大悦。闻突厥及吐谷浑皆尚公主，乃遣使随德遐入朝，多赍金宝，奉表求婚，太宗未之许。①

《册府元龟·外臣部二三·和亲》亦曰：

> 太宗贞观八年，吐蕃赞普弄赞嗣位，帝遣行人冯德遐往抚慰之。弄赞见德遐大悦，闻西突厥及吐谷浑皆尚公主，乃遣使随德遐入朝，多赍金宝，奉表求婚，帝未之许。②

通过《资治通鉴》“仍请婚”的记载③，可以推测贞观八年（634）至九年（635）吐蕃到唐朝请婚至少两次。第一次是贞观八年（634）十一月，“（贞观八年）十一月，吐蕃……并遣使朝贡”。④ 第二次是贞观九年（635）十二月，“十二月，吐蕃……并遣使来朝贡方物”。⑤《旧唐书》《册府元龟》都明确表明吐蕃遣使请婚的原因，是听到西

---

① （后晋）刘昫等：《旧唐书》卷196上《吐蕃传上》，中华书局1975年版，第5221页。

② （宋）王钦若等编，周勋初等校订：《册府元龟》卷978《外臣部二三·和亲》，凤凰出版社2006年版，第11325页。

③ 对于《资治通鉴》卷194太宗贞观八年（634）十一月甲申条“仍请婚”的记载，杨思奇在《唐与吐蕃松州之战始末》中认为：“只有第一次请婚不成，方有再次的‘仍请婚’，按吐蕃贞观八年才第一次遣使朝贡，如何能够‘仍请婚’？疑《资治通鉴》此处有误”［《民族史研究》（第11辑），中央民族大学出版社2014年版］。作者认为前引《资治通鉴》记载“仍请婚”并没有错误，错误的是司马温公将贞观八年（634）十一月请婚与贞观九年（635）十二月请婚混淆一起。否则，不可能不在《资治通鉴》太宗贞观九年（635）十二月条下不记载此事。

④ （宋）王钦若等编，周勋初等校订：《册府元龟》卷970《外臣部一五·朝贡三》，凤凰出版社2006年版，第11229页。这条文献虽记载的是吐蕃到唐朝朝贡，但《册府元龟》卷978《外臣部二三·和亲》亦明确记载这一年是吐蕃到唐朝请婚。换言之，《册府元龟》卷970《外臣部一五·朝贡三》所谓贞观八年（634）十一月吐蕃到唐朝朝贡的记载，只不过是唐人为了掩盖唐朝主动联系吐蕃以让吐蕃请婚进而实行其西进战略的事实。唐人将吐蕃贞观九年（635）十二月到唐朝请婚记载为朝贡，其目的同样如此。

⑤ （宋）王钦若等编，周勋初等校订：《册府元龟》卷970《外臣部一五·朝贡三》，凤凰出版社2006年版，第11229页。

突厥以及自己近邻吐谷浑都娶唐朝公主之事。《资治通鉴》虽不记载吐蕃请婚的原因，但却表明唐朝派遣使者冯德遐前往抚慰吐蕃，是因为走上兼并之路的吐蕃变得日益强大。再结合《旧唐书》所载，可以进一步推论冯德遐前往慰抚吐蕃就是因为吐蕃兼并邻国羊同以及羌族等政权。

问题是唐朝还是吐蕃先派遣使者？前引《资治通鉴》不言吐蕃请婚，而且是对请婚时间所做的总结概括，可以不作考虑。《旧唐书·吐蕃传上》开头所言“贞观八年，其赞普弃宗弄赞始遣使朝贡”，同样是对贞观八年（634）吐蕃赞普弃宗弄赞遣使朝贡的总结性记载，后文“太宗遣行人冯德遐往抚慰之”云云，则清楚地表明唐太宗派遣冯德遐出使在前，吐蕃紧随冯德遐出使唐朝在后。作为研究唐史原始史料的《册府元龟》，同样表明唐太宗是趁着吐蕃弃宗弄赞嗣位之际派遣使者冯德遐前往，而且是吐蕃见到冯德遐后才听说西突厥、吐谷浑准备迎娶唐公主的信息，才派遣使者随冯德遐入唐。换句话说，吐蕃能够听说西突厥、吐谷浑准备迎娶唐公主的信息，是冯德遐到达吐蕃后传播的结果。

总之，根据《旧唐书》《资治通鉴》《册府元龟》等文献记载，可以得出如下结论：唐太宗派遣冯德遐千里迢迢出使吐蕃除了因为吐蕃的强大需要抚慰外，还有着告之西突厥、吐谷浑准备迎娶唐朝公主的因素。吐蕃接连向唐朝请婚，是因为唐朝答应了西突厥、吐谷浑请婚。不过，有以下几点还需要探讨：为何已经灭掉盛极一时的突厥的唐朝，还要首先主动地出使吐蕃加以抚慰？既然是唐朝主动地告诉吐蕃请婚的消息，为何还要一再地拒绝，直至贞观十五年（641）文成公主才入嫁吐蕃？[①] 这又与日益强大的吐蕃存在什么样的必然联系？吐蕃从贞观八年（634）开始请婚直至十五年才如愿以偿，难道是因为唐朝将其他公主嫁给西突厥、吐谷浑？这一系列问题与贞观十二年（638）松州之役存在什么样的前后联系？欲解

---

① （宋）司马光：《资治通鉴》卷196，中华书局1956年版，第6164—6165页。

开这些扑朔迷离之事，首先要清楚在贞观八年（634）十一月至十五年（641）春正月唐蕃双方的军事行动，以及隐藏在这些行动背后各自的战略意图。

二 唐蕃互访战略分析

武德元年（618）以来，唐朝先后灭掉薛举、李轨政权，迅速将其势力从关中平原越过陇山伸展至今天河西走廊，从而以丝绸之路为中心构建了一条隔绝南北民族联系的战略交通线。贞观四年（630），随着东突厥灭亡，这条交通线以北的大漠南北为唐朝所有，唯有此线以南紧邻唐朝今从六盘山至甘肃、新疆交界的广袤区域为吐谷浑王国所有。这对效法汉武帝欲通过河西走廊直达今帕米尔高原实行西进战略的唐太宗而言[①]，显然是不能容忍的。所以，灭掉对抗唐的吐谷浑伏允可汗、扶植亲唐的吐谷浑新可汗政权成为这时唐朝实行西进战略过程中必须解决的重大问题。与唐西进战略同时进行的是吐蕃北上战略[②]，贞观八年（634）十一月吐蕃弃宗弄赞派遣使者随冯德遐来到长安之前，吐蕃已渐次征服今唐古拉山以南、四川甘孜与西藏昌都等大部分康区及青海南部[③]，逼近贞观四年至五年（630—631）设置在今四川若尔盖县、红原县、阿坝县、松潘县与青海兴海县与都兰县境内的羁縻府州。[④] 贞观五年（631）以来，由于唐朝积极准备应对大规模讨伐吐谷浑的工作[⑤]，所以这段时期面对吐蕃的兼并扩张没有给予应有的关注。

不过，对于准备更替吐谷浑王国这一重大军事行动，唐朝就不能

---

① （后晋）刘昫等：《旧唐书》卷196上《吐蕃传上》，中华书局1975年版，第5236页。

② ［美］拉铁摩尔：《中国的亚洲内陆边疆》，唐晓峰译，江苏人民出版社2005年版，第144—145页。

③ 才让：《吐蕃史稿》，人民出版社2010年版，第59—60页。

④ 郭声波：《中国行政区划通史·唐代卷》，复旦大学出版社2012年版，第1283—1285、1320—1321页。

⑤ （宋）司马光：《资治通鉴》卷194，中华书局1956年版，第6095页；（宋）司马光：《资治通鉴》卷194，中华书局1956年版，第6106页；（宋）欧阳修等：《新唐书》卷2《太宗本纪二》，中华书局1975年版，第35页。

不事先通报吐蕃王朝，以免在以后行动中带来不必要的掣肘。因此，在吐蕃使者第一次到达长安请婚的贞观八年（634）十一月甲申日（12 月 11 日）后的己丑日（12 月 16 日），唐太宗李世民便开始“下诏大举讨吐谷浑”。[①] 时间安排得如此紧凑有序，绝非随意而定，而是提前做好的充分谋划。虽然前引《旧唐书·吐蕃传上》《册府元龟》对于吐蕃这次请婚均言唐太宗“未之许”，但我们对于“未之许”这句话应理解为唐军平定吐谷浑后答应吐蕃再到长安商议请婚，否则无法解释这样一场关于吐蕃北部边疆安全的重大军事行动，吐蕃在贞观九年（635）五月唐军消灭吐谷浑伏允可汗政权之前竟然没有任何反应，而偏偏选择贞观九年（635）十一月、十二月间唐朝扶植的新吐谷浑可汗被杀、继嗣的可汗立足未稳与吐谷浑国内人心惶惶之际进行第二次请婚。如果将吐蕃选择第二次请婚的时间仅仅片面理解趁势逼婚，则无法解释从贞观八年（634）十一月唐太宗下诏讨伐吐谷浑，至贞观九年（635）五月唐军灭掉吐谷浑伏允可汗政权，其间吐蕃不做出应有反应的情况。[②]

所以，对于贞观八年（634）十一月、贞观九年（635）十二月吐蕃两次请婚，以及唐朝的应对措施应该放在各自的战略框架内解释。对唐朝而言，无论是贞观八年（634）十一月下诏讨伐吐谷浑的关键时刻，还是贞观九年（635）十一月、十二月间唐朝新扶植的吐谷浑王国政权动荡之际，唐廷肯定不希望吐蕃参与其中，也肯定不希望与吐蕃相邻的关中大后方基地的益州（今四川成都）受到威胁，更不希望同时面临西面与吐谷浑、南面与吐蕃两线作战的危险。解决这种危局的最佳方案，首先与吐蕃达成一定协议，进而遏制其北上最终实现西进战略。这是贞观八年（634）前后唐太宗主动派遣行人冯德遐出使吐蕃，趁机告之将要下嫁公主于西突厥、吐谷浑的真正原因。对于吐蕃而论，如果能够与打败突厥的唐朝结成

---

① （宋）司马光：《资治通鉴》卷 194，中华书局 1956 年版，第 6108 页。

② （宋）司马光：《资治通鉴》卷 194，中华书局 1956 年版，第 6113 页。

姻亲关系，无疑对其统一青藏高原各部、完成北上的战略势必产生十分有利的影响。在还没有完成这种北上战略的目的之前，吐蕃当然不会与蒸蒸日上的唐朝产生这种战略冲突。于是，贞观八年（634）十一月吐蕃亦本着实现自己战略的目的，派遣使者随冯德遐来到唐都长安。

唐廷怎么能轻易将公主下嫁给地缘上逼近自己、将来可能成为潜在强大对手的吐蕃！就像唐朝说在贞观八年（634）下嫁公主于吐谷浑，经历了贞观九年（635）消灭吐谷浑伏允可汗、贞观十年（636）新扶植的吐谷浑诺曷钵乌地也勤拔豆可汗向唐朝请婚后，直至贞观十四年（640）才将弘化公主下嫁一样。[①] 所以，在还没有完成扫除西进战略重大障碍之前，贞观八年（634）十一月吐蕃请婚不可能得到允许。于是，就有了贞观九年（635）十二月吐蕃第二次出使唐都。这时吐谷浑王国正处于内乱、唐朝遣将派兵进行稳定之际[②]，唐廷不可能在没有稳定自己新扶植的政权之前，给予吐蕃任何形式的帮助。虽然由于文献记载缺乏，但唐蕃双方一定结合这时吐谷浑的形势与各自战略的目的进行了充分谈判，可以肯定的是吐蕃没有达到目的。

从贞观十年（636）至十五年（641），吐蕃再也没有到长安。从十六年（642）以后至唐太宗之世每年都到长安。[③] 从此可以看出贞观十五年（641）是唐朝与吐蕃关系的分野，这年文成公主下嫁吐蕃。[④]

---

① （后晋）刘昫等：《旧唐书》卷198《西戎·吐谷浑传》，中华书局1975年版，第5300页。

② （宋）司马光：《资治通鉴》卷194，中华书局1956年版，第6117页。

③ （宋）王钦若等编，周勋初等校订：《册府元龟》卷970《外臣部一五·朝贡三》，凤凰出版社2006年版，第11229—11231页。

④ （后晋）刘昫等：《旧唐书》卷3《太宗本纪下》，中华书局1975年版，第52页；（宋）欧阳修等：《新唐书》卷216上《吐蕃传上》，中华书局1975年版，第6074页；（宋）司马光：《资治通鉴》卷196，中华书局1956年版，第6164页。

表 2 - 3　**贞观十年至十五年（636—637）周边民族至唐朝朝贡一览**①

时间 民族	贞观十年（636）	贞观十一年（637）	贞观十二年（638）	贞观十三年（639）	贞观十四年（640）	贞观十五年（641）
百济	1					
薛延陀	1					
焉耆	1					
于阗	1					
疏勒	2					
西突厥	1					
朱俱波	1					
甘棠	1					
罽宾		1				
西番咥利可汗		1				
吐谷浑		1				
薛延陀		1				
百济		1				
康国		1				
僧高			1			
武令			1			
迦乍			1			
鸠密			1			
独和罗国			1			
吐谷浑			1			
西突厥			1			
乌罗国			1			

① 表 2 - 3 主要依据（宋）王钦若等编，周勋初等校订《册府元龟》卷 970《外臣部一五・朝贡三》，凤凰出版社 2006 年版，第 11229—11230 页。

续表

时间 民族	贞观十年（636）	贞观十一年（637）	贞观十二年（638）	贞观十三年（639）	贞观十四年（640）	贞观十五年（641）
和罗国			1			
安国			1			
波斯				1		
康国				1		
昆明国				1		
薛延陀				1		
百济				1		
流鬼国					1	
焉耆					1	
诃陵					1	
独和罗					1	
高丽					1	
盘盘国						1
大羊同国						1
天竺国						1

从贞观十年（636）至十五年（641），到唐朝朝贡者除了来自朝鲜半岛的百济、高丽及其北方的流鬼国，北面的薛延陀，南面的僧高、武令、迦乍、鸠密、独和罗，西面的吐谷浑、大羊同，西南的昆明国、诃陵，其余绝大多数为西域各国，唯独缺少吐蕃。这段时期唐朝致力于西域等地的经营，吐蕃和唐朝的关系处于非正常化时期。

三　松州之役与吐蕃进攻时空选择

贞观十二年（638）八月松州（今四川松潘）之役是唐蕃关系破

裂的标志。[1]《册府元龟》曰：

> 使者既反，言于弄赞曰："初至大国，待我甚厚，许嫁公主。会吐谷浑王入朝，有相离间，繇是礼薄，遂不许嫁。"弄赞遂与羊同连发兵以击吐谷浑，吐谷浑不能支，遁于青海之北，以避其锋，其国人畜并为吐蕃所掠。于是进兵破党项及白兰诸羌，率其众二十余万，顿于松州西境。遣使贡金甲，云来迎公主。又谓其属曰："若大国不嫁公主于我，即当入寇。"遂进攻松州，都督韩威轻骑觇贼，反为所败，边人大扰。帝遣吏部尚书侯君集为当弥道行军大总管，右领军大将军执失思力为白兰道行军总管，左武卫将军牛进达为阔水道行军总管，右领军刘兰为洮河道行军总管，率步骑五万击之。进达先锋自松州夜袭其营，斩千余级。弄赞大惧，引兵而退，遣使谢罪，因复请婚，帝许之。弄赞乃遣其相禄东赞致礼，献金五千两，自余宝玩数百事。[2]

这段文献主要表述了三层意思。一是吐蕃进攻吐谷浑、唐朝的原因，二是吐蕃先后进攻的方向与唐朝行军路线及击破吐蕃的战术，三是吐蕃战败求婚、唐朝许婚。

从吐蕃进攻吐谷浑、唐朝的原因来说，是先到唐朝的吐蕃使者遭到刚好后到的吐谷浑使者的挑拨离间，唐朝对待吐蕃礼薄、不许下嫁公主。如前所论，在贞观十二年（638）之前，吐蕃使者到长安共有两次。一是贞观八年（634）十一月，这年四月吐谷浑已派遣使者来到长安。二是贞观九年（635）十二月吐蕃使者来到长安，这年吐谷

---

① 《新唐书》卷2《太宗本纪二》记载"（贞观十二年）八月壬寅，吐蕃寇松州"（中华书局1975年版，第38页）；《册府元龟》卷985《外臣部三〇・征讨四》亦曰："（贞观）十二年八月，吐蕃寇松州"（凤凰出版社2006年版，第11401页）；《资治通鉴》卷195将其记载在太宗贞观十二年（638）秋七月乙亥条下（中华书局1956年版，第6138页）；今从《册府元龟》《新唐书》所记贞观十二年（638）八月记载。

② （宋）王钦若等编，周勋初等校订：《册府元龟》卷978《外臣部二三・和亲》，凤凰出版社2006年版，第11325页。

浑使者根本没来，反而是到贞观十年（636）十一月吐谷浑方到长安，自此以后直到十五年（641）再无吐蕃到唐都的踪影。所以，这两次都不符合吐蕃先到长安、正好赶上吐谷浑后到长安的时间节点；吐谷浑离间之说难以成立。

既然这是唐人编造的理由，那么吐蕃在进攻的时间、地点先后顺序的选择上就有着非文献简单记载的深层次考虑。吐蕃选择进攻唐之松州的贞观十二年（638）八月，正是北方薛延陀强盛的时期，也正是唐朝想方设法对其实行削弱的时期，一方面对其内部进行分化①，另一方面将其兵力西调参加谋攻高昌之役。② 可以说贞观十二年（638）八月前后，正是唐朝积极谋划进攻高昌的关键时期，进攻高昌是唐朝灭掉吐谷浑后进军西域的首要之役。吐蕃选择这个事关唐朝西进战略的重要时间进攻，显然是经过深思熟虑的结果。这无疑会对唐朝事先精心布局的高昌之役产生重要影响，迫使唐朝不得不重新思考吐蕃的政治诉求。

令人回味的是，吐蕃攻击吐谷浑的目的不是消灭之，只是将其逼迫到青海湖以北。这种浅尝辄止的战略既避免了将战争区推进到唐之西进战略通道河西走廊，又避免了与唐之西进战略产生碰撞，说明这个时期的吐蕃还不想在战略上和唐朝产生根本冲突。在将吐谷浑逼迫到青海湖以北的同时，遂进攻吐谷浑所属党项以及白兰羌，迅速地将进攻方向转向松州，但是吐蕃率领的二十万军队只是驻扎在松州西部之境，没有立即展开进攻。在以兵威还无法迫使唐朝同意下嫁公主的情况下，才开始将进攻矛头指向松州。这证实了吐蕃为何在攻击吐谷浑时只是将其逼迫到青海湖以北而不是穷追不舍，其真实的目的就是通过进攻吐谷浑、党项、白兰羌来显示其作战的能力，迫使唐朝下嫁

---

① 《资治通鉴》卷195太宗贞观十二年（638）九月甲寅条记载："初，突厥颉利既亡，北方空虚，薛延陀真珠可汗帅其部落建庭于都尉犍山北、独逻水南，胜兵二十万，立其二子拔酌、颉利苾主南、北部。上以其强盛，恐后难制，癸亥，拜其二子皆为小可汗，各赐鼓纛，外示优崇，实分其势"（中华书局1956年版，第6140页）。

② （宋）司马光：《资治通鉴》卷195，中华书局1956年版，第6146页。

公主，壮大自己的实力。

在这种有限进攻战略的精心设计下，吐蕃不可能选择靠近从长安出发经渭河谷地、河西走廊至西域的这条交通线路上的城镇，只能选择这条线路以南并能对唐朝产生震慑的地方。这个地方就是松州。松州都督府辖属许多管理党项的羁縻州，主要分布在今天四川若尔盖县、红原县、阿坝县与今甘肃玛曲县境内[①]，这些原来位于吐谷浑与唐朝间的党项部落本来就不稳定，所以吐蕃挟着对吐谷浑的胜利之势给其带来的冲击和影响一定不小，加之松州都督韩威派出的小股侦察骑兵被吐蕃所败，于是“属羌大扰，皆叛以应贼”。[②]

面对西部边疆形势的急剧变化，唐廷派遣侯君集为当弥道行军大总管，统帅右领军大将军、白兰道行军总管执失思力，左武卫将军、阔水道行军总管牛进达，右领军、洮河道行军总管刘兰三路大军，共步骑五万出击吐蕃。先锋牛进达乘吐蕃进攻松州城十几天疲惫未下之际，趁着夜色掩护袭杀吐蕃千人[③]，加以长期的战争造成吐蕃内部的动乱不合[④]，这样处在内外交困情况下的吐蕃赞普弃宗弄赞不得不引兵而退，随后派遣使者向唐朝请婚，唐太宗最终答应。

四　松州之役后唐朝西进战略检讨

问题是松州之战是以吐蕃先胜后败而结束，为何唐朝最终还是下嫁公主以绥靖吐蕃？首先从这次战后所采取的防御措施上加以分析。作为应对这次战役的反应，贞观十二年（638）唐朝废除了远离此次

---

① 郭声波：《中国行政区划通史·唐代卷》，复旦大学出版社2012年版，第1283—1285页。

② （宋）欧阳修等：《新唐书》卷216上《吐蕃传上》，中华书局1975年版，第6073页。

③ （宋）王钦若等编，周勋初等校订：《册府元龟》卷420《将帅部八一·掩袭》，凤凰出版社2006年版，第4771页；（宋）司马光：《资治通鉴》卷195，中华书局1956年版，第6139页。

④ （宋）欧阳修等：《新唐书》卷2上《吐蕃传上》，中华书局1975年版，第6074页。

战役的岷州都督府，随之贞观十三年（639）设置叠州都督府。该都督府治叠州，叠州治今甘肃合川县，北为迭山，南为岷山。发源于西倾山麓的羌水，迤逦其间，曲折东南流经合川县城北，经芳州（今甘肃迭部县常芬古城）、宕州（今甘肃宕昌），至利州（今四川广元）汇入嘉陵江。结果，从合川至利州之间形成了一个山间通道。这条通道的北端是游牧在合川县城之南、松州之北若尔盖草原上的民族北上的方便之门。所以，叠州都督府选址合川县城，就是为了堵住这个方便之门[①]，从而说明这时的叠州都督府已经不同于之前的岷州都督府，主要防御方向是来自南部的若尔盖草原。

从新设置的叠州都督府所辖各州可以证实，该都督府包括从松州都督府割让出来的叠州、芳州以及岷州都督府废除后的洮（今甘肃临潭）、岷（今甘肃岷山）、宕三州。如此部署，主要是为了堵住来自若尔盖草原北上的吐蕃。为了提前做好战前预警准备，这年将原属松州都督府分布在若尔盖草原上的盖州、位州、嶂州、祐州、肆州、玉州、台州、桥州、序州、都州、流州、厥州、调州、凑州、般州、匐州、器州、迩州、率州、钟州归属叠州都督府。[②] 而将叠州、芳州、宕州归属叠州都督府就是为了堵住从若尔盖草原北上的吐蕃顺着羌水谷地威胁从成都北上长安的交通道路，将洮州、岷州归属叠州都督府则是为了预防吐蕃从若尔盖草原北上抵达岷州，威胁从长安向西经渭河谷地通往西域的交通大道。由此可见，松州之役后唐廷设置叠州都督府的目的，就是保护从长安至西域的交通大道不被吐蕃侵扰。所有这些都是鉴于吐蕃北上袭破吐谷浑、西进裹挟党项与白兰诸羌，以及松州之役初期对吐蕃作战能力综合评估的结果。

松州之役结束于贞观十二年（638），文成公主入藏却是三年之后

---

① 《元和郡县图志》卷39《陇右道上》曰："今州城在独山上，西临绝涧，南枕羌水"（中华书局1956年版，第998页）。

② 郭声波：《中国行政区划通史·唐代卷》，复旦大学出版社2012年版，第1283页。

的十五年（641）。[1] 这意味着什么呢？不妨考察一下贞观十二年（638）松州之役后至十五年（641）文成公主入藏之后唐朝在边疆的主要军事活动，探讨其间的内在关系，求证上述问题的真正内因。贞观十二年（638）以来，唐朝在边疆的主要军事活动，以从长安至西域的交通大道为分界线主要表现在南北两方面。贞观十二年（638）九月，唐廷拜薛延陀真珠可汗二子为小可汗，以分其势力。十三年（639）三月派遣民部尚书唐俭、右领军大将军执失思力带着缯帛赏赐薛延陀的行为，表面上为合谋进攻高昌，实际上还是分其兵力，以防止其南下。这年七月又诏令怀化郡王李思摩为乙弥泥孰俟利苾可汗北渡黄河，作为唐朝北部的藩屏、防备薛延陀。[2] 在完成这些防备薛延陀南下的措施后，十二月派遣交河行军大总管、吏部尚书侯君集等率兵讨伐高昌。[3] 随后以宗室女为弘化公主嫁给吐谷浑王诺曷钵[4]，增强诺曷钵在吐谷浑的势力。十四年（640）三月在唐军征讨高昌的途中，唐廷设置宁朔大使作为突厥乙弥泥孰俟利苾可汗的后盾。[5] 无论贞观十二年（638）松州之役后唐朝在北面采取削弱薛延陀的措施，还是在南面采取增强吐谷浑的措施，都是为了保证从长安经渭河谷地至西域这条交通大道的畅通。如同是役后随之设置叠州都督府一样，最终目的还是保证这条道路的畅通，以保障西进过程中的唐军无后顾之忧。所以，贞观十四年（640）八月得以顺利地灭掉高昌[6]，九月于其地设州置县。[7] 从此以后，唐朝便以此作为经略西域的桥头堡，打开了开拓西域的新局面。

令人注意的是，从贞观十二年（638）松州之役后唐朝答应吐蕃

---

① （宋）王钦若等编，周勋初等校订：《册府元龟》卷978《外臣部二三·和亲》，凤凰出版社2006年版，第11325页。

② （宋）司马光：《资治通鉴》卷195，中华书局1956年版，第6148—6149页。

③ （宋）司马光：《资治通鉴》卷195，中华书局1956年版，第6150页。

④ （宋）司马光：《资治通鉴》卷195，中华书局1956年版，第6150页。

⑤ （宋）司马光：《资治通鉴》卷195，中华书局1956年版，第6154页。

⑥ （宋）司马光：《资治通鉴》卷195，中华书局1956年版，第6154—6155页。

⑦ （宋）司马光：《资治通鉴》卷195，中华书局1956年版，第6156页。

许婚直至十四年（640）平定高昌之前，吐蕃再没有出现在唐朝边疆的视野中，但在平定高昌刚刚结束后的这年十月吐蕃便及时地来到长安请婚，唐太宗许之文成公主。[①] 唐太宗对这次吐蕃请婚答应得如此顺利，与贞观八年（634）以来的请婚之曲折形成了鲜明对比，而吐蕃将这次请婚时间设定在唐军平定高昌后，更加说明这是松州之役后唐朝与吐蕃商定的结果：唐朝答应平定高昌后将公主出嫁给吐蕃，吐蕃则以此为条件答应在唐军平定高昌时不再出兵干扰唐西进的战略。质言之，文成公主出嫁吐蕃是唐朝为达成西进战略所采取的稳定边疆的一种策略，同时也是吐蕃为达成北上战略所采取的一种外交手段。通过娶得唐朝公主，吐蕃为政权的稳定、发展创造一个良好的外部环境，吸收了外面先进的物质和精神文化成果，扩张了吐蕃的势力，提高了自身的政治地位。[②]

随着高昌平定，唐太宗预先设定的西进战略至此告一段落。贞观十五年（641）四月唐太宗下诏十六年（642）二月有事泰山。[③] "王者功成治定，告成功于天"。[④] 贞观十五年（641）唐太宗准备东封泰山，意味着预设的西进战略结束。这年八月唐太宗对出使高丽而还的职方郎中陈大德说："高丽本四郡地耳，吾发卒数万攻辽东，彼必倾国救之，别遣舟师出东莱，自海道趋平壤，水陆合势，取之不难。但山东州县凋瘵未复，吾不欲劳之耳"。[⑤] 虽然唐太宗以山东还没有从凋敝的困境中走出为由不想立即发兵朝鲜，但足以说明随着西进战略的结束，东进战略开始进入他的规划日程，这恰是"北虏久服，边鄙无虞"的结果。[⑥]

总之，贞观十三年（639）设置的叠州都督府是唐朝应对松州之役所采取的保护从长安至西域交通大道的善后措施；保护这条交通大

---

① （宋）司马光：《资治通鉴》卷195，中华书局1956年版，第6157页。
② 安应民：《吐蕃史》，青海人民出版社1989年版，第107页。
③ （宋）欧阳修等：《新唐书》卷2《太宗本纪二》，中华书局1975年版，第40页。
④ （汉）班固：《汉书》卷6《武帝纪》，中华书局1962年版，第191页。
⑤ （宋）司马光：《资治通鉴》卷196，中华书局1956年版，第6169—6170页。
⑥ （宋）司马光：《资治通鉴》卷196，中华书局1956年版，第6170页。

道的畅通，是唐太宗西进战略中平定高昌的重要组成部分。发动松州之役是吐蕃旨在迎娶唐朝公主以达到政治、军事目的的一种手段，迎娶唐朝公主则是吐蕃欲借助唐朝之影响实行北上战略的重要组成部分。在唐朝的西进战略、吐蕃的北上战略都没有达成的情况下，战略上的妥协成为双方的共识。所以，在彼此双方达成战略妥协共识的情况下，唐朝完成了西进战略中平定高昌的目标，吐蕃最终实现了迎娶唐朝公主的夙愿。

在唐朝、吐蕃战略妥协的指引下，唐朝与吐蕃关系得以从以前的兵戎相向转为友好往来、彼此相助。贞观二十一年（647），吐蕃进入西域，协助唐军讨伐龟兹（今新疆库车）。[①] 二十二年（648），又派兵协助唐军击败中天竺。[②] 所以，贞观十三年（639）设置的叠州都督府，无论是治所，还是所辖各个羁縻州都没有任何变化，说明来自若尔盖草原上的吐蕃威胁已经解除，从而得以延续至贞观二十三年（649）。正是因为叠州都督府的设置是唐朝与吐蕃双方各自战略妥协的产物，所以随着在这种妥协战略之下的战略目标的完成，以前还没有解决的矛盾再次摆在唐朝与吐蕃面前，唐太宗李世民、吐蕃弃宗弄赞的相继离世，终于使得其后继者无论是否愿意都不得不冲破原来设定的战略框架，进而从原来的战略接触迈向战略冲突。那么，原来在战略妥协框架之下设置的叠州都督府随着吐蕃向吐谷浑方向的扩张也走向了终结。

第三节　洮州都督府与预警体系解体

洮州都督府，永徽元年（650）设置。该都督府领叠州、岷州、洮州、宕州、芳州及静边州（今青海贵德县河阴镇）、都州（今青海都兰县城察汗乌苏镇东风村遗址）、流州（今青海格尔木乌图美仁

① （宋）司马光：《资治通鉴》卷198，中华书局1956年版，第6250—6251页。
② （后晋）刘昫等：《旧唐书》卷3《太宗本纪下》，中华书局1975年版，第61页。

乡)、厥州（今青海格尔木地区?)、调州（今青海格尔木市大格勒乡?)、凑州（今青海都兰县诺木洪镇?)、般州（今青海都兰县宗加镇托海村?)、匐州（今都兰县巴隆乡?)、器州（今青海都兰县香日德镇)、迩州（今青海都兰县夏日哈镇?)、率州（今青海都兰县沟里乡)、钟州（今青海兴海县温泉乡?)、盖州（今青海贵南县森多镇青羊禾古城)、嶂州（今青海兴海县桑当乡夏塘古城)、祐州（今青海河南县柯生乡)、台州（今甘肃碌曲县玛艾乡红科村)、桥州（今青海泽库县城泽曲镇智和罗合古城)、玉州（今青海贵南县沙沟乡查纳寺古城)、位州（今青海河南县宁木特乡龙干多)、肆州（今青海同仁县年都乎乡向阳古城)、序州（今甘肃玛沁县城大武镇东南军牧场)。乾封二年（667)，都州、流州、厥州、调州、凑州、般州、匐州、器州、迩州、率州、钟州陷入吐蕃。① 仪凤元年（676）芳州陷于吐蕃②，二年（677）静边州、盖州、嶂州、祐州、台州、桥州、玉州、位州内徙关内道，肆州、序州没于吐蕃，罢静边州都督府。③

一 接触战略突破与洮州都督府设置背景

文成公主入藏之后，唐朝和吐蕃的战略方向是怎样变化的呢？首

---

① 郭声波：《中国行政区划通史·唐代卷》，复旦大学出版社 2012 年版，第 1319 页。

② 关于芳州被吐蕃陷落的时间，《元和郡县图志》卷 39《陇右道上》“芳州”条曰：“高宗上元二年（675）陷于吐蕃”（中华书局 1983 年版，第 1000 页)；《新唐书·地理志四》卷 40“常芬”有着基本相同的记载：“高宗上元二年陷吐蕃”（中华书局 1975 年版，第 1044 页)；郭声波先生《中国行政区划通史·唐代卷》（复旦大学出版社 2012 年版，第 1008 页）亦认为是上元二年（675）废除芳州。问题是目前现存史料中与上元二年（675）这个时间节点相关的芳州战役只在 676 年；《册府元龟》卷 119《帝王部一一九·选将一》曰：“上元三年三月，吐蕃入寇部、廓、河、芳四州”（凤凰出版社 2006 年版，第 1303 页)。“部”字为“鄯”字之误。“三月”应为“闰三月”；《旧唐书·高宗本纪下》记载可以为证，上元三年（676）闰三月，“吐蕃入寇鄯、廓、河、芳等四州”（中华书局 1975 年版，第 101 页)。案，“上元三年”，即仪凤元年（676)；《资治通鉴》卷 220 则记载在仪凤元年（676）闰三月，“吐蕃寇鄯、廓、河、芳等州”（中华书局 1956 年版，第 6379 页)。《敦煌本吐蕃历史文书》亦有上元二年（675）吐蕃进行战前准备的记载：“及至猪年春，大论赞聂（业）于‘欣木’之‘孤兰’，征‘象雄’之大料集”（民族出版社 1980 年版，第 104 页)。所以，芳州当是上元三年（676）这次战役被吐蕃攻破后陷落的。这可以从吐蕃入寇鄯州、廓州、河州、芳州的路线，以及这些路线周边羁縻州的迁徙或陷落进行印证。

③ 郭声波：《中国行政区划通史·唐代卷》，复旦大学出版社 2012 年版，第 1319 页。

先，观察一下贞观十五年（641）至二十三年（649）唐军在周边的军事活动。

贞观十五年（641）以来，唐朝的战略方向主要有三，一是解决北方日益强大的薛延陀政权问题，二是出兵朝鲜半岛，三是出兵西域。无论是唐朝实现向西进军西域的战略，还是实现向东进军朝鲜半岛的战略，都必须解决正对着唐都长安的薛延陀政权。所以，从贞观十五年（641）正月文成公主入藏后，唐朝就同意了突厥俟利毕可汗建牙于定襄城（今山西大同西北），以防备薛延陀南侵。① 面对唐朝针对其所采取的军事部署活动，这年十一月薛延陀真珠可汗令其子大度设率领同罗、仆骨、回纥、靺鞨等20万族众出击突厥，突厥为之率众进入长城，退保朔州、遣使告急。② 于是，唐廷派兵出击，这年十二月击败薛延陀③。

这终究不是控制薛延陀的长久之策。在权衡出兵与婚姻利弊的情况下，贞观十七年（643）闰六月唐太宗确定采取许之婚姻相迁延的手段；采取这种手段基于的理由，"薛延陀所以匍匐稽颡，惟我所欲，不敢骄慢者，以新为君长，杂姓非其种族，欲假中国之势以威服之耳……今以女妻之，彼自恃大国之婿，杂姓谁敢不服！戎狄人面兽心，一旦微不得意，必反噬为害。今吾绝其婚，杀其礼，杂姓知我弃之，不日将瓜剖之矣，卿曹第志之"。④ 这种以婚姻相迁延的政策，唐太宗绝不是首次用于北方薛延陀，早在贞观八年（634）已经应用于吐蕃，借此接连达成了更迭吐谷浑、平定高昌之役的战略目的。正是有着对薛延陀所统率的权力结构的清晰洞察与以婚姻相迁延政策的实践自信，所以至贞观十八年（644）唐太宗一改之前在征讨高丽上

---

① （宋）司马光：《资治通鉴》卷196，中华书局1956年版，第6164—6165页。

② （宋）司马光：《资治通鉴》卷196，中华书局1956年版，第6170—6171页。

③ （宋）司马光：《资治通鉴》卷196，中华书局1956年版，第6171—6172页；（后晋）刘昫等：《旧唐书》卷3《太宗本纪三》，中华书局1975年版，第53—54页；（宋）欧阳修等：《新唐书》卷2《太宗本纪二》，中华书局1975年版，第41页。

④ （宋）司马光：《资治通鉴》卷197，中华书局1956年版，第6201页。

犹豫不决的态度，决定亲征高丽。[1] 这次亲征从贞观十八年（644）秋七月开始进行战前准备，至贞观十九年（645）九月下令撤军[2]，历时 15 个月的高丽之役终以没有实现其战略目的而告终。不过，唐太宗始终没有忘记征服高丽。[3]

在贞观十七年（643）唐朝决定以迁延手段经略北方薛延陀政权后，除将主要经略方向锁定在朝鲜半岛的高丽外，还有一个指向西域的次要经略方向。十八年（644）九月唐军讨伐焉耆[4]，事后焉耆附属西突厥的格局仍没有改变。[5] 二十二年（648）九月出击处月、处密[6]，十二月击破龟兹。[7] 二十三年（649），出击突厥车鼻可汗。[8] 所有这些都伴随着唐军对薛延陀政权的经略。贞观二十年（646）六

---

① （宋）司马光：《资治通鉴》卷 197，中华书局 1956 年版，第 6209 页。

② （宋）司马光：《资治通鉴》卷 198，中华书局 1956 年版，第 6230 页；（后晋）刘昫等：《旧唐书》卷 3《太宗本纪下》，中华书局 1975 年版，第 58 页；（宋）欧阳修等：《新唐书》卷 2《太宗本纪二》，中华书局 1975 年版，第 44 页。

③ 《资治通鉴》卷 198 太宗贞观二十年（646）九月壬申条记载："诏勿受其（高丽）朝贡，更议讨之"（中华书局 1956 年版，第 6241 页）；《资治通鉴》卷 198 太宗贞观二十一年（647）二月丁丑条记载："上将复伐高丽"（中华书局 1956 年版，第 6245 页）；《资治通鉴》卷 198 太宗贞观二十一年（647）五月庚辰条记载："李世勣军既渡辽，历南苏等数城，高丽多背城拒战，世勣击破其兵，焚其罗郭而还"（中华书局 1956 年版，第 6247 页）；《资治通鉴》卷 198 太宗贞观二十一年（647）八月戊戌条记载："敕宋州刺史王波利等发江南十二州工人造大船数百艘，欲以征高丽"（中华书局 1956 年版，第 6249 页）；《资治通鉴》卷 198 太宗贞观二十二年（648）春正月丙午条记载："诏以右武卫大将军薛万彻为青丘道行军大总管……自莱州泛海以击高丽"（中华书局 1956 年版，第 6252 页）；《资治通鉴》卷 199 太宗贞观二十二年（648）六月乙丑条记载："上以高丽困弊，议以明年发三十万众，一举灭之"（中华书局 1956 年版，第 6258 页）；《资治通鉴》卷 199 太宗贞观二十二年（648）九月癸未条记载："薛万彻等伐高丽还"（中华书局 1956 年版，第 6261 页）。

④ （宋）司马光：《资治通鉴》卷 197，中华书局 1956 年版，第 6211 页。

⑤ （宋）司马光：《资治通鉴》卷 197，中华书局 1956 年版，第 6212 页；（宋）欧阳修等：《新唐书》卷 2《太宗本纪二》，中华书局 1975 年版，第 43 页。

⑥ （宋）司马光：《资治通鉴》卷 199，中华书局 1956 年版，第 6261 页；（宋）欧阳修等：《新唐书》卷 2《太宗本纪二》，中华书局 1975 年版，第 47 页。

⑦ （宋）司马光：《资治通鉴》卷 199，中华书局 1956 年版，第 6264 页；（后晋）刘昫等：《旧唐书》卷 3《太宗本纪下》，中华书局 1975 年版，第 61—62 页；（宋）欧阳修等：《新唐书》卷 2《太宗本纪二》，中华书局 1975 年版，第 47 页。

⑧ （宋）司马光：《资治通鉴》卷 199，中华书局 1956 年版，第 6265—6266 页。

月，唐廷趁着薛延陀多弥可汗内部混乱之际，趁机联合其他部族击破薛延陀，迫使其除去可汗之号。[①] 面对北方出现的权力真空，唐太宗随即至灵州（今宁夏灵武）招抚，以天可汗权力将羁縻府、州推行到广大的北方地区。[②]

通过对贞观十五年（641）至二十三年（649）唐朝在朝鲜半岛、蒙古高原、西域等三个方向历史大事的考察，可以发现无论是贞观十五年（641）至十七年（643）针对北方薛延陀的系列军事活动，还是十八年（644）至十九年（645）针对朝鲜半岛的高丽之役，抑或是二十年（646）消灭薛延陀政权后实行的填补蒙古高原权力真空的羁縻府、州建置，以及随后转向对处月、处密、龟兹、车鼻部的经略，都清楚地表明贞观十五年（641）以来唐朝的主要精力放在蒙古高原、朝鲜半岛、西域三个方向。

从唐朝维护国家安全的角度而言，在平定吐谷浑、都城长安上游的安全得以保障后，自然而然地就会关注蒙古高原及西面西域、东面的朝鲜半岛事务。汉武帝、隋炀帝无不如此，唐太宗概莫能外。这也是唐朝国家安全战略环环相扣的一部分。唐太宗本人也是这样认为。贞观十五年（641）更迭吐谷浑、平定高昌、下嫁文成公主，稳定这些地方局势后，随之准备于贞观十六年（642）东封；二十年（646），唐朝消灭薛延陀政权后，这年十二月再次议行封禅，[③] 二十一年（647）填补薛延陀被灭后的权力真空后，这年春正月正式下诏明年东封。[④] 至于高丽之役、经略西域，都是未竟之事业，自然谈不上东封，这成为留给高宗朝的政治遗产。

与唐朝主要精力集中北方草原、东面朝鲜半岛与西域相比，吐蕃的战略方向是如何变化的呢？从贞观十五年（641）至二十三年（649）唐太宗去世之前，吐蕃一定不会靠近从长安至西域这条大道

① （宋）司马光：《资治通鉴》卷198，中华书局1956年版，第6236—6237页。
② （宋）司马光：《资治通鉴》卷198，中华书局1956年版，第6244—6245页。
③ （宋）司马光：《资治通鉴》卷198，中华书局1956年版，第6242页。
④ （宋）司马光：《资治通鉴》卷198，中华书局1956年版，第6245页。

发展，毕竟这还是在战略妥协的框架内，这段时期内吐蕃的战略方向只能往其他方向发展。贞观十五年（641），吐蕃灭掉泥婆罗（今尼泊尔）。[1] 十六年（642）至十八年（644），历时三年灭掉盟国象雄（今西藏阿里地区）。[2] 二十年（646），征服羊同（今阿里和拉达克地区），二十二年（648）出兵中天竺，回兵之途占领北天竺的蒂尔湖地区。[3] 至贞观末年，吐蕃已完成青藏高原的统一。随着唐太宗去世，吐蕃君臣便开始试图突破原来的战略妥协框架。

这始于吐蕃君臣轻视唐朝的心理。《资治通鉴》卷199“太宗贞观二十三年冬十月乙亥条”记载：

> 上以吐蕃赞普弄赞为驸马都尉，封西海郡王。赞普致书于长孙无忌等云：“天子初即位，臣下有不忠者，当勒兵赴国讨除之”。[4]

长孙无忌，乃高宗李治的舅舅，首要辅助重臣。这里吐蕃赞普弃宗弄赞不仅不把新即位的李治放在眼里，而且轻视辅助李治的长孙无忌等人。

这种轻视唐朝君臣心理的变化反映在战略方向的选择上，势必指向原来在妥协框架内最能触动唐朝西进战略敏感的地带。这就是位于今甘肃河西走廊以南，西至新疆、东接黄河、南至吐蕃的吐谷浑王国。它屏蔽从黄河以西至新疆的唐之西进战略的通道，还和黄河以东的唐之诸州形成了东西呼应之势，对唐朝经营西域起到了非常重要的侧翼屏障作用，也加固了唐都长安上游的安全。尤其重要的是有了吐谷浑王国的存在，唐太宗效法汉武帝隔绝蒙古高原民族

---

① 王小甫：《唐、吐蕃、大食政治关系史》，中国人民大学出版社2009年版，第23页。

② 王尧、陈践译注：《敦煌本吐蕃历史文书》，民族出版社1980年版，第101页。

③ ［印度］恩·克·辛哈、［印度］阿·克·班纳吉：《印度通史》（第1册），张若达、冯金辛等译，商务印书馆1973年版，第230页。

④ （宋）司马光：《资治通鉴》卷199，中华书局1956年版，第6269—6270页。

与青藏高原民族联系的事关唐之西进战略的基石才不会动摇；唐朝才可以专力于其他方向边疆安全的开拓与进取。所以，这片区域成为吐蕃觊觎之地。

> 丁巳，果毅都尉席君买帅精骑百二十袭击吐谷浑丞相宣王，破之，斩其兄弟三人。初，丞相宣王专国政，阴谋袭弘化公主，劫其王诺曷钵奔吐蕃。诺曷钵闻之，轻骑奔鄯善城，其臣威信王以兵迎之，故君买为之讨诛宣王。国人犹惊扰，遣户部尚书唐俭等慰抚之。①

这是贞观十五年（641）文成公主入藏后不久发生的事。吐谷浑国宣王欲通过袭击唐弘化公主、劫持唐新扶植的吐谷浑可汗诺曷钵逃奔吐蕃的叛变，说明在吐谷浑内部已经形成以宣王和可汗诺曷钵为首的两派，背后的支持者分别是吐蕃和唐朝。宣王专断吐谷浑国政已非一日。如果考虑到贞观九年（635）唐朝刚刚扶植的可汗半年左右就被杀害的事实，很有可能从此开始吐蕃和唐朝已经在吐谷浑国内开始进行暗斗了。这次宣王阴谋袭击弘化公主、劫持可汗诺曷钵之事，不过是吐蕃和唐朝暗斗的激化而已。此时唐蕃双方更看重的是在战略妥协的框架内处理边疆矛盾，双方还都不便于公开地走向对抗。

贞观末年以来，随着制订战略妥协政策的主要人物唐太宗、吐蕃赞普弃宗弄赞的相继离世，唐蕃各自迎来了一个新的历史纪元，原来隐藏在吐谷浑国内的矛盾再次浮现，并开始走向公开化。

> 吐谷浑，贞观已后，与吐蕃互相攻，遣使请兵救援，高宗皆不许之。吐蕃大怒，率兵以击吐谷浑。诺曷钵既不能御，脱身及弘化公主走投凉州。高宗遣右威卫大将军薛仁贵等救吐谷浑，为

① （宋）司马光：《资治通鉴》卷196，中华书局1956年版，第6167页。

吐蕃所败。于是吐谷浑遂为吐蕃所并，诺曷钵以亲信数千帐来内属。诏左武卫大将军苏定方为安置大使，始徙其部众于灵州之地，置安乐州，以诺曷钵为刺史，欲其安而且乐也。[①]

吐谷浑、吐蕃相攻之事，《资治通鉴》记为龙朔三年（663），“吐蕃与吐谷浑互相攻，各遣使上表论曲直，更来求援，上皆不许”。[②] 不过，永徽三年（652）十一月，弘化公主就已回到长安。[③] 考虑到贞观九年（635）以来吐谷浑国内的吐蕃因素的增长，因而引起贞观十五年（641）吐谷浑丞相阴谋袭击弘化公主和劫持吐谷浑可汗诺曷钵，尤其是龙朔三年（663）吐蕃击破吐谷浑之事，所以弘化公主来朝，应是针对吐蕃进攻吐谷浑所做的请求援助行动。质言之，吐蕃攻击吐谷浑早在永徽三年（652）之前就已经发生了。从唐朝行政建置变化可以印证。

二　防御方向转移与洮州都督府地理选择

永徽元年（650），唐朝在廓州达化县地设置静边州都督府（今青海贵德县河阴镇），管理内附的党项拓跋部落。这些党项部落来源于赐支九曲。[④] 赐支九曲正位于唐朝与吐蕃的接壤之处。这个地方的党项要求内附，正是吐蕃进一步北上扩张活动的结果。新设置的静边州都督府管辖都州（今青海都兰县城察汗乌苏镇东风村遗址）、流州（今青海格尔木市乌图美仁乡）、厥州（今青海格尔木市地区?）、调州（今青海格尔木市大格勒乡?）、凑州（今青海都兰县诺木洪乡?）、般州（今青海都兰县宗加乡?）、匐州（今青海都兰县巴隆乡?）、器州（今青海都兰县香日德镇?）、迩州（今都

① （宋）王钦若等编纂，周勋初等校订：《册府元龟》卷1000《外臣部四五·亡灭》，凤凰出版社2006年版，第11576页。

② （宋）司马光：《资治通鉴》卷201，中华书局1956年版，第6335页。

③ （后晋）刘昫等：《旧唐书》卷5《高宗本纪下》，中华书局1975年版，第71页。

④ 郭声波：《唐代河西九曲羁縻府州及相关问题研究》，《历史地理》第21辑，上海人民出版社2006年版，第59—72页。

兰县夏日哈镇）、率州（今青海都兰县沟里乡）、钟州（今青海兴海县温泉乡?）、盖州（今青海贵南县森多乡青羊禾古城）、嶂州（今青海兴海县桑当乡夏塘古城）、祐州（今青海河南县柯生乡）、台州（今甘肃碌曲县玛艾乡红科村）、桥州（今青海泽库县城泽曲镇智和罗合古城）、玉州（今青海贵南县沙沟乡查纳寺古城）、位州（今青海河南县宁木特乡龙干多）、肆州（今青海同仁县年都乡向阳古城）、序州（今甘肃玛沁县城大武镇东南军牧场）。[①] 静边州都督府设置及辖区的变化，说明唐朝防御方向已经指向黄河东西。这意味着原来为防御来自若尔盖草原方向威胁的叠州都督府失去了继续存在的意义。所以，必须选择一处既靠近静边州都督府又能通往九曲内外的要地。

这次吐蕃侵逼吐谷浑，意味着它可能出现像贞观十二年（638）一样被逼迫到青海湖以北的窘况，九曲的党项可能再次面临着像贞观九年（635）那样出现背叛唐朝、震荡边疆的危险情况。稍有不慎，吐谷浑可能面临着消失的危险。这些都不是唐朝愿意看到的情况。因此，就要在与吐谷浑接壤的地带，寻找一个既可以支援吐谷浑，又利于攻守的支撑点。这样的战略要地有两处：一是青海湖，二是九曲。青海湖紧邻湟水流域的鄯州（今青海海东市乐都区），这时它还不具备作为支援吐谷浑兼防御吐蕃的前沿条件。除属县龙支县（今青海民和县隆治乡）、合川郡界守捉（今青海循化撒拉回族自治县西北）外，唐朝在湟水流域还没有其他建置。如此，还不能形成有效的防御，只能在黄河以东的九曲寻找最佳的地点。这里有紧邻离水的河州、洮水的洮州和羌水的叠州。虽然河州距离九曲较近，从此沿着离水谷地往南进入九曲的道路却山高路险。叠州不仅距离九曲过远，且西进九曲，还山脉连绵，洮州却相对适中。

---

① 郭声波：《中国行政区划通史・唐代卷》，复旦大学出版社 2012 年版，第 1320—1323 页。

洮水发源于阿尼玛卿山麓，曲折东北向汇入黄河。这个天然的河谷通道，是青海湖、九曲的民族北上所经之地，唐军自然也可以利用它对这些民族进行攻守。这条道路的具体走向，“自洮州至今洮河上游的碌曲。再沿西倾山北麓赛尔沟，经今河南、泽库，到吐谷浑早期牙帐莫贺延川（今青海贵南县茫拉河）之青禾羊古城。然后分二路，一路在今共和县曲沟一带渡黄河，至大非川，与唐蕃大道相接，唐史称‘积石军西路’……另一路是从青禾羊城往西，沿莫贺延川经今贵南县城通往古曼头城（今青海兴海县支冬加拉古城），也与唐蕃大道相接，可称其为‘莫贺延路’”。[①]

洮州不仅是沿着这条道路东进的首站，还是从渭州西南下，经岷州向西进入驿道的终点。[②] 因此，这条道路成为从秦州西来，经渭、岷两州进入九曲最便捷、最易行军的道路。在这条道路上，唐朝已经积累一些行军作战的经验。贞观十二年（638），当吐蕃侵寇松州时，右领军将军刘兰就是取道洮河河谷进行防备。[③] 所以，随着贞观二十三年（649）静边州都督府设置和唐朝防御吐蕃方向从若尔盖草原向西转移，永徽元年（650）唐朝便选择洮州作为洮州都督府治所。

洮州都督府包括羁縻州和正州两部分。前者包括静边州都督府辖属的玉州、唐州、漳州等二十一州。唐朝拟通过这些羁縻州，在黄河东西、青海湖南、柴达木盆地建立一道防御吐蕃北上的防线，兼有保护吐谷浑和从长安至西域这条战略通道的双重目的。这些之前属于叠州府的羁縻州是为了防御吐蕃。当时唐朝和吐蕃的关系还在战略接触的框架内。这时吐蕃已准备突破原来的战略框架，高宗君臣还用之前羁縻州去防御吐蕃，显然已不合时宜。这说明高宗君

---

① 郭声波：《唐代河西九曲羁縻府州及相关问题研究》，《历史地理》第 21 辑，上海人民出版社 2006 年版，第 59—72 页。

② 严耕望：《唐代交通图考》第 2 卷《河陇碛西区》，上海古籍出版社 2007 年版，第 374 页。

③ （宋）欧阳修等：《新唐书》卷 216《吐蕃传上》，中华书局 1975 年版，第 6074 页。

臣在面对吐蕃攻击吐谷浑时实在想不出更好的解决办法，从而导致了借助羁縻州防御吐蕃北上体系的失败。除这些羁縻府、州外，永徽元年（650）设置的洮州都督府包括洮州、岷州、叠州、宕州、芳州。贞观十三年（639）设置的叠州都督府就辖属这五个州，主要是为了堵住来自若尔盖草原北上的吐蕃。这进一步说明洮州都督府的设置，仍然没有溢出之前唐和吐蕃达成的战略接触框架。随着唐和吐蕃关系的发展，原来战略框架的解体，这五个州如同二十个羁縻州一样，势必随着唐蕃的战略冲突，而在归属洮州都督府问题上发生变动。

三　洮州都督府辖区收缩与唐蕃战略竞争

乾封二年（667），流州、厥州、调州、都州、凑州、般州、匐州、器州、迩州、率州、钟州陷入吐蕃，是唐高宗君臣继续实行太宗朝在北、西、东三面边疆拓边战略而没有及时加强九曲内外防御的结果。

首先，考察唐在北部边疆的活动。永徽元年（650），唐军擒突厥车鼻可汗，以其地设置单于、瀚海二都护府。[①] 龙朔二年（662）三月，唐军与铁勒九姓交恶。随后遣使安抚。[②] 三年（663）二月，调整了对大漠南北的统治，碛北属瀚海都护府，碛南属云中都护府。[③] 麟德元年（664），改云中都护府为单于大都护府，加强对突厥的统治。[④] 综观唐朝在北部边疆系列的军事、政治活动，可以看出唐廷对于这里的统治以安抚突厥、铁勒等民族为主，所用兵力最少。

其次，分析在西部边疆的活动。永徽二年（651）正月瑶池都督、

---

① （宋）司马光：《资治通鉴》卷199，中华书局1956年版，第6271—6272页。

② （宋）司马光：《资治通鉴》卷200，中华书局1956年版，第6327—6328页。

③ （宋）司马光：《资治通鉴》卷201，中华书局1956年版，第6333页。

④ （宋）司马光：《资治通鉴》卷201，中华书局1956年版，第6339页。

沙钵罗叶护阿史那贺鲁开始叛变，西域为其所有。[1] 同年七月唐朝派兵讨伐[2]，一直持续到显庆二年（657）十月，始分其地为濛池、昆陵二都督府。[3] 显庆三年（658），讨伐龟兹，于此设置龟兹都督府。[4] 四年（659）九月在石州、米州、史州、大安州、小安州、曹州、拔汉都州、疏勒州等地设置府州县二百二十七[5]，十一月讨伐思结俟斤都曼等国[6]，至五年（660）八月才将其平定。[7] 龙朔元年（661）六月，以吐火罗、罽宾、波斯等十六国设置八个都督府、七十六个州、一百一十个县，一百二十六军府，归属安西都护府管辖。[8] 龙朔二年（662）十二月，唐军讨伐龟兹，因疏勒弓月部找来吐蕃而失败。[9] 龙朔三年（663）十二月，唐朝派安西都护高贤为行军总管，率兵出击弓月以救于阗。[10] 麟德二年（665）三月，唐朝派遣西州都督崔知辩、左武卫将军曹继叔率兵救于阗。[11] 从永徽二年（651）唐军出兵西域，至麟德二年（665）派兵解救于阗，这十五年中唐朝几乎每年都在西域进行大小规模不等的军事活动。以龙朔二年（662）为界分为前后两个阶段。前一个阶段唐军还能掌握主动的攻击态势，后一个阶段由于增加了吐蕃的因素，唐军在战场上开始出现劣势。

---

① 关于瑶池都督阿史那贺鲁叛之事，《资治通鉴》卷199高宗永徽二年（651）春正月乙巳条将其记载在高宗永徽二年（651）春正月（中华书局1956年版，第6273—6274页）；《新唐书》卷3《高宗本纪三》记载在永徽二年（651）正月乙卯（中华书局1975年版，第53页）。虽两书日期不同，但都在永徽二年（651）春正月。《旧唐书》卷4《高宗本纪上》则记载在永徽元年（650）十二月（中华书局1975年版，第68页）。今以永徽二年（651）春正月作为瑶池都督阿史那贺鲁叛变唐朝的时间。

② （宋）司马光：《资治通鉴》卷199，中华书局1956年版，第6274—6275页；（后晋）刘昫等：《旧唐书》卷4《高宗本纪上》，中华书局1975年版，第69页；（宋）欧阳修等：《新唐书》卷3《高宗本纪上》，中华书局1975年版，第53页。

③ （宋）司马光：《资治通鉴》卷200，中华书局1956年版，第6307页。

④ （宋）司马光：《资治通鉴》卷200，中华书局1956年版，第6309页。

⑤ （宋）司马光：《资治通鉴》卷200，中华书局1956年版，第6317页。

⑥ （宋）司马光：《资治通鉴》卷200，中华书局1956年版，第6319页。

⑦ （宋）司马光：《资治通鉴》卷200，中华书局1956年版，第6322页。

⑧ （宋）司马光：《资治通鉴》卷200，中华书局1956年版，第6324—6325页。

⑨ （宋）司马光：《资治通鉴》卷201，中华书局1956年版，第6332—6333页。

⑩ （宋）司马光：《资治通鉴》卷201，中华书局1956年版，第6339页。

⑪ （宋）司马光：《资治通鉴》卷201，中华书局1956年版，第6344页。

最后，分析在朝鲜半岛的活动。显庆三年（658）六月派兵攻打高丽。[①] 显庆五年（660）三月唐军水陆十万讨伐百济[②]，八月以百济之地设置熊津等五都督府。[③] 这年十二月，再次派兵攻打高丽。[④] 龙朔二年（662）七月，大破百济。[⑤] 龙朔三年（663）四月，设置鸡林大都督府于新罗国。[⑥] 乾封元年（666）六月，讨伐高丽。[⑦] 十二月，再次大讨高丽。[⑧] 从显庆三年（658）至乾封元年（666）这九年中，唐朝就没有停止过对朝鲜半岛的军事活动。由于水、陆作战，所带来的压力丝毫不亚于唐军在西域所进行的战争。

通过对永徽元年（650）至乾封元年（666）这十六年中唐朝在北、西、东三面边疆军政活动可以看出，高宗君臣主要经略方向是西域和朝鲜半岛，而且，从显庆三年（658）以来就开始东西两线作战。虽然在朝鲜半岛还能占据一定优势，不足之处在显庆五年（660）已经显露[⑨]，在西域经略的劣势龙朔二年（662）以后也开始凸显。唐朝将主要经略方向和兵力指向西域、朝鲜半岛，无疑会制约它在陇右及周边的经营。从永徽元年（650）以来的十六年中，我们没有看到唐朝在此采取的任何加强防御的措施。这并不是说唐朝没有觉察到吐蕃的军事活动。永徽二年（651）十一月，特浪羌酋董悉奉求、辟惠羌酋卜檐莫分别率其种落到茂州（今四川羌族茂汶羌族自治县）内附。[⑩] 永徽五年（654）正月，羌酋冻就内附，唐朝以其地设置剑州，归属松州都督府。[⑪] 显庆元年（656）十一月，生羌酋长浪

---

① （宋）司马光：《资治通鉴》卷200，中华书局1956年版，第6309页。
② （宋）司马光：《资治通鉴》卷200，中华书局1956年版，第6320页。
③ （宋）司马光：《资治通鉴》卷200，中华书局1956年版，第6321页。
④ （宋）司马光：《资治通鉴》卷200，中华书局1956年版，第6322页。
⑤ （宋）司马光：《资治通鉴》卷200，中华书局1956年版，第6329页。
⑥ （宋）司马光：《资治通鉴》卷201，中华书局1956年版，第6335页。
⑦ （宋）司马光：《资治通鉴》卷201，中华书局1956年版，第6347—6348页。
⑧ （宋）司马光：《资治通鉴》卷201，中华书局1956年版，第6350页。
⑨ （宋）司马光：《资治通鉴》卷201，中华书局1956年版，第6340—6341页。
⑩ （宋）司马光：《资治通鉴》卷199，中华书局1956年版，第6276页。
⑪ （宋）司马光：《资治通鉴》卷199，中华书局1956年版，第6283页。

我利波等率众内附，以其地设置柘（今四川黑水县城芦花镇下打古村）、栱（待考）二州，同样归属松州都督府。① 这些位于唐和吐蕃之间的羌酋，一定不是无缘无故的内附，应是受到吐蕃在唐朝和吐谷浑周边活动的结果。显庆元年（656）十二月，吐蕃禄东赞率兵十二万攻击黄河河源以南的白兰羌。② 这些可以看作吐蕃为发动入侵吐谷浑的战役，所做的战前准备。

至显庆四年（659），唐朝在吐谷浑附近的乌海，进行了一次援吐谷浑抗吐蕃的战役。③ 这时正是唐朝在西域平定思结俟斤都曼和高丽作战之际。由于唐朝东西两线作战的胜利，吐蕃此役似乎并没有取得胜利。④ 这没有阻止吐蕃继续入侵吐谷浑。显庆五年（660）八月，吐蕃禄东赞出击吐谷浑。⑤ 由于东西两线作战，唐朝似乎没有抽出兵力支援吐谷浑。吐蕃趁着唐朝两线作战逐渐呈现出来的劣势，积极做好攻击吐谷浑的准备。龙朔元年（661），吐蕃大论禄东赞已在吐谷浑，二年则在象雄征集物资战备，三年禄东赞仍在吐谷浑。⑥ 司马温公总结道："吐蕃和吐谷浑互相攻，各遣使上表论曲直，更来求援；上皆不许。"⑦ 这有为唐高宗东西两线作战造成失去吐谷浑这个重要的缓冲地带开脱责任之嫌。正是因为唐廷战略失误，才使唐军致使如此。⑧ 因此，高宗

---

① （宋）司马光：《资治通鉴》卷200，中华书局1956年版，第6299页。

② （宋）王钦若等编纂，周勋初等校订：《册府元龟》卷995《外臣部四〇·交侵》，凤凰出版社2006年版，第11521页。

③ 《敦煌本吐蕃历史文书》记载："及至羊年，赞普驻于'札'之鹿苑，大论东赞前往吐谷浑（阿豺）。达延莽布支于乌海之'东岱'处与唐朝苏（定）方交战。达延亦死，以八万之众败于一千。是为一年。"（王尧、陈践译注，民族出版社1980年版，第102页）

④ 薛宗正：《吐蕃王朝的兴衰》，民族出版社1997年版，第28页。

⑤ （宋）司马光：《资治通鉴》卷200，中华书局1956年版，第6321页；王尧、陈践译注：《敦煌本吐蕃历史文书》，民族出版社1980年版，第102页。

⑥ 王尧、陈践译注：《敦煌本吐蕃历史文书》，民族出版社1980年版，第102页。

⑦ （宋）司马光：《资治通鉴》卷201，中华书局1956年版，第6335页。

⑧ 现存汉文史籍对唐高宗处理吐谷浑失策所造成的影响，除《通典》卷190《边防典六·西戎二》"吐谷浑"条寥寥几字外，均无其他记载："（贞观）十年，立顺自诺葛钵为河源郡王，主其国，自尔衰弱，而吐蕃强盛。高宗时，为其破灭。诺葛钵以余众复来降，中间叛去。于灵州之境置安乐州。"（中华书局1988年版，第5166页）"中间叛去"为《通典》夹注。这说明在吐蕃强盛、吐谷浑弱小的势力悬殊、唐朝又不给予援助的形势下，吐谷浑才被迫投靠吐蕃。

所做之事只有被动的防御，“上以凉州都督郑仁泰为青海道行军大总管，帅右武卫将军独孤卿云、辛文陵等分屯凉、鄯二州，以备吐蕃”①。此时唐廷方才明白从长安经渭河谷地、河西走廊至西域这条战略通道的重要性。

在这种被动防御态势下，高宗君臣所做的只能是一些没有实质意义的外交工作。

> 吐蕃禄东赞屯青海，遣使者论仲琮入见，表陈吐谷浑之罪，且请和亲。上不许，遣左卫中郎将刘文祥使于吐蕃，降玺书责让之。②
>
> 春，正月，丁卯，吐蕃遣使入见，请复与吐谷浑和亲，仍求赤水地畜牧。上不许。③

第一次是龙朔三年（663）六月，第二次是麟德二年（665）正月。既然亲唐的吐谷浑可汗诺曷钵政权已经被吐蕃赶到唐之凉州，所以吐蕃求婚的对象肯定是亲吐蕃的吐谷浑政权，高宗君臣无论如何都不会答应（如果答应就意味着承认吐谷浑可汗诺曷钵政权的非法性，亲吐蕃的吐谷浑政权才是合法的政权，进而意味着吐蕃进攻吐谷浑可汗诺曷钵政权是合法的，扶植亲近吐蕃的吐谷浑政权也是合法的）。不仅如此，吐蕃还要求唐朝承认其侵占地方的合法性，包括唐太宗贞观时期在吐谷浑之南、河源之北设置的厥州、调州、都州、凑州、般州、匐州、器州、迩州、率州、钟州、流州。这些地方应在显庆元年（656）吐蕃攻击白兰羌之后、龙朔三年（663）灭掉吐谷浑之前已经陷入吐蕃。吐蕃所做的不过是进一步迫使唐朝承认已经占领的事实而已。

这时唐军在西域战场的劣势已经显现。龙朔二年（662）十二月，唐军因疏勒弓月部引来吐蕃致使讨伐龟兹失败。唐朝没有立即派兵，

① （宋）司马光：《资治通鉴》卷201，中华书局1956年版，第6336页。
② （宋）司马光：《资治通鉴》卷201，中华书局1956年版，第6336页。
③ （宋）司马光：《资治通鉴》卷201，中华书局1956年版，第6343页。

而是迟滞一年后才遣安西都护府高贤救援，文献对这次救援结果没有任何记载，说明援救失败。[①] 唐军再次出兵，已是麟德二年（665）三月。这表明唐军在西域战场已陷入被动局势。在朝鲜战场，乾封元年（666）以来，唐军一直在忙于征讨高丽的军事行动。这种东、西两线作战态势，只能促使唐廷在处理这些羁縻州问题上，像龙朔三年（663）吐谷浑被吐蕃攻破后一样无可奈何，而不得不承认厥州、调州、都州、凑州、般州、匐州、器州、迩州、率州、钟州被吐蕃攻陷的事实[②]，这些原来位于吐谷浑以南、河源之北的羁縻州陷落，使唐朝在九曲之外失去了一个可以借此预警的缓冲地带，也使九曲之内的羁縻州和正州面临着吐蕃的威胁，意味着唐太宗时期的预警体系开始瓦解。

仪凤元年（676）芳州的陷落是唐蕃交恶后，吐蕃入侵唐境的结果。龙朔三年（663），吐谷浑被吐蕃攻陷后，唐朝没有立即停止在朝鲜半岛的军事活动，直至总章元年（668）平定高丽，于此设置安东都督府以后[③]，唐朝才开始将注意力转移到吐谷浑的问题上来。目标就是要帮助可汗诺曷钵重建吐谷浑王国[④]，这势必导致与吐蕃有一次决战。咸亨元年（670）四月，唐朝以右威卫大将军薛仁贵为逻娑道行军大总管，率领大军讨伐吐蕃，结果兵败而结束[⑤]，

---

① 王小甫在《唐、吐蕃、大食政治关系史》中（中国人民大学出版社 2009 年版，第 59 页）认为安西都护高贤是战殁了。

② （宋）司马光：《资治通鉴》卷 201，中华书局 1956 年版，第 6351 页。

③ （宋）司马光：《资治通鉴》卷 201，中华书局 1956 年版，第 6356—6357 页。

④ 唐朝帮助可汗诺曷钵重建吐谷浑王国的设想，可以说从龙朔三年（663）五月吐谷浑被灭掉之后就已经开始，这年六月，以左武卫大将军苏定方为安集大使节度诸军、援助吐谷浑［（宋）司马光：《资治通鉴》卷 201，中华书局 1956 年版，第 6336 页］。至总章二年（669），唐廷再议攻击吐蕃，结果议而未决［（宋）王钦若等编纂，周勋初等校订：《册府元龟》卷 991《外臣部三六·备御第四》，凤凰出版社 2006 年版，第 11479 页；（宋）司马光：《资治通鉴》卷 201，中华书局 1956 年版，第 6359 页］。

⑤ （后晋）刘昫等：《旧唐书》卷 83《薛仁贵传》，中华书局 1975 年版，第 2782 页；（宋）欧阳修等：《新唐书》卷 221《吐谷浑传》，中华书局 1975 年版，第 6226 页；（宋）司马光：《资治通鉴》卷 201，高宗咸亨元年夏四月辛亥条，中华书局 1956 年版，第 6363 页；（宋）司马光：《资治通鉴》卷 201，中华书局 1956 年版，第 6364 页。

吐蕃兵锋直逼凉州。[①] 吐蕃完全攻占吐谷浑后，下一步的目标迫使唐朝承认占据吐谷浑的合法性。上元二年（675），吐蕃遣使请和，且请与吐谷浑复修邻好，被高宗拒绝。[②]

请和前后，吐蕃已开始做进攻唐朝的准备。咸亨四年（673）会盟各部，以征调后备军事户丁。上元元年（674），点验军丁名册。二年（675），大料集于象雄。[③] 一切准备就绪后，吐蕃于仪凤元年（676）入寇唐之鄯州、廓州、河州、芳州。这时正在为封中岳之事大张旗鼓的高宗，匆忙诏令洛州牧周王李显与并州大都督相王李轮分别为洮州道行军元帅、凉州道行军元帅，准备从东、北两面夹击吐蕃，结果两王竟不行。[④] 这年八月，吐蕃乘机入寇叠州。[⑤] 仪凤二年（677）五月，入寇扶州临河镇，镇将杜孝昇被擒。[⑥] 八月，唐廷才命刘仁轨镇守洮河。[⑦] 于此前后，吐蕃因内部的不和与象雄的背叛，被迫收兵而去。[⑧]

面对吐蕃的入侵，唐朝只有被动的防御，这势必影响九曲内外的羁縻州置废。首先分析仪凤元年（676）吐蕃如何行军的？仪凤元年（676），吐蕃入侵鄯州、廓州、河州和芳州。鄯州、廓州、河州与芳州隔着叠州、洮州。无论吐蕃从芳州北上，还是从鄯州、廓州、河州东行，都必须经过叠、洮两州。既然这年文献没有记载这两州，说明此次吐蕃行军路线至少兵分两路。穿过芳州的道路为岷山道：从若尔盖草原上的松州北上直插芳州，从此沿着羌水谷地西

---

① （宋）司马光：《资治通鉴》卷201，中华书局1956年版，第6365页。

② （宋）司马光：《资治通鉴》卷201，中华书局1956年版，第6375页；（后晋）刘昫等：《旧唐书》卷5《高宗本纪下》，中华书局1975年版，第100页。

③ 王尧、陈践译注：《敦煌本吐蕃历史文书》，民族出版社1980年版，第103—104页。

④ （宋）司马光：《资治通鉴》卷202，中华书局1956年版，第6379—6380页。

⑤ （宋）司马光：《资治通鉴》卷202，中华书局1956年版，第6380页。

⑥ （宋）司马光：《资治通鉴》卷202，中华书局1956年版，第6383页。

⑦ （宋）司马光：《资治通鉴》卷202，中华书局1956年版，第6384页。

⑧ 王尧、陈践译注：《敦煌本吐蕃历史文书》，民族出版社1980年版，第102页。

北可以到叠州，至此北上经洮水谷地的旭州、洮州，可以到达岷州。这次吐蕃行军不涉及叠州，表明吐蕃是从松州之旁的若尔盖草原直插芳州，还经过羁縻序州（今甘肃玛沁县城大武镇东南军牧场）附近的道路。是役之后的第二年（677）该州陷入吐蕃。而经过序州的路线，当是沿着大积石山（今阿尼玛卿山）山麓而来[①]，序州正位于这条道路上。这次吐蕃行军的另一条线路，是从鄯州经廓州至河州。[②] 无论哪一条行军路线，都对线路附近的羁縻州产生不小影响，除序州、肆州（今青海同仁县年都乡向阳古城）陷入吐蕃外，剩余静边州（今青海贵德县河阴镇）、盖州（今青海贵南县森多乡青羊禾古城）、玉州（今青海贵南县沙沟乡查纳寺古城）、祐州（今青海河南县柯生乡）、桥州（今青海泽库县城泽曲镇智和罗合古城）、位州（今青海河南县宁木特乡龙干多）、台州（今甘肃碌曲县玛艾乡红科村），全部在仪凤二年（677）搬迁到关内道内。[③] 这些羁縻州内迁或陷落，使贞观时期在陇右构建的预警体系彻底遭到破坏。从此九曲内外成为唐蕃角逐的战场。

唐高宗不甘心面对这种兵败防守的局势，仪凤二年（677）十二月下令准备大举捣毁吐蕃巢穴。[④] 三年（677）正月便以李敬玄为洮河道大总管兼安抚大使、检校鄯州都督，率兵十八万以击吐蕃，结果事与愿违。[⑤] 面对吐谷浑与九曲内外羁縻州的陷落所造成的进退两难

---

① 严耕望：《唐代交通图考》第4卷《山剑滇黔区》，上海古籍出版社1985年版，第969页；郭声波：《唐代河西九曲羁縻府州及相关问题研究》，《历史地理》第21辑，上海人民出版社2006年版，第59—72页。

② 严耕望：《唐代交通图考》第2卷《河陇碛西区》，上海古籍出版社1985年版，第537页。

③ 郭声波：《中国行政区划通史·唐代卷》，复旦大学出版社2012年版，第1319—1323页。

④（宋）王钦若等编纂，周勋初等校订：《册府元龟》卷991《外臣部三六·备御第四》，凤凰出版社2006年版，第11479页；（宋）司马光：《资治通鉴》卷202，中华书局1956年版，第6384页。

⑤（宋）司马光：《资治通鉴》卷202，中华书局1956年版，第6384页；（宋）司马光：《资治通鉴》卷202，中华书局1956年版，第6385—6386页。

的窘境[①]，这年九月高宗召开御前会议。大臣提出三种对策：第一，暂时采取防御，待国力强盛，再一举收复；第二，与吐蕃和好；第三，与吐蕃决战。[②] 唐军接连败北的现实，促使唐廷不可能再有大举；与吐蕃和好，有失唐朝作为大国的尊严。所以，唯一的选择，只能选择消极的防御。这时高宗方如梦初醒，认识到长期用兵朝鲜半岛所造成的危害，“海东二番，往虽旅拒，高丽不敢渡辽水，百济未敢越沧波。往者频岁遣兵，靡费中国，事虽已往，我亦悔之”[③]。在这年九月李敬玄率军与吐蕃决战青海前，高宗还准备发兵攻讨新罗。[④] 何其愚矣！

总之，武德四年（621）以后，从秦州总管府相继析出各州组成岷州总管府、叠州都督府、洮州都督府。岷州总管府，武德四年（621）设置，贞观十二年（638）废除。叠州都督府，贞观十三年（639）设置，永徽元年（650）废除。随之，永徽元年（650）设置洮州都督府。在行政归属上，除贞观二年（628）文州、武州、扶州划归松州都督府和贞观四年（630）废除祐州、西盐州、嶂州、西塘州，贞观八年（634）废除旭州，乾封二年（667）废除流州、厥州、调州、都州、凑州、般州、匐州、器州、迩州、率州、钟州，仪凤元年（676）废除芳州，仪凤二年（677）废除静边州、嶂州、盖州、玉州、祐州、桥州、位州、台州、肆州、序州，至开元二年（714）洮州都督府及其辖属的洮州、岷州、叠州、宕州，均归属这年设置的陇右节度使。

---

① （后晋）刘昫等：《旧唐书》卷87《刘祎之传》，中华书局1975年版，第2847页。

② （宋）王钦若等编纂，周勋初等校订：《册府元龟》卷991《外臣部三六·备御第四》，凤凰出版社2006年版，第11479—11480页。

③ （宋）王钦若等编纂，周勋初等校订：《册府元龟》卷991《外臣部三六·备御第四》，凤凰出版社2006年版，第11480页。

④ （宋）司马光：《资治通鉴》卷202，中华书局1956年版，第6385页。

表 2－4　**秦州总管府辖属都督府属州变迁**①

时间／地点	武德四年（621）	武德七年（624）	武德九年（626）	贞观二年（628）	贞观四年（630）	贞观五年（631）	贞观八年（634）	贞观一二（638）	贞观一三（639）	永徽元年（650）	乾封二年	仪凤元年	仪凤二年
岷州都督府	岷宕洮叠旭（＋）	芳（＋）	文武扶（＋）	叠文武扶芳（－）	祐西盐嶂西塘（＋）	旭（＋）祐西盐嶂西塘（－）	旭（－）	废除					
叠州都督府									叠岷洮宕芳（＋）盖等二十羁縻州（＋）	废除			
洮州都督府										叠岷洮宕芳（＋）盖等二十一羁縻州	都流厥调凑般匐器迩率钟十一羁縻州（－）	芳（－）行儒州（＋）	静边嶂祐台桥玉位肆序十个羁縻州（－）

① 表 2－4 中的“＋”号为都督府增加的建置，“－”号为都督府减少或迁徙他处而不在辖区内的建置。仪凤元年行儒州设置原因，请参考本章第五节《鄯州都督府与羁縻防御体系废移》。

第四节 兰州都督府与预警体系实践

武德二年（619）设置的凉州总管府，辖属凉州（今甘肃凉州）、甘（今甘肃张掖）、瓜州（今甘肃敦煌）、肃州（今甘肃酒泉）、鄯州（今青海海东市乐都区）、会州（今甘肃靖远）、兰州（今甘肃兰州）、河州（今甘肃临夏）、廓州（今青海化隆回族自治县西南）。[①] 八年（625），析出兰州、河州、鄯州、廓州，设置兰州都督府。贞观五年（631），增领西盐州（今甘肃合作市合作镇）、米州（今甘肃积石山县大河家镇）。[②] 七年（633），置乌州（今甘肃夏河县曲奥乡）。八年（634），西盐州改名儒州。十年（636），废米州。十一年（637），废乌州。十二年（638），增领淳州（今甘肃临夏县麻尼寺乡乌龙沟村）。[③] 显庆元年（656），废除该都督府。兰州都督府辖区变化以贞观五年（631）为界分为前后两个阶段：之前以正州为主，之后以羁縻州为主，也是唐廷以此进行预警防御体系实践的时期。

一 吐谷浑西进和突厥南下与兰州都督府设置

武德八年（625），从凉州都督府析出兰州、河州、廓州、鄯州，

---

① 《旧唐书》卷40《地理志三》“凉州中都督府”曰：“武德二年，平李轨，置凉州总管府，管凉、甘、瓜、肃四州”（中华书局1975年版，第1640页）；《唐大诏令集》卷35记载：“可左武侯大将军使持节凉、甘、瓜、鄯、肃、会、兰、河、廓九州诸军事，凉州总管”（中华书局2008年版，第148页）；《唐大诏令集》卷83同样记载凉州总管府辖属九州，“可曲赦凉、甘、瓜、鄯、肃、会、兰、河、廓九州”（中华书局2008年版，第476页）；《资治通鉴》卷187高祖武德二年（619）五月壬午条引胡注又曰：“九州，凉、甘、瓜、鄯、肃、会、皆李轨所据之地也”（中华书局1956年版，第5856页）。因此，《旧唐书·地理志三》所载武德二年（619）凉州总管府设置之时，辖属凉、甘、瓜、肃四州，少了鄯、肃、会、兰、河、廓五州。

② （宋）欧阳修等：《新唐书》卷43下《地理志七下》，中华书局1975年版，第1124页。

③ 艾冲：《唐代都督府研究——兼论总管府、都督府、节度司之关系》，西安地图出版社2005年版，第328页。

表 2－5 **武德六年至八年（623—625）突厥与吐谷浑入侵唐西北各州次数**①

地点＼时间		武德六年（623）	武德七年（624）	武德八年（625）
西部	甘州		1	
	凉州			3
	鄯州		1	1
	兰州			1
	河州	1		
	洮州	1		
	岷州	2	1	1
	叠州		1	2
	芳州	1	1	1
	扶州		1	
	松州		4	
	渭州	1	1	1
	陇州		1	
北部	灵州			3
	绥州	2	2	1
	庆州	1		
	原州	3	3	
	泾州		1	
	豳州	3	1	1
	朔州	5	3	2
	代州		1	
	并州		2	2

设置兰州都督府。这是武德六年（623）以来，针对关中西、北两边分别受到突厥与吐谷浑的侵扰，唐廷以关中为中心对凉州都督府辖区进行调整的结果。

武德七年（624）前后，正是李世民兄弟争夺皇位的激烈之际。吐谷浑、突厥趁机南北交寇。它们对唐朝西北各州的入寇，有一个共

① 表 2－5 主要依据《资治通鉴》之《唐纪六》《唐纪七》制成。表中西部、北部的划分有两方面考虑。一方面以各州在唐都长安的位置，另一方面为突厥、吐谷浑入侵各州集中的方向。西部主要是吐谷浑及党项，北部是突厥。

同的趋势：从武德六年（623）至七年（624）逐渐逼近关中，八年（625）开始转向外围。

除渭州（今甘肃陇西）、陇州（今甘肃陇县）、甘州（今甘肃张掖）外，西部各州均受到吐谷浑及附属吐谷浑的党项各部侵扰。武德六年（623），侵入趋势沿着青藏高原与黄土高原接合部的河州、洮州、岷州、叠州、芳州，七年（624）进入扶州、松州。短短两年，侵扰了黄河以南、青藏高原东北边缘很多地方。这些地方是唐朝与吐谷浑及党项的主要战场。至八年（625），开始向兰州、鄯州、凉州等地转移。与吐谷浑侵扰西部的趋势相比，突厥对北部的侵袭也呈现一定规律性。武德六年（623）、七年（624），主要沿着原州（今宁夏固原）、泾州（今甘肃泾川县）、豳州（今陕西彬州）一线东南下，逼近京畿。八年（625），转向绥州（今陕西绥德县）、灵州（今宁夏灵武东南）、晋北。

虽然突厥侵入唐的时间不同，但前后实行的战略一致，都是从今山西北部、宁夏北部东西分路行军，以图合围长安。西部的渭州、陇州，从武德六年（623）至八年（625），都受到突厥南下的侵扰。意图无外乎从此东进长安，同时切断来自渭河上游及以西唐军的支援。作为突厥藩属的吐谷浑等，是想趁机收复以往的疆土，同时配合突厥进攻唐都长安的侧翼，所以亦呈现出由内向外的侵扰趋势。

值得注意的是对吐谷浑及其附属党项与突厥对唐之西部各州的侵扰，除河州受到吐谷浑及党项的联合入侵外，凉州、兰州、鄯州亦遭受到突厥入侵。凉州是凉州总管府驻地，河西走廊的头号重镇，有河西走廊其他各州为之策应，但面对吐谷浑、党项、突厥侵扰河州、兰州实在是鞭长莫及。兰州虽背靠岷州都督府，但该都督府主要防御来自九曲的吐谷浑、党项，而且有时自顾不暇，还需要其他各州支援，自然无法给兰州援助。一旦兰州被攻破，孤悬河外的河州、鄯州、廓州与河西走廊就可能不复为唐所有，关中亦将受到严重威胁。

这确定必须在凉州都督府和岷州都督府之间，兰州北面对突厥南下的方向，鄯州、廓州、河州之南面对吐谷浑入侵的方向，重新设置一个新的都督府以连接黄河东、西两面的地带，避免因凉州都督府辖区东西狭长带来的指挥不便，也避免岷州都督府因应对九曲威胁所引起的无暇北顾。所以，有必要加强以兰州为中心对通往周边道路的控制。兰州西北的河西走廊，唐朝已设置凉州都督府。兰州东北的黄河上游，有灵州都督府。[1] 兰州东南的洮水、羌水，有岷州都督府。兰州以西黄河及支流的湟水、离水却缺少类似的防御。这是武德八年（625）设置以兰州为中心的兰州都督府，并将黄河的廓州、湟水的鄯州、离水的河州整合在一起的主要原因。

二　兰州都督府预警体系调整时间与地理环境

兰州都督府治所选择兰州，除为黄河南北的交通枢纽外，还有武德六年（623）至八年（625）防御周边民族的现实考虑。无论是从漠北南下、九曲北上，还是从湟水谷地东来、渭河谷地西进，兰州都是所经之地。[2] 重要的是，兰州还是连接渭河谷地和河西走廊这条通道的战略节点。于是，在兰州都督府辖区内，构建了以控制黄河渡口的兰州为顶点，以鄯州、河州、廓州为扇形的部署。

在贞观元年（627）以来积极经略北方突厥的同时，唐朝也开始将经略目光投向拥有以青海湖为中心的吐谷浑王国。贞观五年（631）设置的米州、西盐州、乌州、淳州等，不像九曲其他羁縻州先后归属松州都督府、叠州都督府、洮州都督府，而是从设置以来一直在兰州都督府辖区。

贞观五年（631），兰州都督府增领的米州、西盐州，是这年太仆

---

① （后晋）刘昫等：《旧唐书》卷38《地理志一》，中华书局1975年版，第1415页。

② 严耕望：《唐代交通图考》第2卷《河陇碛西区》附图8《唐代长安西通陇右河西道河湟青海地区交通网合图》，上海古籍出版社2007年版。

寺丞李世南开拓党项九曲所置。[①] 七年（633），该都督府增领乌州，是六年（632）十二月安置党项时设置的。[②] 米州，治米川县，今甘肃积石山县大河家镇，位于从湟水谷地东南经龙支县、官厅渡过黄河通往大夏河谷地的必经之地，是从廓州经此到河州的所经之处。西盐州，治密恭县，今甘肃合作市合作镇，位于大夏河支流合作河西岸。从此沿着大夏河及支流的河谷西北上可以到达河州，东南去可以到达洮水流域的洮州，乌州所治乌城县（今甘肃夏河县曲奥乡）则位于从西盐州到达河州所经之途。这种部署除加强黄河干流的防御之外，重点还是要加强离水谷地防御。

这些位于唐蕃之间的羁縻州主要起到预警作用。它们不是唐朝控制下的正州，将会根据唐朝和吐谷浑的势力消长，判断需要投靠的一方，因此和唐朝关系比较疏松，自然难以用其进行有效的抵抗。不过，一旦这里有风吹草动，就会很快地传入正州，反而起到正州所不能替代的作用。这相当于在九曲深处设置起到预警作用的建置。只要九曲深处有吐谷浑或党项入侵，这些羁縻州会顺着河谷迅速地将消息传递给正州。

贞观五年（631）至七年（633）设置的米州和西盐州、乌州，分别位于黄河干流及其支流离水谷地，起到屏障兰州都督府侧翼的作用。这三个羁縻州归属兰州都督府，是因为该都督府及辖属正州组成的辖区，面对九曲防御纵深较短。唯有延长防御纵深，才有可能在同入侵的吐谷浑作战时，提前获取信息以做好战前准备，这确定唐廷在设置西盐州、乌州时首先要考虑这个辖区内最能深入九曲腹地的离水，而不是其他谷地。这是针对河州所依托的离水谷地缺乏面对九曲防御纵深所做的设计，而从河州至廓州无任何行政建置。针对这段河谷地控东西来往和南上北下的交通格局，遂在今甘肃积石山县大河家

---

① （宋）司马光：《资治通鉴》卷193，中华书局1956年版，第6090页；（后晋）刘昫等：《旧唐书》卷3《太宗本纪下》，中华书局1975年版，第42页。

② （宋）司马光：《资治通鉴》卷194，中华书局1956年版，第6100页；（后晋）刘昫等：《旧唐书》卷3《太宗本纪下》，中华书局1975年版，第42页。

镇设置了米州。

这种为防御吐谷浑东进所设置的三个传递信息的羁縻州，本身存在需要改进之处。这需要借助一定的形势，改变为唐朝直接控制下的正州。贞观八年（634），唐朝讨伐吐谷浑途经西盐州，恰好将其改为正州儒州提供了契机[①]，此是这年将西盐州改为儒州的原因。九年（635）正月，党项已经先后内属者都叛归吐谷浑，洮州羌杀掉洮州刺史孔长秀。[②] 换句话说，包括米州、乌州在内的党项羁縻州没有真正起到传递预警信息的作用。所以，必须调整对这些地方的管理。这年六月平定吐谷浑王国，给调整这些羁縻州带来了机会。

这本着由内向外的原则逐步推行。针对米州距廓州仅百里之遥[③]、河州西部空旷无人管理所造成诸多不便的情况，贞观十年（636）废除米州，将附郭米川县归属河州[④]，以加强河州经此至廓州的联系。结果，两州之间却长达近400里[⑤]，廓州因此孤悬河外。所以，十一年（637）废除乌州后，第二年（638）置淳州。淳州领索恭县、乌城县。索恭县在河州西南80里、今临夏县麻尼寺沟乌龙沟村，正当河州去往廓州大道的隘口。[⑥] 乌城县，治故榆城，今甘肃夏河县曲奥乡。这看似收缩了九曲管理，实际上因淳州位于河州和廓州之间反而加强了。乌城县的设置延伸了对离水谷地的防御纵深。针对儒州距离

---

① 《资治通鉴》卷194太宗贞观八年（634）十二月辛丑条曰："以（李）靖为西海道行军大总管，节度诸军。兵部尚书侯君集为积石道、刑部尚书任城王道宗为鄯善道、凉州都督李大亮为且末道、岷州都督李道彦为赤水道、利州刺史高甑生为盐泽道行军总管，并突厥、契苾之众击突厥"（中华书局1956年版，第6108页）。赤水城在河源军，因此岷州都督李道彦应是顺着洮水谷地经过西盐州去往赤水城的。

② 《资治通鉴》卷194，中华书局1956年版，第6110页。

③ 《元和郡县图志》卷39《陇右道上》"米川县"条（中华书局1983年版，第994页）。

④ 郭声波：《中国行政区划通史·唐代卷》，复旦大学出版社2012年版，第999页。

⑤ （唐）李吉甫撰，贺次君点校：《元和郡县图志》卷39《陇右道上》"河州"条曰："西至廓州三百九十里"，中华书局1983年版，第989页。

⑥ 郭声波：《唐贞观十三年政区考辨（续）——儒、淳二州考》，《中国历史地理论丛》1989年第4期。

兰州都督府过远带来管理不便的事实，贞观十三年（639）在儒州之下设置安乡县。安乡县，治今夏河县桑科乡古城①，位于大夏河上游支流大纳昂河和桑科曲汇合处，这相当于扩大了对九曲腹地的管理，增加了从九曲腹地至河州新的信息传递点。这些调整和部署，主要是为了加强兰州都督府侧翼的建设。

从此之后到贞观末年，由于唐吐关系稳定，兰州都督府再没有增加任何行政建置。贞观五年（631）以来唐朝构建了一道西起今青海柴达木盆地、东至九曲内部的羁縻防御体系。这道羁縻体系先后归属松州、叠州、洮州。一方面防御吐蕃的北上，另一方面和吐谷浑构成保护从长安至西域所经渭河上游谷地至河西走廊战略通道的作用。而自贞观五年（631）以来，西盐州、米州、乌州、淳州一直没有归属松州、叠州或洮州而归属兰州，就是为了借此构建第二道羁縻防御体系。这道体系还起到监管第一道羁縻防御体系的作用。质言之，只有第一道羁縻防御体系受到冲击或破坏后，兰州都督府及其辖区才有可能发生变化。

通过对兰州都督府设置和辖区考察，可以发现武德八年（625）其主要防御方向是北方的突厥。贞观四年（630）以来，随着北方突厥的平定，该都督府主要防御方向开始转向九曲，不过所辖正州没有发生任何变化，说明从设置兰州都督府开始就存在一个非常稳定的因素。这是保护以兰州为节点东南至渭州之境、西北至凉州之境的战略通道。西北—东南向狭长的兰州，控制了从渭河上游谷地渭源（今甘肃渭源），向西经甘肃狄道县（今甘肃临洮）、河州（今甘肃临夏），至鄯州（今青海海东市东都区）；西北经兰州至凉州的这两条道路，以及从兰州至河州、廓州的交通。所以，要围绕这些交通道路可能遇敌的方向补苴罅漏。贞观四年（630）以来，唐朝经略方向转移到九曲，这要从九曲通往兰州途中设置一些建置防御，这为依附于吐谷浑的党项，提供了设置预警体系的契机。其

① 郭声波：《中国行政区划通史·唐代卷》，复旦大学出版社2012年版，第997页。

位处第一层羁縻防御体系之外的地理环境，则为唐廷进行预警实践提供了时间。

第五节 鄯州都督府与预警体系废移

显庆元年（656），兰州都督府移府治鄯州，改为鄯州都督府，管辖鄯州、兰州、河州、儒州、廓州、淳州、津州（今青海门源县青石嘴镇）。[①] 咸亨三年（672），合门州都督府（今青海互助县巴扎乡甘禅口）废除。仪凤元年（676），废儒州；析洮州临潭县设置行密恭县（今甘肃卓尼县扎古录乡），割隶行儒州为州治，隶洮州都督府。永隆二年（681），置丽州（今青海互相县巴扎乡甘禅口）、超州（今青海门源县仙米乡）、罕州（今青海门源县泉口镇黄岗村红山古城）、永州（今青海祁连县峨堡镇）、定州（今青海祁连县城八宝镇）。[②] 开元二年（714），废淳州。[③] 这分为两个阶段：一为咸亨三年（672）至永隆二年（681），预警体系在河西。二为开元二年（714），预警体系在九曲废除。

一 吐蕃北上与鄯州都督府设置背景

兰州都督府废弃之时，是鄯州都督府设置之际。显庆元年（656）

---

① 津州，郭声波先生将其拟定为今青海门源县青石嘴镇，认为当以地处浩亹河要津为名，这仍然需要进一步证实。参见郭声波《中国行政区划通史·唐代卷》，复旦大学出版社2012年版，第1318页。

② 郭声波：《中国行政区划通史·唐代卷》，复旦大学出版社2012年版，第991、1317页。

③ 郭声波先生起初根据《新唐书·地理志》记载陇右节度使初置之年作“开元五年”没有领淳州，认为该州废除于开元五年（717）［见郭声波《唐贞观十三年政区考辨（续）——儒、淳二州考》，《中国历史地理论丛》1989年第4期］。随后又据赖青寿先生（《唐后期方镇建置沿革研究》，复旦大学，博士学位论文，1999年，第181页）考证陇右节度使初置之年为开元元年（713），便将淳州废除之年定为开元元年（见郭声波《中国行政区划通史·唐代卷》，复旦大学出版社2012年版，第996页）。事实上，淳州的废除不是因为陇右节度使初置，而是开元二年（714）吐蕃顺着洮水谷地入侵造成作为羁縻预警体系的淳州失去其作用。具体请参考下文论证。

十二月，唐廷下了一道《册张允恭鄯州都督文》。

> 维显庆元年，岁次景辰，十二月辛卯朔，八日戊戌，皇帝若曰："夫安边训俗，有国之先猷；简贤任能，为政之常典。惟尔兰州都督安陆县开国公张允恭，器宇详正，识用迈远，夙著诚，早延恩遇，金方违夐，羌戎荐居，降节监抚，绥怀攸属。是用命尔为使持节都督鄯、兰、河、儒、廓、淳、濛七州诸军事，鄯州刺史，封如故。尔其镇静幽荒，式清奸宄，憺威稜以肃远，明赏罚以垂信，无怠庶政，率由旧章，光膺宠命，可不慎欤！①

这清楚表明安陆县开国公张允恭是从兰州都督转任鄯州都督。虽然这里没有直接说明原因，但结合这时吐蕃对白兰羌侵扰所造成的边疆震动，以及从以兰州为中心转向以鄯州为中心的部署，无疑表明鄯州都督府防御对象就是吐蕃。

永徽元年（650）以后，从吐蕃在青藏高原的军事活动可以看得非常清楚。三年（652），征服不服从吐蕃统治的部族，以使北上无后顾之忧。四年（653），大力整顿税务，制定牛腿税、农田税，以保证战争的经济基础。五年（654），区分武士、奴隶，清查户口，以加强进行战争的潜力。六年（655），制定法律条文，以为战争提供法律的保障。②

一切就绪后，显庆元年（656）十二月吐蕃便将兵锋指向白兰羌。

> 十二月，吐蕃大将禄东赞率兵一十二万击白兰氏，苦战三日。吐蕃初败后胜，杀白兰千余人，屯军境上，以侵掠之。③

---

① （宋）宋敏求编：《唐大诏令集》卷62，中华书局2008年版，第338页。

② 王尧、陈践译注：《敦煌本吐蕃历史文书》，民族出版社1980年版，第101—102页。

③ （宋）王钦若等编纂，周勋初等校订：《册府元龟》卷995《外臣部四〇·交侵》，凤凰出版社2006年版，第11521页。

白兰羌位于河源附近，唐朝设置在河源以北的羁縻州势必将吐蕃与白兰之间这次规模宏大的战役迅速传递。既然吐蕃能够攻破白兰羌，意味着唐朝在此附近设置的羁縻州、吐谷浑势必受到强大的心理冲击，唐朝无论如何都要做出反应。

这时原来为防御突厥所设置的兰州都督府，随着蒙古高原的平静也完成了使命。永徽元年（650）六月，突厥车鼻可汗被擒[①]，随之设置单于、瀚海两都护府。[②] 从此以后，直至显庆元年（656），蒙古高原无战事。这年十二月废除兰州都督府、设置鄯州都督府，说明防御方向从之前的兰州转向鄯州，兰州地位因此降低、鄯州地位因此升高。

二　鄯州都督府辖区与预警体系转移

与兰州都督府相比，鄯州都督府所辖除津州外，仍辖鄯州、兰州等。鄯州都督府以兰州为节点，保护兰州东南至渭州、西北至凉州战略通道的交通格局仍然没有发生改变。

（一）吐谷浑复国与羁縻体系西移

鄯州都督府防御方向转向湟水流域，说明这将是吐蕃入侵的主要方向，也将是变动剧烈的地方。咸亨三年（672），设置并废除的羁縻合门州都督府（今青海互助县巴扎乡甘禅口）就是明证。

> 咸亨三年二月，吐谷浑慕容诺曷钵部落自凉州徙于鄯州浩亹河之南。发兵以送之，既属，吐蕃炽盛，诺曷钵不安其居，又鄯州地窄，寻徙于灵州之境，置安乐州，以诺曷钵为刺史。[③]

龙朔三年（663），吐谷浑被灭国后，可汗诺曷钵与弘化公主率领数千帐

① （宋）司马光：《资治通鉴》卷199，中华书局1956年版，第6271页。

② （宋）司马光：《资治通鉴》卷199，中华书局1956年版，第6271—6272页。

③ （宋）王钦若等编纂，周勋初等校订：《册府元龟》卷170《帝王部·来远》，凤凰出版社2006年版，第1892页。

投奔凉州。[1] 咸亨三年（672）二月，又徙吐谷浑于鄯州浩亹水南，浩亹水何在?《汉书·地理志》注："浩亹水东至允吾入湟。允吾，唐为鄯州龙支县。"《水经注》："浩亹河出允吾西北塞外，东迳浩亹县故城南，又东流注于湟水，俗呼为合门河。"[2] 诺曷钵等部落位于浩亹水之南、鄯州之北，今青海互助县巴扎乡甘禅口。[3] 这年诺曷钵部落又迁徙到灵州境，"吐谷浑畏吐蕃之强，不安其居，又鄯州地窄，寻徙灵州，以其部落置安乐州，以可汗诺曷钵为刺史"[4]，新设置的合门州都督府就被废除。

仪凤元年（676）废除儒州，是这年吐蕃入侵河州造成其失去预警作用的结果。在吐谷浑被吐蕃灭国后，吐蕃要求唐朝承认其入侵合法性。上元二年（675）再次请求与吐谷浑联姻遭到拒绝后[5]，仪凤元年（676）进攻唐境。

> （上元）三年闰三月，吐蕃入寇鄯、廓、河、芳等州，诏洛州牧周王显为洮州道行军元帅，领工部尚书刘审礼等十二总管、并州大都督相王轮为凉州道行军元帅，领左卫大将军契苾何力等，以讨吐蕃。二王竟皆不行。[6]
>
> （仪凤）元年闰（三）月，吐蕃寇鄯、廓、河、芳等州，敕左监门卫中郎将令狐智通发兴、凤等州兵以御之。己卯，诏以吐蕃犯塞，停封中岳。乙酉，以洛州牧周王显为洮州道行军元帅，将工部尚书刘审礼等十二总管，并州大都督相王轮为凉州道行军元帅，将左卫大将军契苾何力等，以讨吐蕃。二王皆不行。[7]

---

① （宋）司马光：《资治通鉴》卷201，中华书局1956年版，第6336页。

② （宋）司马光：《资治通鉴》卷202，中华书局1956年版，第6368页。

③ 郭声波：《中国行政区划通史·唐代卷》，复旦大学出版社2012年版，第1318页。

④ （宋）司马光：《资治通鉴》卷202，中华书局1956年版，第6368页。

⑤ （宋）司马光：《资治通鉴》卷201，中华书局1956年版，第6375页。

⑥ （宋）王钦若等编纂，周勋初等校订：《册府元龟》卷986《外臣部三一·征讨第五》，凤凰出版社2006年版，第11413页。

⑦ （宋）司马光：《资治通鉴》卷202，中华书局1956年版，第6379—6380页。

上元三年（676），即仪凤元年。这年三月吐蕃入寇鄯州（今青海海东市乐都区）、廓州（今青海化隆回族自治县西）、河州（今甘肃临夏）、芳州（今甘肃迭部县东）。唐廷匆忙下令左监门卫中郎将令狐智通发兴州（今陕西略阳）、凤州（今陕西凤县）兵进行防御。这种专注一隅方式显然无法应对吐蕃对其他地区的侵扰，于是急忙停止封中岳，以洛州牧周王李显为洮州道行军元帅率领工部尚书刘审礼等十二总管，并州大都督相王李轮为凉州道行军元帅率领左卫大将军契苾何力等讨伐吐蕃。唐军的作战意图非常清楚，对入侵芳州的吐蕃，派遣兴、凤两州的兵力进行阻击，对入侵鄯、廓、河三州的吐蕃分别从洮州（今甘肃临潭）道西进和凉州（今甘肃武威）道南下夹击。这次吐蕃入侵唐境，从两个方向挺进。一是从九曲西面进入鄯州、廓州、河州，二是北上进入芳州。从九曲西面进入的吐蕃军队，可能从鄯州经廓州至河州，另外是分别进入鄯州、廓州和河州。无论是哪一种行军路线，都意味着位于九曲深处的儒州（今甘肃合作市合作镇）已经失去护卫河州及预警的作用，儒州被废也势之必然。这年废除儒州后，又在今甘肃卓尼县扎古录镇设置行儒州。该州位于洮河上游谷地，从此西北可至儒州。这年设置的行儒州，主要是吐蕃入侵河州、唐朝从儒州通往洮河上游谷地防御的结果。

儒州的失去，使太宗朝在九曲建立的预警体系彻底遭到失败。仪凤二年（677），受此次吐蕃行军路线的影响，设置在九曲的静边州（今青海贵德县河阴镇）、盖州（今青海贵南县森多乡青羊禾古城）、玉州（今青海贵南县沙沟乡查纳寺古城）、祐州（今青海河南县柯生乡）、桥州（今青海泽库县城泽曲镇智和罗合古城）、位州（今青海河南县宁木特乡龙干多）、台州（今甘肃碌曲县玛艾乡红科村），由于高宗君臣消极被动防御而迁入关内道。于是，无论是鄯州都督府辖属的廓州、河州，还是洮州都督府辖属的行儒州、叠州，从此以后与占据这里的吐蕃形成交错的局面，吐蕃可以在这里屯驻兵马，以较短的时间给唐军乃至关中造成强烈的震撼。因为失去这些羁縻州组成的预警体系，缺少了解吐蕃于此及其周边的活动信息，从而陷入被动防御的局面。

永隆二年（681），设置永州、定州、超州、罕州、丽州，是为了预防从湟水谷地、青海湖出发的吐蕃进入河西走廊所设计的预警体系。虽然唐军在陇右已陷入被动防守的局面，但高宗君臣为吐谷浑复国的设想没有发生改变。从仪凤元年（676）吐蕃入寇鄯州、河州、廓州、芳州等地以后，唐朝和吐蕃在九曲、青海湖流域展开了争夺。这年秋八月，吐蕃入侵叠州。[①] 二年（677），吐蕃入寇扶州临河镇[②]，八月命刘仁轨镇洮河军。[③] 十二月乙卯，唐朝大发兵征讨吐蕃。[④] 三年（678）正月，以李敬玄代替刘仁轨为洮河道大总管兼安抚大使，仍检校鄯州都督。[⑤] 同年七月破吐蕃于龙支（今青海民和东南）[⑥]，九月唐军十八万兵败青海，左领军员外将军黑齿常之以偏军击溃吐蕃，唐军退守鄯州；黑齿常之升左武威将军，充河源军（今青海西宁）副使。[⑦] 吐蕃行军路线仍然从九曲西面、南面两个方向进入。对于欲收复吐谷浑疆土的高宗君臣而言，改变了仪凤元年（676）从洮河道和凉州道夹击，实行屯驻洮河以备吐蕃东侵，而从鄯州行军以达成作战目的战术。对吐蕃而言，同样希望将唐朝势力阻止在青海湖以东的范围内。这使得唐和吐蕃选择河西作为主战场。

永隆元年（680）以来，唐蕃战役仍然延续了这种空间作战的态势。

---

① （宋）司马光：《资治通鉴》卷202，中华书局1956年版，第6380页。

② （宋）王钦若等编纂，周勋初等校订：《册府元龟》卷373《将帅部三四·忠第四》，凤凰出版社2006年版，第4227页；（宋）司马光：《资治通鉴》卷202，中华书局1956年版，第6383页。

③ （宋）王钦若等编纂，周勋初等校订：《册府元龟》卷323《宰辅部一六·总兵》，凤凰出版社2006年版，第3651页；（宋）司马光：《资治通鉴》卷202，中华书局1956年版，第6384页。

④ （宋）司马光：《资治通鉴》卷202，中华书局1956年版，第6384页。

⑤ （宋）司马光：《资治通鉴》卷202，中华书局1956年版，第6384页。

⑥ （宋）王钦若等编纂，周勋初等校订：《册府元龟》卷110《帝王部一一〇·宴享第二》，凤凰出版社2006年版，第1196页；《资治通鉴》卷202，中华书局1956年版，第6385页。

⑦ （宋）王钦若等编纂，周勋初等校订：《册府元龟》卷443《将帅部一〇四·败衄第三》，凤凰出版社2006年版，第4993—4994页；（宋）司马光：《资治通鉴》卷202，中华书局1956年版，第6385—6386页。

（永隆元年）秋，七月，吐蕃寇河源，左武卫将军黑齿常之击却之。擢常之为河源军经略大使。常之以河源冲要，欲加兵戍之，而转输险远，乃广置烽戍七十余所，开屯田五千余顷，岁收五百余万石，由是战守有备焉。①

永隆二年，为河源道经略大使，率兵以讨吐蕃。军至良非川，吐蕃大将赞婆引退，常之进军追讨，获其羊马甲仗而还。②

（开耀元年）己丑，河源道经略大使黑齿常之将兵击吐蕃论赞婆于良非川，破之，收其粮畜而还。常之在军七年，吐蕃深畏之，不敢犯边。③

开耀元年，即永隆二年（681）。永隆元年（680）至二年（681），唐军以河源军（今青海西宁）前沿，与屯聚在良非川（今青海湟源县境）的吐蕃展开了争夺。这时唐与吐蕃的边界就在今西宁和湟源之间及以北的区域。咸亨三年（672），唐朝还在今青海互助县巴扎乡甘禅口置合门州都督府，以安置诺曷钵残余政权。不过，这年诺曷钵迁移到他处，湟水以北的区域仍然存在巨大的空隙地带。其连接凉州和鄯州之间的战略区位，要求唐朝加强对这里的管理。当是这年河源道经略大使黑齿常之趁着击破吐蕃的机会，顺势设置永州（今青海祁连县峨堡镇）、定州（今青海祁连县城八宝镇）、超州（今青海门源县仙米乡）、罕州（今青海门源县泉口镇黄岗村红山古城）、丽州（今青海互相县巴扎乡甘禅口）。这五个羁縻州主要位于浩亹水（今大通河）流域，是从湟水谷地和青海湖进入河西走廊的所经之地。唐朝顺着大通河谷地设置这些羁縻州，旨在建立一个预防吐蕃从青海湖、湟水谷地进入河西走廊的预警体系。

---

① （宋）司马光：《资治通鉴》卷202，中华书局1956年版，第6395页。

② （宋）王钦若等编纂，周勋初等校订：《册府元龟》卷358《将帅部一九·立功第十一》，凤凰出版社2006年版，第4036页。

③ （宋）司马光：《资治通鉴》卷202，中华书局1956年版，第6401页。

（二）唐蕃封疆正界与九曲羁縻体系废除

从乾封二年（667）至仪凤二年（677），九曲内外的羁縻体系被破坏殆尽后，吐蕃在九曲和唐朝的正州形成交错之势。吐蕃非法侵占这片领土的事实，至唐睿宗景云元年（710）以下嫁吐蕃金城公主汤沐浴的名义为吐蕃合法占有。①唐玄宗不承认这个事实，唐蕃必须重新审视在九曲、河西的封疆。在得不到承认的情况下，吐蕃于开元二年（714）八月沿着洮水谷地北上，侵占兰州与渭源。②

这次吐蕃发动此役的目的，决定着它的行军路线。从九曲北上能够到达秦渭两州之北、会州之南、兰州狄道县之西的最佳线路，是顺着洮水谷地行经洮州、岷州，至渭州、兰州路线。既然如此，那么位于洮水上游作为预警的行儒州失去继续存在下去的必要，设置在离水谷地作为预警的淳州同样如此。这是开元二年（714）同时废除儒州、淳州的原因。随着设置在九曲之内最后两个党项羁縻州的废除，自贞观五年（631）在九曲内外设置的预警体系完全失去作用。此后，代之而起是以军、守捉、城等组成的军事戍守体系。

通过对鄯州都督府辖区变化的研究，可以发现该都督府从设置开始就将防御方向投向吐蕃。这经历两个阶段。从咸亨三年（672）至永隆二年（681），唐朝为了达成替吐谷浑复国的目的，遂将与吐蕃作战的主战场从九曲转向河西，顺势从河西走廊至湟水谷地、青海湖流域，设置丽州、超州、罕州、永州、定州作为预警体系。开元二年（714），在唐蕃对九曲和河西边界争论无法解决的情况下，吐蕃趁着唐军与契丹作战大败的机会，这年八月将入侵的矛头指向唐之群牧，借此掠夺唐朝的重要战略物资马匹，达到迫使唐朝同意睿宗时划定边界的目的。位于吐蕃北上途中之前所设置的党项羁縻州，由于失去了

---

① （宋）司马光：《资治通鉴》卷210，中华书局1956年版，第6661页。

② 关于唐朝与吐蕃划定边界与开元二年（714）八月吐蕃入侵唐之洮州、兰州、渭源之事，请参第五章《陇右防区补苴与戍守体系》第四节《平夷绥和白水安人与唐蕃封疆之争》。

预警的作用而被废弃。虽然此前，唐朝在从河西走廊至青海湖、湟水谷地以北设置了预警体系的羁縻州，但这个时期作为军、守捉、城等组成的戍守体系已经开始作为唐之边疆防御的主流，走向唐朝与吐蕃交往的舞台。

总之，武德二年（619）后，从凉州总管府相继各州组成兰州、鄯州都督府。兰州都督府，武德八年（625）设置，显庆元年（656）废除。鄯州都督府，显庆元年（656）设立，开元二年（714）归属陇右节度使。在行政归属上，除贞观十年（636）废除米州、贞观十一年（637）废除乌州、咸亨三年（672）废除合门州都督府、开元二年（714）废除淳州外，至开元二年（714）鄯州都督府所领正州为兰州、河州、廓州、鄯州，归属这年设置的陇右节度使。这四州加上由秦州总管府析出洮州都督府所领的岷州、洮州、叠州、宕州，以及秦州都督府辖属的秦州、渭州、成州、武州，恰好是陇右节度使辖属的十二州。

表 2－6　　**凉州总管府辖属都督府属州变迁**①

年代 督州	武德八年（625）	贞观五年（631）	贞观七年（633）	贞观八年（634）	贞观十年（636）	贞观十一年（637）	贞观十二年（638）	显庆元年（656）	咸亨三年（672）	永隆二年（681）	开元二年（714）
兰州都督府	兰河廓鄯（＋）	西盐米（＋）	乌州（＋）	儒州（改）	米州（－）	乌州（－）	淳州（＋）	废除			
鄯州都督府								鄯兰河儒廓淳（＋）	合门州都督府（＋）（－）	丽超罕永定（＋）	淳州（－）

① 表 2－6 的“＋”号为都督府增加的建置，“－”号为都督府减少或迁徙他处而不在辖区内的建置。“儒州（改）”表明它是又西盐州改名而来。

第三章　陇右防区补苴和戍守体系

随着仪凤二年（677）陇右羁縻体系解体，一种以军、守捉等军事据点为主的戍守体系开始出现。《通典》卷172《州郡二》曰：

> 陇右节度使，以备西戎，统临洮军、河源军、白水军、安人军、威戎军、绥和守捉、合川郡守捉、莫门军、宁塞军、积石军、镇西军、平夷守捉。[1]

陇右辖属临洮军、河源军、白水军、安人军、振武军、威戎军、莫门军、宁塞军、积石军、镇西军与绥和守捉、合川郡界守捉、平夷守捉。

《元和郡县图志》卷39《陇右道上》"鄯州"曰：

> （陇右节度使）备西戎。统临洮军、河源军、白水军、安人军、振威军、威戎军、绥和守捉、合川郡界守捉、莫门军、宁塞军、积石军、镇西军、平夷守捉。[2]

与前引《通典·州郡二》相比，陇右节度使仍统属十军、三守捉，

---

① （宋）杜佑撰，王文锦等点校：《通典》卷172《州郡二》，中华书局1988年版，第4482页。

② （唐）李吉甫撰，贺次君点校：《元和郡县图志》卷39《陇右道上》"鄯州"条，中华书局1983年版，第991—992页。

略微不同的是“振威军”与“振武军”的区别。《资治通鉴》曰：

> 陇右节度使备御吐蕃，统临洮、河源、白水、安人、振威、威戎、漠门、宁塞、积石、镇西十军，绥和、合川、平夷三守捉，屯鄯、廓、洮、河之境，治鄯州，兵七万五千人。①

这里陇右节度使仍统辖十军、三守捉，同样将“振威军”误为“振武军”。②《旧唐书·地理志》“陇右节度使”条，也载陇右节度使辖属十军、三守捉，同样将“振威军”误写为“振武军”。③

与《通典》《元和郡县图志》《资治通鉴》《旧唐书》所载陇右节度使辖属十军、三守捉不同，《新唐书·兵志》则有：“镇西，天成、振威、安人、绥戎、河源、白水、天威、榆林、临洮、莫门、神策、宁边、威胜、金天、武宁、曜武、积石军十八，平夷、绥和、合川守捉三，曰陇右道。”④ 这里除平夷守捉、绥和守捉、合川守捉与镇西军、安人军、河源军、白水军、临洮军、莫门军、积石军、振武（天威）军相同外，少了宁塞军、威戎军，多了天成军、振威军、绥戎军、榆林军、神策军、宁边军、威胜军、金天军、武宁军、曜武军。振武军，天宝八年（749）更名神武军，之后更名天威军。⑤ 威戎军，开元二十六年（738）因吐蕃新城置。宁塞军与威戎军同置。至于天成军、振威军、绥戎军、榆林军、神策军、宁边军、威胜军、金天军、武宁军、曜武军中的天成军、振威军、神策军、宁边军、威胜军、金天军、武宁军、曜武军，均置于天宝十三年（754）。绥戎原本为城，是年升格为军。榆林军，唐长孺认为：“睿宗时已有榆林军，且置兰州，然六典不载，盖已废罢。兵志不

---

① （宋）司马光：《资治通鉴》卷215，中华书局1956年版，第6849页。
② 王永兴：《唐代经营西北研究》，兰州大学出版社2010年版，第208—211页。
③ （后晋）刘昫等：《旧唐书》卷38《地理志一》，中华书局1975年版，第1388页。
④ （宋）欧阳修等：《新唐书》卷50《兵志》，中华书局1975年版，第1328—1329页。
⑤ 唐长孺：《唐书兵志笺正》卷2，科学出版社1957年版，第67页。

当收入。”[①] 如果考虑到天宝十三年（754）陇右的形势，在兰州重置也有可能。

《唐会要·诸使中》同样记载陇右节度使统辖十三个军而少了三个守捉：临洮军、河源军、白水军、安人军、积石军、莫门军、振武军、威戎军、镇西军、神策军、宛秀军、保义军。[②] 宛秀军，天宝十三年（754）置。保义军，元和元年（806）置。《唐六典》则少了宁塞军、威戎军、镇西军和合川郡界守捉，多了五门守捉、官耳守捉、蓝州守捉：“其五曰陇右节度使，其统有临洮、河源、白水、安人、积石、莫门、振武七军，平夷、五门、富耳、蓝州、平戎、绥和五守捉皆属焉。”[③]

《新唐书·兵志》《唐会要·诸使中》所载这些减少或增加的军事据点多是根据陇右形势变化的结果。最能体现唐前期陇右戍守体系变化的是《通典》《元和郡县图志》《资治通鉴》《旧唐书·地理志》所言的十军、三守捉，其在河东的有临洮军、莫门军和平夷守捉，余下的分布在河西，说明至开元二年（714）陇右节度使设置时，河西才是重点防御区域。这与陇右辖属各都督府地域转移的规律一致，证明开元初年陇右防区内的河西地区才是重点防御所在。这十军、三守捉分布在陇右节度使辖属鄯州、河州、廓州、洮州之境。为何会出现这种空间分布呢？

第一节　合川郡界守捉与吐谷浑政权更迭

合川郡界守捉，是《通典》中的称谓。[④]《元和郡县图志》称为

---

① 唐长孺：《唐书兵志笺正》卷2，科学出版社1957年版，第67页。

② （宋）王溥撰：《唐会要》卷78《诸使中》，中华书局1955年版，第1426—1427页。

③ （唐）李林甫等撰，陈仲夫点校：《唐六典》卷5《尚书兵部》，中华书局1992年版，第158页。

④ （宋）杜佑撰，王文锦等点校：《通典》卷172《州郡典二》“陇右节度使”条，中华书局1988年版，第4482页。

合川郡守捉。[①] 唐以后的史料，如《旧唐书》《新唐书》《资治通鉴》均称为合川守捉。今天学者对此争论不一，唐长孺认为是“合川守捉”[②]，王永兴认为“合川郡界守捉”之“郡界”为衍文[③]，“合川郡守捉”之“郡”也为衍文。叠州合川郡（治今甘肃迭部）与侯君集帅兵征战经历的乌海、星宿川相距甚远。严耕望持此说。[④]

谭其骧主编《中国历史地图集》第五册《陇右道东部图》将合川守捉标注在今青海循化县甘都堂。李智信认为标注甘都堂有误。他将合川郡界守捉定位在从鄯州至廓州一线的德加乡附近。随之认为合川郡在侯君集置合川郡界守捉时称为叠州，而叠州改名是在天宝元年（742）前后，与合川郡界郡守捉毫无关系。因此，以合川郡的位置来推测合川郡界守捉的名称不合逻辑。[⑤]

笔者认同李智信将合川守捉标注德加乡附近。这是岷州都督李道彦为保护侯君集部从河州西北进入鄯州之途的侧翼。

一 侯君集行军路线分析

《元和郡县图志》曰：“合川郡守捉，（鄯）州南一百八十里。贞观中侯君集置。管兵千人。合川郡，今叠州。”[⑥] 《旧唐书·侯君集传》曰：“时将讨吐谷浑伏允，命李靖为西海道行军大总管，以君集及任城王道宗并为之副。九年三月，师次鄯州。”[⑦] 侯君集走的是积石道，《新唐书·侯君集传》则曰：“李靖讨吐谷浑，以君集为积石

---

① （唐）李吉甫撰，贺次君点校：《元和郡县图志》卷39《陇右道上》“鄯州”条，中华书局1983年版，第991页。

② 唐长孺：《唐书兵志笺正》卷2，科学出版社1957年版，第64页。

③ 王永兴：《唐代经营西北研究》，兰州大学出版社2010年版，第218页。

④ 严耕望：《唐代交通图考》第2卷《河陇碛西区》，上海古籍出版社2007年版，第551—552页。

⑤ 李智信：《唐代黄河流域青海段诸军城》，《青海文物》1989年第2期。

⑥ （唐）李吉甫撰，贺次君点校：《元和郡县图志》卷39《陇右道上》“合川郡守捉”条，中华书局1983年版，第991页。

⑦ （后晋）刘昫等：《旧唐书》卷69《侯君集传》，中华书局1975年版，第2509页。

道行军总管。”[①]《资治通鉴》卷194“太宗贞观八年十二月辛丑条”对这次唐军行军总结：

以靖为西海道行军大总管，节度诸军。兵部尚书侯君集为积石道、刑部尚书任城王道宗为鄯善道、凉州都督李大亮为且末道、岷州都督李道彦为赤水道、利州刺史高甑生为盐泽道行军总管，并突厥、契苾之众击吐谷浑。

胡注：“西海、鄯善、且末皆隋破吐谷浑所置郡名。积石山在隋河源郡。赤水城亦在河源郡。盐池在西海郡。”[②] 西海郡，在青海湖之西的吐谷浑伏俟城。鄯善郡，在今新疆若羌县。且末郡，在今新疆且末。赤水，位于河源郡，今青海兴海县西。盐泽，今青海乌兰县茶卡盐池。积石，今阿尼玛卿山。李靖出西海道，侯君集出积石道，李道宗出鄯善道，这三支军队从长安出发。李大亮出且末道，从凉州出发。李道彦出赤水道，从岷州出发。高甑生出盐泽道，从利州出发。唐军这次行军作战的目的是直捣吐谷浑国都伏俟城，战术是合围。作战任务，李靖、侯君集两部为消灭吐谷浑的主力部队，李道宗、李大亮部承担了作战左翼，李道彦与高甑生两部则为作战右翼。

李靖、侯君集、李道宗率领的三支军队首要达到的目的地是鄯州（今青海海东市乐都区）。《册府元龟》曰：

侯君集为兵部尚书，参议朝政。贞观九年，将讨吐谷浑伏乞（允），命李靖为西海道行军总管，以君集及任城王道宗并为之副。师次鄯州，君集言于靖曰：“大军已至，贼虏尚未走险。宜简精锐，长驱疾进，彼不我虞，必有大利。若此策不行，潜遁必远，山障为阻，讨之实难。”靖然其计。乃简精锐，轻赍深入。

① （宋）欧阳修等：《新唐书》卷94《侯君集传》，中华书局1975年版，第3825页。

② （宋）司马光：《资治通鉴》卷194，中华书局1956年版，第6108页；（宋）欧阳修等：《新唐书》卷221上《西域上·吐谷浑传上》，中华书局1975年版，第6225页。

> 道宗追及伏乞（允）之众于库山，破之。伏乞（允）轻兵入碛，以避官军。靖乃中分士马为两道并入。靖与薛万均、李大亮趣北路，使君集、道宗趣南路，历破罗真谷，逾汉哭山，经途二千余里，行空虚之地，盛夏降霜，山多积雪，轻战过星宿川，至于柏海，频与虏遇，皆大克获。北望积石山，观河源之所出焉。乃旋师，与李靖会于大非川，平吐谷浑而还。①

这三支军队鄯州会师时间是贞观九年（635）三月②，薛万均以李靖随行身份参与作战。③出积石道的侯君集是如何到达鄯州的？从长安出发经兰州狄道县到达鄯州的道路有两条：一条经兰州；另一条经河州。侯君集从长安至鄯州走的是从河州这条便捷的道路。

贞观九年（635）闰四月先期而至的李道宗部在库山击败吐谷浑，导致可汗伏允全部烧毁青海湖附近的野草。这时退保青海湖之南大非川以李靖为首的三支军队④，至此兵分两道：李靖与薛万均、李大亮取北路，侯君集、李道宗取南路。北路行军路线是：从曼头山，逾赤水，涉青海，历河源、且末，穷吐谷浑西境。⑤南路行军路线是：从大非川往西南历经2000多里，次星宿川，达柏海，望积石山，观河源。⑥这

---

① （宋）王钦若等编纂，周勋初等校订：《册府元龟》卷366《将帅部二七·积略第六》，凤凰出版社2006年版，第4142—4143页。

② 《册府元龟》卷985《外臣部三〇·征讨第四》曰："初，王师以三月次于鄯州，靖与诸将会议"云云（凤凰出版社2006年版，第11401页）。

③ （后晋）刘昫等：《旧唐书》卷69《薛万徹附兄万均传》（中华书局1975年版，第2518页）曰："及靖将击吐谷浑，请万徹同行。"案，"万徹"应为"万均"之误。

④ 《旧唐书》卷67《李靖传》曰："太宗大悦，即以靖为西海道行军大总管，统兵部尚书侯君集、刑部尚书任城王道宗、凉州都督李大亮、右卫将军李道彦、利州刺史高甑生等五总管征之。九年，军次伏俟城，吐谷浑烧去野草，以馁我师，退保大非川。诸将咸言春草未生，马已羸瘦，不可赴敌。唯靖决计而进，深入敌境，遂逾积石山"（中华书局1975年版，第2481页）。以此观之，以李靖为首征讨吐谷浑的主力部队及其左翼第二次改变部署的地点是在大非川，然后在此兵分两道。

⑤ （宋）王钦若等编纂，周勋初等校订：《册府元龟》卷985《外臣部三〇·征讨第四》，凤凰出版社2006年版，第11401页。

⑥ （宋）欧阳修等：《新唐书》卷221上《西域上·吐谷浑传》，中华书局1975年版，第6226页。

里的“积石山”，即大积石山，今阿尼玛卿山。[①]

二　党项之乱与岷州都督府作战任务调整

作为这次战役右翼的岷州都督李道彦部、利州刺史高甑生部做了哪些工作呢？

无论是贞观九年（635）三月鄯州会议，还是这年闰四月兵分两道，岷州都督李道彦、利州刺史高甑生两部始终没有参战。按照贞观八年（634）十二月初的作战部署并非如此。岷州都督李道彦行军方向指向赤水。从岷州都督府治所岷州至赤水便捷的行军路线是：从岷州沿着洮水谷地西行，经台州、桥州，至嶂州所在赤水，便至唐蕃大道。这样的作战意图显然是拟通过赤水北上与主力部队合击且拦截伏允可汗南逃。利州刺史高甑生行军方向指向盐泽。从利州至盐泽的行军路线是：从利州西北经文州、扶州，进入若尔盖草原，沿着大积石山山麓至唐蕃大道。作战意图同李道彦部，兼有合击并拦截可汗南逃。这两部所经都是贞观五年（631）投附唐朝的党项地区。从这两个地方行军可以震慑这些原来依附吐谷浑的党项。唐廷所想，伏允可汗也有所考虑，而且提前行动，以阻止唐军西进。

贞观九年（635）正月，“党项羌先内属者皆叛归吐谷浑。三月，高甑生击破之”[②]。这显然是吐谷浑经过精心策划，意在阻止唐军西进的叛变活动。规模之大，可想而知。党项各部贞观九年（635）正月叛乱，利州刺史高甑生部这年三月平叛，高甑生因此从利州刺史转任岷州都督。既然作为盐泽道行军总管的高甑生都改变了行军路线，作为盐泽道行军副总管刘德敏自然也要平叛。这年七月刘德敏仍率军

① （唐）李吉甫撰，贺次君点校：《元和郡县图志》卷39《陇右道上》“积石山”条，中华书局1983年版，第989页。

② （宋）王钦若等编纂，周勋初等校订：《册府元龟》卷985《外臣部三〇·征讨第四》，凤凰出版社2006年版，第11401页；（宋）司马光：《资治通鉴》卷194，太宗贞观九年（635）春正月条；同卷三月乙酉条，中华书局1956年版，第6110页。

与党项作战。[1] 结果，因没有按期到达而受责罚[2]，这年五月李靖已灭掉伏允可汗。

有三个时间节点值得注意，党项叛归吐谷浑是贞观九年（635）正月、高甑生参加平叛是这年三月，李靖、侯君集、李道宗等人会师鄯州也是这年三月。贞观九年（635）正月正是李靖等人率军从长安开往鄯州的途中，这年三月才到鄯州。行军之慢，可想而知，说明是受这次党项叛乱的影响。这次叛乱在改变利州刺史高甑生部行军路线的同时，也改变了原岷州都督李道彦的行军路线及任务。《旧唐书》卷60《李道彦传》曰：

> 李靖之击吐谷浑也，诏道彦为赤水道行军总管。时朝廷复厚币遗党项令为向导，党项首领拓跋赤辞来诣靖军，请诸将曰："往者隋人来击吐谷浑，我党项每资军用，而隋人无信，必见侵掠。今将军若无他心者，我当资给粮运，如或我欺，当即固险以塞军路。"诸将与之歃血而盟，赤辞信之。道彦既至阔水，见赤辞无备，遂袭之，虏牛羊数千头。于是诸羌怨怒，屯兵野狐硖，道彦不能进，为赤辞所乘，军大败，死者数万人。道彦退保松州，竟坐减死徙边。[3]

岷州都督李道彦的行军路线指向赤水，结果却到阔水（在今若尔盖草原）。这个地方本来是利州刺史高甑生部行军之地，至此李道彦、高甑生两部行军所经之地倒置。李道彦被高甑生接替岷州都督为贞观九年（635）三月。从这时开始李道彦已不行使岷州都督职务，因此改变了之前配合李靖等人围攻可汗伏允的目的。这与贞观九年（635）正月党项叛乱有关。

这些叛变的党项都是贞观五年（631）前后归附。与这年为归附

① （宋）欧阳修等：《新唐书》卷2《太宗本纪》，中华书局1975年版，第36页。
② （宋）司马光：《资治通鉴》卷194，中华书局1956年版，第6115页。
③ （后晋）刘昫等：《旧唐书》卷60《李道彦传》，中华书局1975年版，第2343页。

的拓跋赤辞所置西戎州都督府（今四川若尔盖求吉乡麻藏沟口）及所辖西戎州、西麟州（今四川若尔盖达扎寺镇）、西吉（今四川红原县色地镇）、阔州（今四川红原乡安曲乡牧场）、西雅州（今四川阿坝县求吉玛乡）、丛州（今四川九寨沟县大录乡香扎村东北）、诺州（今四川若尔盖嫩哇乡黑河牧场）、蛾州（今四川阿坝县贾洛镇）、洪州（今甘肃玛曲阿万仓乡）、西集州（今四川若尔盖阿西乡牧场）、肆州（今青海同仁年都乎乡向阳古城）、玉州（今青海贵南沙沟乡查纳寺古城）、祐州（今青海河南县柯生乡）、西盐州（今甘肃合作市伊合昂街道）、嶂州（今青海兴海县唐乃亥乡夏塘村古城）、西唐州（今青海贵南县森多镇青羊禾古城）接壤。这次党项叛乱，无论是对唐军，还是对西戎州都督拓跋赤辞，都会对彼此的信任产生折扣。唐军显然不希望以拓跋赤辞为首的羁縻府州叛乱。西戎州都督拓跋赤辞，同样对唐军也是不信任。于是，采取歃血而盟的传统以加强彼此信任。所以，李道彦部进入阔水，无论是出于运送粮秣等后勤补给的考虑，还是出于稳定侯君集侧翼的考量，都获得李靖允许，是一场针对九曲党项叛乱所采取的稳定作战主力侧翼的措施。

三 合川郡界守捉与侯君集行军侧翼保护

李道彦部进入若尔盖草原的时间，是在贞观九年（635）闰四月李靖、侯君集、李道宗、李大亮、薛万均等人在大非川兵分南北两路后。由于文献缺乏，无法获悉具体内容，但不妨根据已经发生的情况合理推测。这次会议一定商讨了党项叛乱及应对策略。结果就是利州刺史高甑生这年三月接替岷州都督李道彦；解除岷州都督的李道彦承担护卫侯君集侧翼等方面的任务，赤水道行军总管由左骁卫将军樊兴担任。[①] 这时伏允可汗已经烧毁青海湖附近的野草，阻止唐军的追击。众多将领认为："马无草，疲瘦，未可深入。"[②] 这迫使李靖贿赂党

① （宋）欧阳修等：《新唐书》卷88《樊兴传》，中华书局1975年版，第3744页。
② （宋）司马光：《资治通鉴》卷194，中华书局1956年版，第6111页。

项[1]，这时即将进入拓跋赤辞辖区。从前引文献可知，拓跋赤辞承担资给粮秣的任务。不过，执行这次粮秣运输的李道彦由于没有处理好与拓跋赤辞的关系，结果唐军“死者数万人”。可见唐军对这次右翼防护与粮秣运输之重视。正是因为李道彦部出现问题，造成赤水道行军总管樊兴“逗留失军期，士卒失亡多”[2]。另外，就是侯君集部“士糜冰，马秣雪”[3]。

既然樊兴替代李道彦为赤水道行军总管，李道彦负责粮秣运输等后勤补给任务，说明李道彦在这方面有过人之处，表现在贞观九年（635）正月至三月。这年正月九曲附近的党项叛乱，没有见到时任岷州都督李道彦参与平叛，即使这年三月洮州叛乱的党项杀害该州刺史，仍没有让李道彦行使岷州都督府之权而使利州刺史高甑生替代。虽然如此，可以肯定这年正月至三月间，岷州都督李道彦部仍活动在九曲。既然没有平叛，又没有参加鄯州会师会议，这时正是李靖、侯君集、李道宗三支大军从长安开往鄯州之途，所以李道彦承担保障他们安全到达鄯州、负责侧翼防护的任务。

合川郡界守捉，是李道彦为护送侯君集部从河州至鄯州途中所置。贞观九年（635）正月以来九曲党项的叛乱，使侯君集等人不得不考虑北上途中的安全问题。这时黄河干流以北的湟水谷地还没有军事据点，黄河以南只有一个静边镇（今青海贵德县河阴镇），仅凭此力量很难面对吐谷浑或党项的突袭。岷州都督府自然承担起保障侯君集部从河州北上鄯州侧翼安全的任务。随岷州都督府而来有叠州的士兵；叠州，之前称为合川郡。侯君集便因势于今循化德加乡设置合川郡界守捉。如果考虑到这里曾是吐谷浑的领地，于此设置合川郡界守捉，就有宣示唐之疆界的意味。这符合《元和郡县图志》“合川郡守捉，（鄯）州南一百八十里。贞观中侯君集置。管兵千人。合川郡，

---

① （宋）司马光：《资治通鉴》卷194，中华书局1956年版，第6115页。

② （宋）司马光：《资治通鉴》卷194，中华书局1956年版，第6115页。

③ （宋）欧阳修等：《新唐书》卷221上《西域上·吐谷浑传》，中华书局1975年版，第6226页。

今叠州”的记载。所以，合川郡界守捉是贞观九年正月至三月岷州都督李道彦为保护侯君集部从河州至鄯州途中进行侧翼防护的结果。

第二节　河源军、莫门军、积石军与唐之戍守体系

河源军，《元和郡县图志》“鄯州”条曰：“河源军，州西一百二十里。仪凤二年中郎将李乙支置。”[①]《通典》《旧唐书》所载相同。[②]《资治通鉴》胡注“河源军在鄯州西百三十里”云云。[③] 所以，《资治通鉴》胡注恐误。

莫门军，《元和郡县图志》“鄯州”条曰：“莫门军，洮州城内。仪凤二年置。”[④]《通典》《新唐书》《唐会要》同。[⑤]《旧唐书·地理志一》《资治通鉴》只言在洮州城内，不说设置年代。[⑥] 以此观之，莫门军仪凤二年（677）置，位于在洮州城内。

积石军，《元和郡县图志》“鄯州”曰：“积石军，廓州西 180 里。仪凤二年置。”[⑦]《通典》同。[⑧]《旧唐书·地理志一》《资治通

① （唐）李吉甫撰，贺次君点校：《元和郡县图志》卷 39《陇右道上》“鄯州”条，中华书局 1983 年版，第 991 页。

② （唐）杜佑撰，王文锦等点校：《通典》卷 172《州郡二》“河源军”条，中华书局 1988 年版，第 4482 页；（后晋）刘昫等：《旧唐书》卷 38《地理志一》“河源军”条，中华书局 1975 年版，第 1388 页。

③ （宋）司马光：《资治通鉴》卷 215，中华书局 1956 年版，第 6850 页。

④ （唐）李吉甫撰，贺次君点校：《元和郡县图志》卷 39《陇右道上》“鄯州”条，中华书局 1983 年版，第 991 页。

⑤ （唐）杜佑撰，王文锦等点校：《通典》卷 172《州郡二》“莫门军”条，中华书局 1988 年版，第 4482 页；（宋）欧阳修等：《新唐书》卷 40《地理志四》“洮州”条，中华书局 1975 年版，第 1043 页。

⑥ （后晋）刘昫等：《旧唐书》卷 38《地理志一》“陇右节度使”条，中华书局 1975 年版，第 1388 页。

⑦ （唐）李吉甫撰，贺次君点校：《元和郡县图志》卷 39《陇右道上》“鄯州”条，中华书局 1983 年版，第 991 页。

⑧ （唐）杜佑撰，王文锦等点校：《通典》卷 172《州郡二》“积石军”条，中华书局 1988 年版，第 3382 页。

鉴》只言在廓州之西180里[1]，不说所置年代。因此，积石军仪凤二年（677）置，位于廓州之西180里处。

无论是河源军，还是莫门军，抑或是积石军，都设置于仪凤二年（677），分别位于不同流域。河源军位于湟水流域，置在鄯城内。莫门军，位于洮水流域，置洮州城内。积石军，位于黄河干流之南，今青海贵德县河阴镇。设置的原因，王永兴认为是仪凤二年（677）唐朝为了征讨吐蕃。所依据的两条史料均来自《资治通鉴》。一是仪凤二年（677），“五月，吐蕃寇扶州之临河镇”[2]。二是“（仪凤二年）冬，十二月，乙卯，诏大发兵讨吐蕃”[3]。莫门军则是“自仪凤二年起，唐与吐蕃连年战争，为增强兵力”[4]。质言之，这三军设置都是唐朝仪凤三年（678）为征讨吐蕃所做战前准备。[5] 这基本成为学界定论，所引这两条史料也成为探讨这三军设置的基本文献。

从这些解释河源军、积石军、莫门军设置原因的材料来看，并非如此。仪凤二年（677）冬十二月，高宗下令发兵讨伐吐蕃条可以暂且这样理解，但这年五月吐蕃入侵扶州临河镇与唐朝积极准备在青海之战没有直接联系。扶州之战发生在仪凤二年（677）五月，唐朝准备青海之战却是这年十二月。所以，至少从引用的史料上已经难以立足。仪凤三年（678）唐朝与吐蕃发生大战是在青海湖流域，与这年设置在湟水流域的河源军地域上相近，但与在黄河干流之南的积石军，尤其是洮水流域的莫门军却相距已远，至今主张因此役设置这三军的学者没有给予解释说明。

所以，欲探讨河源军、积石军、莫门军设置的真正原因，首要清

---

① （后晋）刘昫等：《旧唐书》卷38《地理志一》“陇右节度使”条，中华书局1975年版，第1388页；（宋）司马光：《资治通鉴》卷215，中华书局1956年版，第6850页。

② （宋）司马光：《资治通鉴》卷202，中华书局1956年版，第6383页。

③ （宋）司马光：《资治通鉴》卷202，中华书局1956年版，第6384页。

④ 王永兴：《唐代经营西北研究》，兰州大学出版社2010年版，第213页。

⑤ 郑红翔也认为仪凤二年（677）设置的唐朝河源、莫门、积石这三军是为了准备仪凤三年（678）在青海与吐蕃大战。（《唐蕃青海之战与陇右军事力量的初创》，《敦煌学辑刊》2016年第4期）

楚唐朝发动青海之战的原因、目的，进而溯源研究与其相关战役所组成的唐朝和吐蕃攻防的总体态势，以及在这种态势下仪凤年间吐蕃在陇右发动战争的真正目的。质言之，只有在研究方法上突破仅仅关注唐朝一方的战争诉求，才有可能解开这三军设置的真正内因。

一　河源军、积石军、莫门军设置原因辨析

仪凤二年（677）十二月，高宗下了一道敕令：

> 朕君临宇宙，司牧黎元，普天之下，罔不率服。蕞尔吐蕃，僻居遐裔，吐浑是其邻国，遂乃夺其土宇。往者暂遣偏裨，欲复浑王故地，义存拯救，事匪称兵。辄肆昏迷，潜相掩袭，既无备预，颇丧师徒，因此鸱张，每思狼顾。除凶伐叛，王者所急。前岁将发六军，问其罪戾，复以小寇，无劳大举，按甲息兵，庶其改过。不思惠爱，更起回邪，敢纵狂惑，专为寇盗，或攻围镇戍，或驱抄羊马，烽燧频举，烟尘不息，候隙乘间，倏来忽往。比者止令镇遏，未能即事剪除，莫怀宽大之恩，遂长包藏之计，祸盈恶稔，当自覆灭。今欲分命将帅，穷其巢穴，克清荒服。①

这道敕文讲述了龙朔三年（663）五月以来至仪凤三年（678）九月李敬玄兵败青海之前，唐朝与吐蕃几次作战的历史。“往者暂遣偏裨，欲复浑王故地，义存拯救，事匪称兵”句，指咸亨元年（670）唐朝发动的大非川之战。“前岁将发六军，问其罪戾，复以小寇，无劳大举，按甲息兵，庶其改过”句，指仪凤元年（676）闰三月吐蕃入寇鄯州、廓州、河州、芳州，唐朝拟兵分两路大举讨伐未果之事。“或攻围镇戍，或驱抄羊马”句，指仪凤二年（677）五月吐蕃入寇扶州临河镇之役。“比者止令镇遏，未能即事剪除”句，指仪凤二年

① （宋）王钦若等编纂，周勋初等校订：《册府元龟》卷991《外臣部三六·备御第四》，凤凰出版社2006年版，第11479页。

（677）八月刘仁轨镇守洮河，以及设置河源军、积石军与莫门军之事。这些战事能够列入此道敕文，显然在高宗君臣看来是对唐之边疆影响不小。

唐朝发动大非川作战的目的就是替吐谷浑复国，夺回以青海湖为中心的战略要地，为从长安至西域这条战略生命线重建安全屏障。而夺得吐谷浑领土的吐蕃，则要求唐朝承认合法性，进而要求扩大占有领土的范围。[①] 遭到拒绝后，吐蕃接二连三地发动入侵唐境之役。值得注意的是，吐蕃入侵方式。首先残破陇右的羁縻防御体系。乾封二年（667），攻破在青海湖以南的都州、流州、厥州、调州、凑州、般州、匐州、器州、迩州、率州、钟州等羁縻州。仪凤二年（677），唐朝将九曲内外的静边州、盖州、嶂州、祐州、台州、桥州、玉州、位州迁徙关内道，肆州、序州没入吐蕃。结果，九曲内外的羁縻体系被破坏殆尽。

面对吐蕃在九曲内外的军事活动，高宗君臣总体上采取消极防守的态度。龙朔三年（663），吐谷浑被吐蕃消灭后，唐军分别屯驻凉州（今甘肃武威）、鄯州（今青海海东市乐都区）加以防备。乾封二年（667）二月，面对青海湖之南的羁縻州被吐蕃残破后的情况，只好听之任之。仪凤元年（676），吐蕃入寇鄯州、廓州、河州、芳州，唐廷开始大张旗鼓，最终偃旗息鼓。仪凤二年（677）五月吐蕃入寇扶州，唐军根本无作战之力，只能率众拒守。这年八月，形成吐蕃进攻、唐朝防守的态势，遂下令刘仁轨镇守洮河，“高宗始以仁轨为洮河镇守使，以图吐蕃，于是始屯军于境而师老厌战矣”[②]。这年十二月敕令大举征讨吐蕃，结果刘审礼的战败，更加剧唐军在陇右的防守态势。

自龙朔三年（663）以来，在唐军消极被动防守的态势下，是哪次战役促使仪凤二年（677）唐朝设置在九曲内外的羁縻州陷入吐

① （宋）司马光：《资治通鉴》卷201，中华书局1956年版，第6336页；（宋）司马光：《资治通鉴》卷201，中华书局1956年版，第6343页。

② （宋）王应麟：《玉海》卷138《兵制》所引《邺侯家传》，广陵书社2013年版，第2570页。

蕃，剩余的被迫迁入关内道？由于文献不记载这些羁縻州陷入吐蕃以及迁入关内道的具体时间，所以不妨将其假定在仪凤二年（677）十二月；此前发生的吐蕃入侵唐境的战役，只有仪凤二年（677）五月吐蕃入寇扶州临河镇之战。

> 杜孝昇为扶州临河镇将。仪凤二年，吐蕃寇临河，孝昇登外城楼以拒贼，力屈，为贼所执。令孝昇送书与松州都督武君寂，以邀其降，孝昇不从。又虏其妻子为质，孝昇身遭六创，竟不从。俄而贼众舍孝昇而退，孝昇又率万众拒守。[①]

这次吐蕃入侵扶州临河镇的意图非常清楚，就是让镇将杜孝昇说服松州都督武君寂投降。不仅因为吐蕃北上扶州要经过松州都督府所管辖的若尔盖草原，而且还可以打破扶州与松州互为唇齿的态势。从吐蕃北上扶州，松州都督没有救援可以看出唐朝在应对吐蕃入侵过程中所处的被动局面，松州城充其量只能自保，结果这年松州都督府所羁縻的麟州、直州、阔州、彭州陷入吐蕃，嵯州、懿州、诺州改隶关内道夏州都督府。所以，这次吐蕃北上入侵扶州还有破坏若尔盖草原羁縻体系并侵占唐之领土之意。这次战役后，唐朝在扶州方向没有采取任何防御措施。

既然唐朝没有在吐蕃主要入侵方向扶州及周围采取任何有效的防御措施，那么就很难在距离扶州较远的河源军、积石军、莫门军设置之地有应对的手段。这三军设置是否像学者主张为仪凤三年（678）青海之战提前所做的准备工作？恐非如此。咸亨元年（670），唐军为吐谷浑复国的大非川之役就是几乎没有战前准备的仓促之战。仪凤三年（678）的青海之战，同样没有显示出唐廷在战役之前有任何应战的迹象。这取决于唐朝最高决策者高宗对吐蕃

---

① （宋）王钦若等编纂，周勋初等校订：《册府元龟》卷 373《将帅部三四 · 忠第四》，凤凰出版社 2006 年版，第 4227 页。

的心态。在唐高宗看来，大非川之役的败绩，是唐军与吐蕃行军作战过程中，唐军遭到吐蕃突然袭击，没有提前预防的结果。青海之战前夕，高宗还准备发兵讨伐新罗。[①] 即使此役后，高宗仍然没有深刻检讨这两次战役本身失败的内因，只是归结为长期用兵朝鲜半岛。[②]

这是否可以将仪凤二年（677）高宗任命刘仁轨镇守洮河就是为仪凤三年（678）青海之战所做的战前准备，显然也不是，“仪凤二年，以吐蕃入寇，命仁轨为洮河道行军镇守大使”[③]。这句文献说得很清楚，此年唐廷任命刘仁轨镇守洮河是因为吐蕃的入寇。《资治通鉴》将该事记载在仪凤二年（677）八月。在此之前吐蕃入寇唐境，除仪凤二年（677）五月侵入扶州临河镇、仪凤元年（676）八月入寇叠州，就是仪凤元年（676）闰三月入寇鄯州、廓州、河州、芳州。前两次战役实际上是后一次战役的延续。所以，仪凤二年（677）设置的河源军、积石军与莫门军就是仪凤元年（676）吐蕃入寇鄯州、廓州、河州、芳州的结果。

二　河源军、积石军、莫门军与吐蕃行军路线选择

在唐朝欲收复吐谷浑疆土、吐蕃欲使侵占吐谷浑疆土合法的情况下，双方战争不可避免。为阻止唐军遂行作战的目的，吐蕃必须选择一处能够迅速收到打击效果和目的的地方，这就是位于唐朝都城长安上游并能保护其的陇右。

在达到这种目的并收到打击效果之前，吐蕃首先遇到的是唐太宗时期设置在从今天青海柴达木盆地至九曲、若尔盖草原上的羁縻府州。吐蕃深知这个羁縻体系在将来与唐军争夺过程中所起到的预警作用。所以，在龙朔三年（663）灭掉吐谷浑后就要求获得赤水（今青

① （宋）司马光：《资治通鉴》卷202，中华书局1956年版，第6385页。

② （宋）王钦若等编纂，周勋初等校订：《册府元龟》卷991《外臣部三六·备御第四》，凤凰出版社2006年版，第11480页。

③ （后晋）刘昫等：《旧唐书》卷84《刘仁轨传》，中华书局1975年版，第2795页。

海兴海县）之地[1]，表面上是获得在这里的畜牧权，实际上有和唐朝设置在黄河南岸的积石军争夺出入九曲内外通道，以及兼并赤水之西羁縻州的意图。果不其然，乾封二年（667）这些羁縻州为吐蕃鲸吞。这也为吐蕃进一步深入九曲、若尔盖草原残破这些地方的羁縻府州积累了经验。因此，吐蕃深入九曲首要作战任务，是要破坏残存在九曲及若尔盖草原上的羁縻府州。

从仪凤二年（677）的战果来看，吐蕃确实做到了。这需要制定此项攻击方案的吐蕃将领对九曲及若尔盖草原的环境有一个清楚掌握。九曲和若尔盖草原是两片被大积石山、西倾山隔离的地域。而且，从鄯州东南经廓州、河州、洮州、叠州、芳州至扶州这条纵深地带就有1500多里。[2] 唐代之马，日行百里，或日行200里。[3] 吐蕃战马应该与此相仿。按每日200里行军速度，至少需要八天。这种直接深入唐境腹地的作战，随着行军路线的推进，随时可能面临前有阻击之敌、后有追兵，最后陷入死地的困境。所以，选择两个不同方向而不深入的攻击就成为最佳选择。在选择攻击对象上，由于这些羁縻府州有可以依靠的正州，所以不能直接打击，以免其和这些正州联合起来。这决定在正州和羁縻府州间实行穿插战术，在战役准备阶段兵分几路，战役实施阶段相互协同，战役结束阶段达成目标。

从仪凤元年（676）闰三月吐蕃对鄯州、廓州、河州和芳州入侵

---

① 《资治通鉴》卷201高宗麟德二年（665）春正月丁卯条记载："吐蕃遣使入见，请复与吐谷浑和亲，仍求赤水地畜牧。上不许"（中华书局1956年版，第6343页），这里"仍求赤水地畜牧"，说明吐蕃要求获得赤水之地，至少已经两次。第一次就是龙朔三年（663）灭掉吐谷浑之后，"吐蕃禄东赞屯青海，遣使者论仲琮入见"（《资治通鉴》卷201，中华书局1956年版，第6336页）。这里虽然没有记载吐蕃要求获得赤水之地，应是司马温公在书写中省略所致。

② 《元和郡县图志》卷39《陇右道上》"鄯州"条曰："西南至廓州二百四十里"（中华书局1983年版，第992页）；同卷"廓州"条（中华书局1983年版，第993页）曰："东至河州三百九十里。"同卷"河州"条（中华书局1983年版，第989页）曰："南至洮州三百里。"同卷"洮州"条（中华书局1983年版，第997页）曰："西南至叠州一百八十里。"同卷"叠州"条（中华书局1983年版，第999页）曰："东南至芳州一百四十里。"同卷"芳州"条（中华书局1983年版，第1000页）曰："东南至扶州三百里。"

③ 李树桐：《唐史研究》，（台湾）中华书局1979年版，第334页。

上，可以清楚地看出分别是从河西、若尔盖草原两个方向攻击。从河西方向的攻击止于河州，没有继续东南进入洮州；从若尔盖草原北上的攻击止于芳州，没有继续北上经过芳州、叠州深入洮州。从吐蕃入侵鄯州、廓州、河州、芳州的道路，可以证实无论从哪个方向攻击，吐蕃都没有深入洮州。从青海湖南北进入鄯州的道路有两条：一是从青海湖之南来的交通大道，二是从青海湖之北来的支道。廓州，除从赤水城沿着黄河谷地的道路外，还有从鄯城西南下、鄯州东南下或西南下过临津关的三条支路。河州的道路有从鄯州经龙支县东南而来的大道，以及从临津关东南下的支道。从河州也有多条道路进入洮州。从洮州南下经叠州、芳州，便至若尔盖草原。至此，可以确定吐蕃进入芳州是从若尔盖草原北上。

至于从河西进入九曲的道路，同样要避免在深入九曲行军的过程中来自身后各州的袭击。仪凤元年（676），吐蕃论赞聂领兵赴突厥，董卜亲自攻打克诺木（今新疆哈密）[①]，以从西、东两面牵制唐军，结果在这次吐蕃攻击鄯州等地过程中凉州都督府、兰州只能观望一隅而没有支援。深谙此道的吐蕃将领，在进攻鄯州、廓州、河州的过程应是分道攻击。大致这样：吐蕃首先派出一部沿着青海湖之北的道路攻击鄯州，这会给唐军造成误判：以为是攻取鄯州，势必会引起廓州、河州支援。趁此间隙，黄河之外的吐蕃主力东向渡桥，随后直插廓州、河州。因受到鄯州战事的影响，这支主力迅速从廓州分出兵力牵制留守廓州的唐军，随后直奔河州。结果，鄯州都督府除兰州外，其余均被分割成几个孤立无援的区域。与此同时，从若尔盖草原北上的吐蕃，利用进入唐境较短的距离对芳州打击，迫使没有受到吐蕃攻击的洮州、叠州东西观望，以图自保。在受到攻击各州无法得到周边各州援助的情况下，唐廷只能从后方调动兴、凤两州军队以缓解压力。之所以没有动用洮州都督府军队，一方面其左右都受攻击，同时还不清楚吐蕃作战意图，另外就是维护洮州以北的渭河谷地战略

---

① 王尧、陈践译注：《敦煌本吐蕃历史文书》，民族出版社1980年版，第104页。

通道。

由于吐蕃的目的不是攻占鄯州、廓州、河州、芳州，而是通过对这些各州袭扰以达到动摇九曲、若尔盖草原上羁縻府州，所以在唐高宗看来，“复以小寇，无劳大举，按甲息兵，庶其改过”，起初吐蕃进入九曲所引起唐廷与羁縻府州的恐慌是可以想象的，不然唐廷也不会下令周王李显和相王李轮率兵大讨吐蕃。正是因为高宗君臣随后认为这是小寇，所以这次讨伐不需大举、无果而终。[①] 随之唐朝也会派人安抚这些羁縻州。在还没有达到破坏这些羁縻体系之前，这年八月吐蕃北上叠州。[②] 这次较闰三月攻击的芳州已经更深入唐境。仪凤二年（677）五月，又攻击扶州。可以肯定的是，这两次对叠州、扶州的攻击都是从若尔盖草原北上。之所以没有选择从河西攻击，因为之前分路攻击、在正州与羁縻府州之间的穿插战术已不能迷惑唐军，从而印证仪凤元年（676）闰三月对吐蕃进攻方向与行军路线选择推断的正确性。正是从仪凤元年（676）闰三月至仪凤二年（677）五月吐蕃接二连三对九曲、若尔盖草原的打击，最终迫使唐廷将没有陷入吐蕃的羁縻府州迁入关内道。随着这些羁縻体系破坏殆尽，就要根据以往吐蕃的行军路线进行重新审视边疆的安全，以补苴罅漏。这就是高宗所言“比者止令镇遏，未能即事剪除”情况。在无能力消灭吐蕃之前，只能在这些羁縻府州陷入或迁入关内道前后设置了河源军、积石军、莫门军。

三　河源军、积石军、莫门军空间分布与区域选择

通过前面的讨论，可以清楚看到河源军、积石军、莫门军的设置，是唐朝在吐蕃破坏唐九曲、若尔盖草原的羁縻体系后补苴的结果。这要根据吐蕃的行军路线部署。仪凤元年（676）闰三月以来，吐蕃入侵之地包括鄯州、廓州、河州，以及若尔盖草原方向的芳州、

---

① （宋）王钦若等编纂，周勋初等校订：《册府元龟》卷986《外臣部三一·征讨第五》，凤凰出版社2006年版，第11413页。

② （宋）司马光：《资治通鉴》卷202，中华书局1956年版，第6380页。

叠州、扶州，但部署上只有鄯州、廓州而没有河州，没有受到侵扰的洮州也有。

首先分析在鄯州、廓州、洮州分别设置的河源军、积石军、莫门军。河源军，位于鄯州之西120里处的鄯城县城，大约在今青海西宁扎巴镇。[①] 这是唐朝在湟水上游谷地设置的第一个军事据点，是针对仪凤元年（676）吐蕃顺着湟水谷地入侵鄯州的证明。积石军，位于廓州之西180里，今青海贵德县河阴镇。这是唐军在黄河干流谷地设置的军事据点，是针对仪凤元年（676）吐蕃顺着黄河干流侵入这里的例证。这里本是贞观三年（629）为进攻党项所设置的静边镇，仪凤二年（677）提升为积石军，说明该镇在防御吐蕃入侵过程中的作用有待加强。虽然这次河州也遭受入侵，但唐朝没有在此及所在离水谷地部署，证明吐蕃是从廓州分兵攻击河州，不是沿着离水谷地北上。

仪凤元年（676），唐廷在没有受到吐蕃侵扰的洮州置莫门军。洮州，洮州都督府治所。无论是仪凤元年（676）吐蕃从河西入侵鄯州、廓州和河州，还是从若尔盖草原北上侵入该都督府的芳州，抑或是仪凤二年（677）再次从若尔盖草原北上侵入该都督府的叠州、扶州，洮州都督府及辖属洮州、岷州都没有派出一兵一卒。这说明洮州都督府已经没有多余兵力援助本辖区内的其他各州。因此，必须加强这里洮州所在谷地防御，以便再次遭遇类似危机的时候支援。这是仪凤二年（677）唐朝在洮水谷地上游洮州设置莫门军的原因。

这与从仪凤元年（676）至仪凤二年（677）频繁从若尔盖草原北上，遭受吐蕃侵扰的芳州、叠州、扶州所在的羌水谷地及白水谷地没有任何军事部署形成鲜明对比。叠州、芳州属于洮州都督府，没有在此两州而在洮州都督府治所洮州部署，说明旨在加强洮州都督府辖区中心防御。松州都督府所辖芳州、扶州亦没有得到军事上的强化，

① 李智信：《唐代河源军、安人军、合川郡界守捉、绥和守捉等地望考》，《青海文物》1990年第4期。

只能说明唐朝此时镇戍兵力有限，还不能有更多兵力在非重要地方部署，从而说明洮州都督府比松州都督府更为重要。

这存在着在兵力有限的情况下如何重点部署的问题。每当九曲、河西有事，洮州作为行兵讨伐所经之地。[①] 还有一个非常重要的原因，从洮州东去经岷州北上便至从长安至西域所经的渭河谷地战略通道。这条事关唐朝国家安全的生命线，自然成为着力经营与兵力部署的地方。从此向西经兰州、河州便至鄯州都督府治所鄯州。所以，在鄯州之西部署可以加强该都督府防御纵深。在廓州部署有着双重作用，既可以阻止吐蕃顺着黄河谷地东进，又可以保护河州左翼安全，但河州之南的离水谷地不易通行。这是没有在河州部署的另一层原因。虽然从松州都督府扶州北上宕州经武州，或从扶州东南经文州经武州都可以到达散关道。这条道路是连接关中及后方的重要战略通道，但与长安至西域所经的渭河谷地战略通道相比，重要性略逊一筹。

总之，河源军、积石军、莫门军是针对仪凤元年（676）至二年（677）吐蕃从河西、若尔盖草原两个进攻方向入侵，在镇戍兵力有限的情况下进行区域重点部署的结果。虽然这三个军零星地分布在湟水谷地、黄河干流、洮水谷地，但所体现保护从长安至西域所经战略通道的精神却是一致的。这次所部署的鄯州、廓州、洮州以及夹处洮、廓两州间的河州成为后来陇右戍守体系重点部署的区域。

这种体系主要借助唐朝自身力量在吐蕃入侵或设想吐蕃入侵道路上实行的以点带面的防御，确定该体系本身不稳定性：随着防御方向变化给予调整，在军事部署上会出现军事据点根据形势需要进行兵力的增加或减少，同时也会根据吐蕃的入侵情况进行新的部署。所以，仪凤二年（677）在戍守兵力有限情况下，根据重点区域所进行的军事部署，注定随着陇右周边形势变化增加新的戍守力量。从此以后，唐朝开始进入新一轮戍守体系的战争中去。

---

① （宋）司马光：《资治通鉴》卷202，中华书局1956年版，第6379页。

第三节 临洮军与吐蕃、突厥南北交寇

临洮军，初置于久视元年（700），设置在狄道县（今甘肃临洮）县城。《新唐书·地理志四》曰：“临州狄道郡，下都督府。天宝三载析金城郡之狄道县置。县二。（有临洮军，久视元年置，宝应元年没吐蕃。）狄道，（下。）长乐。（下。）”[①]《唐会要》同样记载：“临洮军，置在狄道县。”[②]《元和郡县图志》进一步表明久视元年（700）设置的临洮军，就在狄道县城之内：“临州，（狄道。下府。）天宝初，割兰州狄道县又别置安乐县置临州。州郭旧有临洮军，久视元年置，宝元元年陷于西番。”[③] 这条文献同时说明，天宝初临洮军已经不在兰州狄道县。《资治通鉴》认为天宝元年（742）临洮军已经向西迁移到鄯州（今青海海东市乐都区）城内。[④] 这是临洮军最后一次迁移，之前还有三次。

开元十七年（729），将设置在洮州临潭县（今临潭偏都乡鸣鹤城）的莫门军向北迁徙到狄道县城。《唐会要》“莫门军”条：“莫门军，置在洮州，仪凤二年置军。开元十七年，洮州移隶临洮军，百姓隶岷州，置临州。二十七年四月，又改为洮州，今为临洮军是也。”[⑤] 开元十七年（729）洮州废除，原来设置在洮州临潭县城内的莫门军就迁移至狄道县城，洮州的百姓则隶属岷州（今甘肃岷县）。二十年（732），在临潭县设置临州，二十七年（739）改名为洮州，并在洮州城内设置临洮军。《元和郡县图志》“鄯州”条则曰：“开元中移就

---

① （宋）欧阳修等：《新唐书》卷 40《地理志四》“临州狄道郡”条，中华书局 1975 年版，第 1042 页。

② （宋）王溥：《唐会要》卷 78《诸使中》“节度使”条，中华书局 1955 年版，第 1426 页。

③ （唐）李吉甫撰，贺次君点校：《元和郡县图志》卷 39《陇右道上》“临州”条，中华书局 1983 年版，第 1002 页。

④ （宋）司马光：《资治通鉴》卷 215，中华书局 1956 年版，第 6849 页。

⑤ （宋）王溥：《唐会要》卷 78《诸使中》“莫门军”条，中华书局 1955 年版，第 1427 页。

节度衙置。”[①] 这里的“节度衙”指的就是陇右节度使所在的鄯州。换言之，“开元中”临洮军从狄道县城向西迁移至鄯州城内。具体迁徙的时间，文献没有具体的记载，笔者将其设定在开元十六年（728）。[②]

总之，久视元年（700）临洮军设置在狄道县城，开元十六年（728）第一次向西迁移至鄯州城，十七年（729）第二次从鄯州城向东迁回狄道县城，这年又将原来设置在洮州临潭县城的莫门军向北迁至临洮军。开元二十七年（739），将设置在临潭县的临州更名洮州，于此设置临洮军。这是临洮军从狄道县城向南迁回临潭县城，即原来的莫门军所在之地，此为临洮军第三次迁移。第四次是天宝元年（742）临潭县城再次向西迁移至鄯州城内。从久视元年（700）初置至开元十六年（728）第一次西迁至鄯州城共二十八年，向东迁回狄道县城一年，从此南迁至临潭县城十年，第二次西迁至鄯州城四年，自此至安史之乱，这里在陷入吐蕃前临洮军再没有迁移。这里探讨久视元年（700）临洮军的设置。

一 临洮军设置及防御方向

仪凤三年（678），唐青海之战失败后，随之加强这里的军事部署。开耀元年（681）河源道经略大使黑齿常之在良非川击败吐蕃[③]，迫使吐蕃从松州等地进攻[④]，似乎没有取得胜利。永淳元年（682）白水涧之役，再次击败吐蕃从河源军进攻的企图。[⑤] 这改变了吐蕃入侵的方向，直至天册万岁元年（695）吐蕃入寇临洮[⑥]，从而将争夺

---

① （唐）李吉甫撰，贺次君点校：《元和郡县图志》卷39《陇右道上》“鄯州”条，中华书局1983年版，第991页。

② 具体原因，详见下文。

③ （宋）司马光：《资治通鉴》卷202，中华书局1956年版，第6401页。

④ （宋）司马光：《资治通鉴》卷203，中华书局1956年版，第6411页。

⑤ （宋）司马光：《资治通鉴》卷203，中华书局1956年版，第6412页。类似的记载，又见（宋）欧阳修等《新唐书》卷216上《吐蕃传上》，中华书局1975年版，第6079页；（宋）欧阳修等：《新唐书》卷215下《突厥传下》，中华书局1975年版，第6065页。

⑥ （宋）司马光：《资治通鉴》卷205，中华书局1956年版，第6503页。

的目光投向陇右周边，以图从其他方向打开这种困局。其中，包括与西突厥的联合。

> （延载元年）二月，武威道总管王孝杰破吐蕃勃论赞刃、突厥可汗俀子等于冷泉及大岭，各三万余人，碎叶镇守使韩思忠破泥熟俟斤万余人。[①]

突厥可汗俀子，即长寿二年（693）吐蕃所册立的西突厥可汗阿史那俀子[②]，亦即东叶护可汗。这是吐蕃与西突厥联合进攻唐境。自此以后，吐蕃与西突厥可汗阿史那俀子来往之事，吐蕃文献《大事记年》有两次。第一次是圣历二年（699），“冬……东叶护可汗前来致礼”，第二次是久视元年（700），“夏，赞普自蒙噶尔将牙帐迁往下枯零、孙可。遣东叶护可汗往突厥。秋，赞普亦往，引兵至河州”[③]。由此可见，吐蕃就是这样和西突厥可汗联合，将唐蕃战场再次拉回到陇右。这还与东突厥对唐朝领土南下的侵扰相关。

调露元年（679），单于府温傅、奉职二部反。永隆元年（680），温傅又在夏州立阿史那伏念为可汗。永淳元年（682），突厥骨咄禄入侵原州、庆州。延载元年（694），骨咄禄卒，其弟默啜自立为可汗。[④] 自此以后，突厥南下地点开始向今陕北、宁夏、甘肃转移，与吐蕃形成南北呼应之势。延载元年（694）正月，突厥入寇灵州（今宁夏吴忠市东北）。[⑤] 天册万岁元年（695），七月吐蕃入侵洮州（今甘肃临潭）[⑥]，结果唐军兵败洮州界的素罗汗山。[⑦] 这年九月突厥入寇

---

① （宋）司马光：《资治通鉴》卷 205，中华书局 1956 年版，第 6493 页。

② 王小甫：《唐、吐蕃、大食政治关系史》，中国人民大学出版社 2009 年版，第 104 页。

③ 王尧、陈践译注：《敦煌本吐蕃历史文书》，民族出版社 1980 年版，第 108 页。

④ （宋）欧阳修等：《新唐书》卷 215 上《突厥传上》，中华书局 1975 年版，第 6042—6045 页。

⑤ （宋）司马光：《资治通鉴》卷 205，中华书局 1956 年版，第 6493 页。

⑥ （宋）司马光：《资治通鉴》卷 205，中华书局 1956 年版，第 6503 页。

⑦ （宋）司马光：《资治通鉴》卷 205，中华书局 1956 年版，第 6504 页。

凉州（今甘肃武威），都督许钦明被执。[①] 神功元年（697），突厥再侵灵州。[②] 久视元年（700）吐蕃再寇凉州。[③]

结果，自延载元年（694）以来，在陇右及周边面临来自三个方向的威胁。北面有东突厥，南面有吐蕃，西面有西突厥，或联合入寇，或南北呼应。面对这种紧张形势，唐朝君臣如何应对的呢？

> 久视元年闰七月，令左肃政御史大夫魏元忠充陇右令诸军州大使，以讨吐蕃。[④]
>
> 久视元年，（突厥）掠陇右诸监马万余匹而去。制右肃政御史大夫魏元忠为灵武道行军大总管以备之。[⑤]
>
> （突厥）岁入边，戍兵不得休，乃高选魏元忠检校并州长史为天兵军大总管，娄师德副之，按屯以待。又徙元忠灵武道行军大总管，备虏。[⑥]
>
> 圣历二年……未几，加银青光禄大夫，迁左肃政台御史大夫，兼检校洛州长史……时突厥与吐蕃数犯塞，元忠皆为大总管拒之。元忠在军，唯持重自守，竟无所克获，然亦未尝败失。[⑦]

第一条史料源自《册府元龟》，“陇右令诸军州大使”之“令”“州”为衍文。第二条源自《旧唐书·突厥传上》，“右肃政大夫”为“左肃政大夫”之误。第三条来自《新唐书·突厥传上》。第四条为《旧唐书·魏元忠传》。前三条史料共同的特点都在强调左肃政大夫魏元忠备御的是东突厥，但又有所不同。第一条是利用陇右诸军州征讨，

---

① （宋）司马光：《资治通鉴》卷205，中华书局1956年版，第6507页。

② （宋）司马光：《资治通鉴》卷206，中华书局1956年版，第6512页。

③ （宋）司马光：《资治通鉴》卷207，中华书局1956年版，第6549页。

④ （宋）王钦若等编纂，周勋初等校订：《册府元龟》卷986《外臣部三一·征讨第五》，凤凰出版社2006年版，第11415页。

⑤ （后晋）刘昫等：《旧唐书》卷194上《突厥传上》，中华书局1975年版，第5170页。

⑥ （宋）欧阳修等：《新唐书》卷215上《突厥传上》，中华书局1975年版，第6046—6047页。

⑦ （后晋）刘昫等：《旧唐书》卷92《魏元忠传》，中华书局1975年版，第2952页。

实际上应该是一厢情愿，这时武周根本就不具备这种能力，同时也说明在北边应对突厥侵扰的问题上已经捉襟见肘。第二条魏元忠以左肃政大夫的身份任灵武道行军大总管，目的是避免突厥再次抢掠陇右诸监的马匹。第三条同样说明魏元忠充灵武道大总管有避免突厥再次抢夺陇右诸监马匹之意，也说明他是从并州长史兼任天兵军大总管西调以充任灵武道大总管的，更进一步印证了第一条史料魏元忠为何要以陇右诸军州大使身份备御突厥的原因。第四条陈述了自圣历二年（699）以来，陇右及周边所面临的突厥与吐蕃南北交寇的局面，以及魏元忠在这种局面下充任陇右南北两边军事主帅备御吐蕃、突厥的原因。《册府元龟》将魏元忠以陇右诸军州大使身份备御突厥的时间记为久视元年（700）闰七月，《资治通鉴》卷207则天后久视元年（700）闰七月庚戌条则记载“以魏元忠为陇右诸军大使，击吐蕃”[①]。一条是备御突厥，另一条是备御吐蕃，从而说明在一个月时间内，陇右几乎同时出现北面有突厥、南面有吐蕃的边疆危机情况。这里的吐蕃，就是前引《大事记年》记载的吐蕃赞普率领的兵马：“秋，赞普亦往，引兵至河州。”这次吐蕃出现的时间与《资治通鉴》记载魏元忠以陇右诸军大使备御吐蕃的时间吻合。

至此，可以看出魏元忠无论是兼任灵武道大总管，还是陇右诸军大使，北面防御的是东突厥，以防御抢劫陇右诸监的马匹，陇右马匹主要分布在原州（今宁夏固原）、秦州（今甘肃天水）、渭州（今甘肃陇西）、兰州（今甘肃兰州）之境；南面防御的是临时来到河州的吐蕃，这时吐蕃还与西突厥有联系。这规定唐廷在军事部署的时候至少考虑三方面的要素：一要防御北面的突厥，二要防御从河州方向来的吐蕃，第三就是西突厥。

二　临洮军选址及其机动性

既然突厥能够南下抢掠万余马匹，原州肯定首当其冲。如果再次

---

① （宋）司马光：《资治通鉴》卷207，中华书局1956年版，第6549页。

深入唐境，秦州、渭州、兰州难以幸免。

《元和郡县图志》“原州”“会州”两条分别记载：

> 东南至泾州三百二十里。西至会州三百九十里。南至秦州四百六十里。正西微南至临洮军六百二十里。北至灵州五百里。[①]
>
> 西南至兰州三百八十里……东北至灵州五百三十里。[②]

从灵州至陇右诸监有两条道路，一是从灵州经会州（今甘肃靖远）至兰州，二是从灵州经原州至秦州。值得注意的是第一条文献从原州“正西微南至临洮军六百二十里”的记载。这条路线该如何走呢？从原州至秦州460里，从秦州至渭州300里[③]，渭州至临洮军190里。[④] 结果，从原州经秦州、渭州至临洮军共950里。这也不会走从原州西去会州，从会州西南至兰州，兰州东南临洮军的路线[⑤]，这条线路共有960里，而从会州至临洮军则有570里。换句话，从原州至临洮军的路线走的不是这条近似直角的路线，而应是从原州西南向至临洮军的斜线距离，突厥至此也就是三、四天。从原州经会州、兰州至临洮军大约如此。不过，久视元年（700）突厥所走的路线应是从萧关道。前引两《唐书·突厥传上》清楚记载魏元忠充任的灵武道大总管/行军大总管，《资治通鉴》则改为“萧关道大总管”。[⑥] 这并不矛盾，前者侧重从防御突厥南下的前沿而论，后者侧重从防堵突厥自萧关南下行军路线而

---

① （唐）李吉甫撰，贺次君点校：《元和郡县图志》卷3《关内道三》“原州”条，中华书局1983年版，第57—58页。

② （唐）李吉甫撰，贺次君点校：《元和郡县图志》卷4《关内道四》“会州”条，中华书局1983年版，第97页。

③ （唐）李吉甫撰，贺次君点校：《元和郡县图志》卷39《陇右道上》“秦州”条，中华书局1983年版，第980页。

④ （唐）李吉甫撰，贺次君点校：《元和郡县图志》卷39《陇右道上》“渭州”条，中华书局1983年版，第983页。

⑤ （唐）李吉甫撰，贺次君点校：《元和郡县图志》卷39《陇右道上》“兰州”条，中华书局1983年版，第987页。

⑥ （宋）司马光：《资治通鉴》卷207，中华书局1956年版，第6552页。

言。如果考虑突厥从固原南下抢夺的路线来说，应该在靠近这一线的地方部署兵力，或者秦州，或者渭州，而不是兰州。如果考虑突厥从会州经兰州的距离，应该在兰州或渭州之境部署。既然突厥南下的这两条路线，都不能最终确定久视元年（700）临洮军的位置，这要进一步考量吐蕃及与其联合入侵的西突厥的行军路线。

首先，分析西突厥东叶护可汗对此是否有影响。前引文献提及武威道总管王孝杰与之作战于冷泉、大岭。既然如此，那么这两处地方应在河西走廊及周围。这会影响凉州都督府周围的战事，久视元年（700）七月吐蕃攻击凉州、围攻昌松县①，与这年秋天唐军与吐蕃、西突厥阿史那俀子的联军之战，以及吐蕃赞普攻击河州之役，很有可能同一时间吐蕃策划发动，旨在打开西域困境的系列战役。不过，吐蕃赞普攻击河州之役，无论是否有突厥军队参与，只会加剧唐军在陇右及周边防御的难度。无论是吐蕃独自攻打河州，还是和西突厥联合，都必须选择从九曲进入。其行军路线没有因此发生改变，而且作战的目的地都是河州。

其次，分析久视元年（700）吐蕃至河州的情况。除吐蕃文献《大事记年》外，现存汉籍文献都没有对此记载。不过，既然是吐蕃赞普亲自领兵攻打河州，规模应该不小。否则，魏元忠也不会在一个月的时间内从备御突厥，进而转为防御吐蕃。当然，在考虑防御吐蕃从河州北上的过程中，也要考虑突厥南下的因素。这时所要考虑的是从河州至兰州、渭州、秦州和原州的距离，在这四州之中选择一处既能防御突厥南下又能防御吐蕃北上的地方。

> 东北至兰州三百里，西至廓州三百九十里，南至洮州三百里，西北至鄯州三百里。②

---

① （宋）司马光：《资治通鉴》卷207，中华书局1956年版，第6549页。

② （唐）李吉甫撰，贺次君点校：《元和郡县图志》卷39《陇右道上》“兰州”条，中华书局1983年版，第989页。

这是河州至周边各州的距离。由于廓州、鄯州、洮州不是陇右诸监牧马之所，所以这里只分析从河州至兰州之境的远近和适当的地点。兰州至河州 300 里，这并不意味着可以加强兰州城内的部署。于此部署，固然可以减轻来自河州方向与会州方向的压力，河州以东的渭州、秦州的牧区却直接受到威胁，对原州牧区的支援亦会鞭长莫及。这决定必须在河州以东、兰州东南与渭州、秦州间寻找。这个地方就是狄道县：北至兰州 190 里，东至渭州也是 190 里，西至河州的距离 228 里，可以说狄道位于兰州、渭州两个牧区与一个战事区的中间地带。而且，狄道也是从秦州、渭州所在的渭河谷地战略通道西北去兰州、西去河州两条道路的重要节点，并有道路可以通往原州。

相较于河源军、积石军、莫门军针对吐蕃侵扰所置，临洮军设置除考虑吐蕃外，还多了防御突厥南下抢夺唐朝马匹的因素。这使临洮军可能会随着陇右南北压力的变化，加之相对九曲较远的距离，使其变得较其他戍守据点灵活机动，从而决定临洮军会随着陇右防区需要而被调动。[①] 这就是后来开元十五年（727）、十七年（729）、二十七年（739）、天宝元年（742）迁徙的原因。

第四节　平夷守捉、绥和守捉、白水军、安人军与唐蕃封疆之争（上）

平夷守捉，《元和郡县图志》“鄯州”条曰：“河州城西南四十余里。开元二年郭知运置。”[②]《通典》“陇右节度使”条有类似的记载：“安乡郡城西南四十里，开元二年郭知运置。”[③]《旧唐书》“陇右节度

① 《旧唐书》卷 196 上《吐蕃传上》记载：“（开元）二十七年七月，吐蕃又寇白水、安人等军，敕临洮、朔方等军分兵救援。时吐蕃于中路屯兵，断临洮军之路”（中华书局 1975 年版，第 5234 页）。这是临洮军被调动的一个典型例子。

② （唐）李吉甫撰，贺次君点校：《元和郡县图志》卷 39《陇右道上》“鄯州”条，中华书局 1983 年版，第 992 页。

③ （唐）杜佑撰，王文锦等点校：《通典》卷 172《州郡二》“陇右节度使”条，中华书局 1988 年版，第 4482 页。

使”条曰：“在河州西南四十里。”[①]《新唐书》“河州安昌郡”条曰：“西南四十里有平夷守捉城。”[②]《资治通鉴》曰：“平夷守捉在河州西南四十里。”[③] 以此观之，平夷守捉于开元二年（714）郭知运设置，位于河州城西南40里，今甘肃临夏韩集镇双城。

绥和守捉，《元和郡县图志》“鄯州”条曰：“州西南二百五十里，开元二年郭知运置。”[④]《通典》“陇右节度使”条记载略同：“西平郡西二百五十里，开元二年郭知运置。”[⑤]《旧唐书》“陇右节度使”条曰：“在鄯州西南二百五十里。”[⑥]《新唐书》“鄯州西平郡”条曰：“西南二百五十里有绥和守捉。”[⑦]《资治通鉴》曰：“绥和守捉在鄯州西南二百五十里。”[⑧] 除《通典》外，《元和郡县图志》《旧唐书》《新唐书》《资治通鉴》均言绥和守捉在鄯州西平郡西南250里，今拉脊山口南贵德千户庄一带。该守捉与平夷守捉均为开元二年（714）郭知运设置。

白水军，《元和郡县图志》“鄯州”条曰：“州西北二百三十里。开元五年郭知运置。”[⑨]《通典》“陇右节度使”条记载相同。[⑩]《唐会要》“节度使”条曰：“开元五年，郭知运、张怀亮置。”[⑪]《旧唐书》

---

① （后晋）刘昫等：《旧唐书》卷38《地理志一》，中华书局1975年版，第1388页。

② （宋）欧阳修撰：《新唐书》卷40《地理志四》，中华书局1975年版，第1040—1041页。

③ （宋）司马光：《资治通鉴》卷215，中华书局1956年版，第6850页。

④ （唐）李吉甫撰，贺次君点校：《元和郡县图志》卷39《陇右道上》“鄯州”条，中华书局1983年版，第991页。

⑤ （唐）杜佑撰，王文锦等点校：《通典》卷172《州郡二》“陇右节度使”条，中华书局1988年版，第4482页。

⑥ （后晋）刘昫等：《旧唐书》卷38《地理志一》“陇右节度使”条，中华书局1975年版，第1388页。

⑦ （宋）欧阳修：《新唐书》卷40《地理志四》“鄯州西平郡”条，中华书局1975年版，第1041页。

⑧ （宋）司马光：《资治通鉴》卷215，中华书局1956年版，第6850页。

⑨ （唐）李吉甫撰，贺次君点校：《元和郡县图志》卷39《陇右道上》“鄯州”条，中华书局1983年版，第991页。

⑩ （唐）杜佑撰，王文锦等点校：《通典》卷172《州郡二》“陇右节度使”条，中华书局1988年版，第4482页。

⑪ （宋）王溥：《唐会要》卷78《诸使中》“节度使”条，中华书局1955年版，第1427页。

“陇右节度使”条曰：“在鄯州西北二百三十里。”[1]《新唐书》“鄯城”条曰：“有河源军，西六十里有临蕃城，又西六十里有白水军、绥戎城。”[2]“鄯城县，东至（鄯）州一百二十里”[3]，所以白水军在鄯州西230里。《资治通鉴》曰：“白水军在鄯州西北二百三十里。”[4]除《新唐书》将白水军记载在鄯州之西230里外，《元和郡县图志》《通典》《旧唐书》《新唐书》《资治通鉴》均将其记在鄯州西北230里，所以《新唐书》在记载白水军方位时当脱“北”字，而且“白水军”“绥戎城”设置在一个地方不合乎常理。该军于开元五年（717）由郭知运与张怀亮设置。

安人军，《元和郡县图志》“鄯州”条曰：“安人军，河源军西一百二十里有星宿川。开元七年郭知运置。”[5]河源军在鄯城县，鄯城东至鄯州120里，以此推之安人军在鄯州之西240里处。《通典》“陇右节度使”条曰：“西平郡星宿川西，开元七年置。”[6]《旧唐书》“陇右节度使”条曰：“在鄯州界星宿川西。”[7]《新唐书》“鄯州西北郡”条曰：“星宿川西有安人军。”[8]《资治通鉴》曰：“安人军在鄯州界星宿川西。”[9]《唐会要》“置在鄯州西北界星宿川，开元七年三月置”[10]。这句

---

① （后晋）刘昫等：《旧唐书》卷38《地理志一》“陇右节度使”条，中华书局1975年版，第1388页。

② （宋）欧阳修等：《新唐书》卷40《地理志四》“鄯州西平郡”条，中华书局1975年版，第1041页。

③ （唐）李吉甫撰，贺次君点校：《元和郡县图志》卷39《陇右道上》“鄯城县”条，中华书局1983年版，第993页。

④ （宋）司马光：《资治通鉴》卷215，中华书局1956年版，第6850页。

⑤ （唐）李吉甫撰，贺次君点校：《元和郡县图志》卷39《陇右道上》“鄯州”条，中华书局1983年版，第991页。

⑥ （唐）杜佑撰，王文锦等点校：《通典》卷172《州郡二》“陇右节度使”条，中华书局1988年版，第4482页。

⑦ （后晋）刘昫等：《旧唐书》卷38《地理志一》“陇右节度使”条，中华书局1975年版，第1388页。

⑧ （宋）欧阳修等：《新唐书》卷40《地理志四》“鄯州西平郡”条，中华书局1975年版，第1041页。

⑨ （宋）司马光：《资治通鉴》卷215，中华书局1956年版，第6850页。

⑩ （宋）王溥：《唐会要》卷78《诸使中》“节度使”条，中华书局1955年版，第1427页。

文献更加清楚表明星宿川与鄯州的位置关系，星宿川在鄯州西北，开元七年（719）三月郭知运设置，在鄯州西北 240 里左右、星宿川之西。这也是鄯州与吐蕃的界限。

通过对《元和郡县图志》等文献记载分析，清楚表明白水军在鄯州西北 230 里处，安人军在鄯州界 240 里、星宿川西。由于理解的偏差仍然存在不同意见。谭其骧认为白水军在鄯州西北 230 里[①]，严耕望则定其在河源军之西 120 里，今湟源县治附近。[②] 从今湟源县治至鄯城县（今西宁）110 里，即使折算成唐代里数，也不应该在今湟源县治。这是基于对安人军地望的认知，严耕望认为前引《唐会要》“置在鄯州西北界星宿川，开元七年三月置”最正确；“盖安人军所在之地星宿川不在鄯城之西或西南，而在西北”[③]，但忽视星宿川为“鄯州西北界”的深入解读。为证实对白水、安人两军解读的正确性，随之以《旧唐书·吐蕃传》“（开元）二十九年……六月，吐蕃四十万攻承风堡，至河源军，西入长宁桥，至安仁（人）军，浑崖峰骑将盛希液以众五千攻而破之……十二月，吐蕃又袭石堡城，节度使盖嘉运不能守，玄宗愤之”论证[④]，但过长宁桥后，吐蕃既可以沿着长宁川河谷西侧的道路北上，也可以沿着湟水谷地西进。李智信持相同观点，认为文中的“西入”应是古人对方向误载。这是想借此表达吐蕃直接沿着长宁川河谷到达是白水军，而不是向西进入安水军。[⑤] 至于安人军位置，

① 谭其骧：《中国历史地图集》第五册《陇右道东部图幅》，中国地图出版社 1982 年版，图 61—62。

② 严耕望：《唐代交通图考》第 2 册《河陇碛西区》，上海古籍出版社 2007 年版，第 530 页。

③ 严耕望：《唐代交通图考》第 2 册《河陇碛西区》，上海古籍出版社 2007 年版，第 521 页。

④ （后晋）刘昫等：《旧唐书》卷 196 上《吐蕃传上》，中华书局 1975 年版，第 5235 页。

⑤ 李智信：《唐代河源军、安人军、合川郡界守捉、绥和守捉等地望考》，《青海文物》1990 年第 4 期。关于开元二十九年（741）这两次吐蕃行军路线，请详细参考本书第六章。

严耕望定在大通县。[1] 崔永红认为安人军位置在今海晏县三角城，白水军在湟源县北古城。[2]

总之，平夷、绥和两守捉，均是开元二年（714）郭知运置，前者在大夏河谷地，后者在拉脊山口南，相距遥远。白水、安人两军，前者为开元五年（717）郭知运置，后者为开元七年（719）三月郭知运、张怀亮共同设置。白水军在鄯州西北230里，安人军在鄯州西大约240里星宿川。为何白水军、安人军同是郭知运设置，却有一个在前、另一个在后呢？这背后隐藏着什么样的国家政策？

一 平夷守捉、绥和守捉、白水军、安人军的设置背景

《册府元龟》曰：

> （开元）六年十一月，吐蕃遣使奉表曰：仲冬极寒，伏惟皇帝舅万福。使典军马集并吐蕃使判悉猎等同至，其书共传语，并悉具委。所缘和事者，孝和帝在日，其国界并是逐便断当讫，彼此亦已盟誓。汉宰相等官入誓者：仆射豆庐钦望、魏元忠、中书令李峤、侍中纪处讷、萧至忠、侍郎李迥秀、尚书宗楚客、韦安石、杨矩等一十人；吐蕃宰相等亦同盟誓讫，遂迎公主入蕃，彼此安稳。于后太上皇登极，亲好并相和同，虽复如旧，其汉宰相入誓者并已殁。于后宰相不知已前要契，当令望重立盟誓，舅甥各亲署盟书，宰相依旧作誓，彼此相信，亦长安稳。此处使人论乞力徐、尚奔时、宋俄等，前后七回入汉，比论皇帝舅亲署誓书事。复遣宰相作誓，外甥亦亲署，宰相亦作咒，如此使七回来去，阿舅却报言：舅甥亲自手署誓书，及彼此宰相作咒，阿舅云大是好事。及至今日，阿舅手署不见，宰相作咒亦无。又西头张

① 严耕望：《唐代交通图考》第2册《河陇碛西区》，上海古籍出版社2007年版，第522页。

② 崔永红：《唐代青海若干疑难历史地理问题考证》，《青海民族大学学报》（社会科学版）2017年第3期。

玄表将兵打外甥百姓，又李知古亦将兵打外甥百姓。既缘如此违誓失信，所以吐蕃遂发兵马。今奉阿舅书，以前所有嫌恶，并悉不论。自今以后，依前和睦，大是好事。在此，外甥亦同阿舅来意，阿舅必定和好，所以遣使人往来，亦得文不须重盟誓者。缘孝和皇帝时，旧汉宰相人盟誓者并无，阿舅必以和好不重作盟誓，彼此不相信，要须新立盟誓。即日未知国事，亦不官，并皆自决。但是百姓拟遣安乐，久长快活。阿舅书上虽道和好，意中不专，知有何益。今日必定和好，此处速却回，的实相报。①

这里讲述景云元年（710）以来唐朝与吐蕃在九曲、河西划界之事。随着中宗去世，对于九曲和河西的界线，需要唐蕃双方重新盟誓，吐蕃赞普和唐玄宗亲自在盟誓书上签名。唐朝不承认这种疆界的划分，开元六年（718）十一月唐朝宰相没有作咒，唐玄宗更不会签名。

这始于开元元年（713）十二月“吐蕃遣其大臣来求和”。② 这时唐朝和吐蕃无战争发生，何谓吐蕃“求和”？事实上，唐臣到达吐蕃更早，“及至牛年（开元元年），夏……唐廷使者杨景前来致礼”。③ 之所以如此，主要是为国内统治创造稳定的环境④，且先天元年（712）唐军冷陉之役刚败⑤，北方突厥威胁仍在。⑥ 在这种内外环境都不太稳定的形势下，稳定和吐蕃的关系显得十分重要。这

① （宋）王钦若等编纂，周勋初等校订：《册府元龟》卷981《外臣部二六·盟誓》，凤凰出版社2006年版，第11359页。

② （宋）王钦若等编纂，周勋初等校订：《册府元龟》卷980《外臣部二五·通好》，凤凰出版社2006年版，第11344页；（宋）欧阳修等：《新唐书》卷5《玄宗本纪》，中华书局1975年版，第122页；（宋）司马光：《资治通鉴》卷210，中华书局1956年版，第6692页。

③ 王尧、陈践译注：《敦煌本吐蕃历史文书》，民族出版社1980年版，第111页。

④ （宋）司马光：《资治通鉴》卷210，中华书局1956年版，第6687—6688页。

⑤ （宋）司马光：《资治通鉴》卷210，中华书局1956年版，第6672页。

⑥ （宋）司马光：《资治通鉴》卷210，玄宗开元元年（713）秋八月条记载：“丙辰，突厥可汗默啜遣其子杨我支来求婚；丁巳，许以蜀王女南和县主妻之”，中华书局1956年版，第6686页。唐廷如此痛快答应突厥的请婚，无疑说明这时唐军还找不到更好地应对突厥的办法。

时能够稳住吐蕃最重要的砝码，就是重新认定中宗朝划定的河西与九曲的边界。无论是答应和吐蕃重新盟誓，还是为了减轻北方的威胁答应突厥求婚，其背后是唐廷在开元二年（714）春正月之前已有再次出兵契丹的谋划①，想要一雪冷陉战役之耻。这关系到唐朝与突厥争夺契丹的利益，这年二月以来便发生突厥兵围北庭都护府等危机事件。②

这年五月，吐蕃再次趁机提出划定边界，吐蕃宰相坌达延致书唐之宰臣："两国地界，事资早定。界定之后，然后立盟书。"在这种压力下，唐廷同意吐蕃提出的要求，派遣左散骑常侍解琬带着神龙二年吐蕃誓文与坌达延定界。③ 按照先定边界、后立盟书的先后顺序，解琬首先肯定与吐蕃宰相坌达延定了边界，这年六月吐蕃派遣宰相尚钦藏、御史名悉猎到唐都呈送盟书。④ 玄宗君臣没有履行立盟书这个程序，吐蕃趁着七月唐军征讨契丹大败的机会⑤，在是年八月入侵临洮、兰州、渭源⑥，以迫使唐廷订立盟书。

为了应对吐蕃入侵，唐玄宗实行和睦周边、积极备战的政策。这时突厥默啜可汗政权开始分崩离析⑦，北方边疆压力骤然减轻，默啜

---

① （宋）司马光：《资治通鉴》卷211，中华书局1956年版，第6695页。

② （宋）司马光：《资治通鉴》卷211，中华书局1956年版，第6696页。

③ （宋）王钦若等编纂，周勋初等校订：《册府元龟》卷981《外臣部二六·盟誓》，凤凰出版社2006年版，第11359页；（宋）司马光：《资治通鉴》卷211，中华书局1956年版，第6699—6700页；（后晋）刘昫等：《旧唐书》卷100《解琬传》曰："未几，吐蕃寇边，复召拜左散骑常侍，令与吐蕃分定地界"（中华书局1975年版，第3113页）。此处错误，是唐朝不同意与吐蕃划定疆界的盟书，所以才有后来的吐蕃寇边。

④ （宋）王钦若等编纂，周勋初等校订：《册府元龟》卷981《外臣部二六·盟誓》，凤凰出版社2006年版，第11359页；（宋）司马光：《资治通鉴》卷211，中华书局1956年版，第6701页。

⑤ （宋）司马光：《资治通鉴》卷211，中华书局1956年版，第6702页。

⑥ （宋）司马光：《资治通鉴》卷211，中华书局1956年版，第6704页。

⑦ 对于这种开始分崩离析的政权（《资治通鉴》卷211，中华书局1956年版，第6705页），唐玄宗君臣仍然采取羁縻的策略。于是，对于突厥的再次请婚，仍然答应以相羁縻。参见（宋）王钦若等编纂，周勋初等校订《册府元龟》卷979《外臣部二四·和亲第二》，凤凰出版社2006年版，第11331页；（宋）司马光：《资治通鉴》卷211玄宗开元二年（714）十月己巳条（中华书局1956年版，第6706页）。

周边政权亦倒向唐朝。[1] 这使唐朝有了更多的时间和空间专力经略吐蕃。开元三年（715），唐军击败亲附吐蕃的拔汉那阿了达政权，唐之势力震动西域。[2] 在入侵陇右失败、西域失势的情况下，开元四年（716）吐蕃将入寇方向转向唐之西南边疆松州，结果铩羽而归。[3] 这年默啜可汗被杀[4]，唐朝北部边疆迎来较为稳定的局面。在通过战争无法与唐朝划定边界的情况下，吐蕃转而求和。[5] 五年（717）三月，吐蕃以金城公主名义再次要求唐玄宗在盟书上亲署誓文。[6] 这年秋七月陇右节度使郭知运趁势袭击九曲吐蕃。[7] 面对非常不利的边疆形势，六年（718）十一月吐蕃再次来到长安要求划定封疆。[8] 陇右节度使郭知运趁此机会，再次深入九曲。[9] 这时吐蕃在军事上已完全处于被

① （宋）司马光：《资治通鉴》卷 211，玄宗开元二年（714）十月己巳条曰："突厥十姓胡禄屋等诸部诣北庭请降，命都护郭虔瓘抚存之"（中华书局 1956 年版，第 6706 页）。同卷玄宗开元三年（715）春正月癸卯条曰："突厥十姓降者前后万余帐。"（中华书局 1956 年版，第 6709 页）

② （宋）司马光：《资治通鉴》卷 211，中华书局 1956 年版，第 6712—6713 页；（宋）王钦若等编纂，周勋初等校订：《册府元龟》卷 133《帝王部一三三・褒功第二》，凤凰出版社 2006 年版，第 1470 页。

③ （宋）王钦若等编纂，周勋初等校订：《册府元龟》卷 358《将帅部一九・立功第十一》，凤凰出版社 2006 年版，第 4037 页；（宋）司马光：《资治通鉴》卷 211，中华书局 1956 年版，第 6716 页。

④ （宋）司马光：《资治通鉴》卷 211，中华书局 1956 年版，第 6719 页。

⑤ （宋）王钦若等编纂，周勋初等校订：《册府元龟》卷 979《外臣部二四・和亲第二》，凤凰出版社 2006 年版，第 11331 页；（宋）司马光：《资治通鉴》卷 211，中华书局 1956 年版，第 6720 页。

⑥ （宋）王钦若等编纂，周勋初等校订：《册府元龟》卷 979《外臣部二四・和亲第二》，凤凰出版社 2006 年版，第 11332 页。

⑦ （宋）司马光：《资治通鉴》卷 211，中华书局 1956 年版，第 6728 页。

⑧ 《资治通鉴》卷 212 玄宗开元六年（718）冬十一月戊辰条曰："戊辰，吐蕃奉表请和，乞舅甥亲署誓文，又令彼此宰相皆著名于其上"（中华书局 1956 年版，第 6734 页）。这里司马温公用了一个"乞"字，生动形象地刻画了在当时边界谈判之中吐蕃所处的被动局面。

⑨ 《册府元龟》卷 358《将帅部一九・立功第十一》记载："六年，（郭知运）又率兵讨吐蕃，贼徒无备，遂掩至九曲，获锁甲及马羊牛等数万计"（凤凰出版社 2006 年版，第 4037 页）。所谓"又"，是相对于开元五年（717）秋七月郭知运率部进入而言的。之所以能够实行掩袭的战术，显然是利用吐蕃到唐都请求划定两国边界的机会。因此，在开元五年（717）七月郭知运趁着吐蕃谋求划定边界的机会，用了同样的袭击战术，方能大破吐蕃于九曲。

动状态。开元七年（719）六月吐蕃再次要求唐玄宗在盟誓书上亲署誓文，遭到拒绝。[①] 这充分显示伴随着军事上的胜利，唐朝外交上已显露出的强硬姿态。

二　洮河之役与平夷守捉、绥和守捉

开元二年（714）平夷守捉和绥和守捉的设置，是唐朝在陇右防区补苴罅漏的结果。

这年八月，吐蕃为迫使唐廷签订在河西与九曲的边界，发动入侵唐境之役。

> 薛讷为检校左卫大将军。玄宗开元二年，诏与将军杜宾客、崔宣道率众讨契丹。六月，师至滦河，尽为契丹所覆，除削官爵。其年八月，吐蕃大将勃达延、乞力徐等率众十万寇临洮军，又进寇兰州及渭州，之渭源县，掠群牧而去。诏讷白衣摄左羽林将军，为陇右防御使，与太仆少卿王晙等率兵邀击之。十月，讷领众至渭源县，遇贼，战于武阶驿，与王晙掎角夹攻之，大破贼众，追奔至洮水。又战于长城堡，丰安军使王海宾先锋力战，死之。将士乘势进击，又破之，杀获数万人，擒其将六指乡弥洪，尽收其所掠羊马，并获其器械，不可胜数。[②]

综观整个战役，值得注意的是吐蕃在回军途中“掠群牧而去”，唐军在追击时特别提到所获战利品，“尽收其所掠羊马”。这年八月二十三日在吐蕃入侵兰州等地之际，唐玄宗以防御突厥的名义拟在

---

① （宋）王钦若等编纂，周勋初等校订：《册府元龟》卷 980《外臣部二五・通好》，凤凰出版社 2006 年版，第 11344—11345 页。

② （宋）王钦若等编纂，周勋初等校订：《册府元龟》卷 432《将帅部九三・立后效》，凤凰出版社 2006 年版，第 4895—4896 页。《册府元龟》卷 366《将帅部二七・机略第六》记载开元二年“吐蕃精甲十万寇临洮军”（凤凰出版社 2006 年版，第 4147 页）。《资治通鉴》卷 211 玄宗开元二年秋八月乙亥条记载“吐蕃将坌达延、乞力徐帅众十万寇临洮，军兰州，至于渭源”（凤凰出版社 2006 年版，第 6704 页）。

秦州、成州、兰州、渭州，集中十万人马、群牧马四万匹屯集教练。① 无论是吐蕃侵略所经，还是唐廷部署所及，都无一例外提到兰州、渭州以及唐之群牧。群牧之地，“秦、渭二州之北，会州之南，兰州狄道县之西”，掌管监牧的西使在临洮军西220里。② 吐蕃和唐朝都非常清楚战马的作用。这次吐蕃从九曲北上直接抢夺牧马，就是想借此威胁长安上游，达到迫使唐军无力作战，进而签订盟书的目的。

问题是开元二年（714）唐军获得这次战役胜利后，却做出看似有违背常理的事情。《资治通鉴》卷211“开元二年冬十月乙酉条”：

> 命左骁卫郎将尉迟环使于吐蕃，宣慰金城公主。吐蕃遣其大臣宗俄因矛至洮水请和，用敌国礼；上不许。自是连岁入犯。③

既然大败吐蕃，为什么还派遣左骁卫郎将尉迟环出使吐蕃、宣慰金城公主呢？从这次战役过程来看，唐军最终险胜赢得此役。吐蕃第一次率军入侵临洮、渭源等地的时间是开元二年（714）八月。唐玄宗遂下令大募壮勇准备御驾亲征。④ 这年十月唐军才赶赴到渭源。此时，吐蕃已是第二次兵临渭源。⑤ 从这年八月至十月，吐蕃除抢劫马匹外，在做些什么？唐朝除征募勇壮、积极备战外，还做些什么？可以肯定，这近两个月吐蕃没有继续沿着渭河谷地进攻，一定是和唐廷达成某项协议。这是唐朝答应吐蕃签署边界协议，即前引《册府元龟》所载“前后七回入汉，比论皇帝舅亲署誓书事”，旨在借此赢得作战

---

① （宋）王钦若等编纂，周勋初等校订：《册府元龟》卷992《外臣部三七·备御第五》，凤凰出版社2006年版，第11487页。

② （唐）李吉甫撰，贺次君点校：《元和郡县图志》卷3《关内道三》“监牧”条，中华书局1983年版，第59页。

③ （宋）司马光：《资治通鉴》卷211，中华书局1956年版，第6706页。

④ （宋）王钦若等编纂，周勋初等校订：《册府元龟》卷124《帝王部一二四·修武备》，凤凰出版社2006年版，第1357页。

⑤ 《资治通鉴》卷211玄宗开元二年（714）冬十月条记载：“吐蕃复寇渭源”（中华书局1956年版，第6705页）。这里用“复”字表示吐蕃入侵的次数，至少表示是第二次。

的有利时机。否则，就难以解释吐蕃在这段时间内按兵不动的原因。这种拖延战术不可能过长，于是有这年十月吐蕃再次兵临渭源，唐蕃武阶驿之战。即便如此，唐军也是利用吐蕃军队拥挤于大来谷不便展开队形作战的特点，通过700名勇士穿着吐蕃的衣服进行夜袭以及前后夹击的战术，才最终赢得胜利。虽然唐人记载这次战役唐军“前后杀获（吐蕃）数万人”①。恐怕有夸大嫌疑之说，或者说此役没有给吐蕃造成重创，否则吐蕃应先出使唐朝，而不是相反。而且，还坚持用“敌国礼”。从此以后，“连岁入犯”。

通过这次战役，可以看到，唐军面对吐蕃的进攻还处于守势。此役之后，唐廷提出防御措施。这年十月，兵部尚书兼同平章事姚崇、同中书门下三品卢怀慎等人趁机上奏：

> “顷者吐蕃以河为境，神龙中尚公主，遂逾河筑城，置独山、九曲两军，去积石三百里，又于河上造桥。今吐蕃既叛，宜毁桥拔城”。从之。②

这表明龙朔三年（663）吐谷浑灭亡后，唐朝与吐蕃的边境是以黄河作为界线。到景云元年（710）这种情况才得以改变，吐蕃才向东越过黄河在九曲设置独山、九曲两军，并在河上修造桥梁以便出入。姚崇等人建议毁掉河桥、拆毁城池，显然是不认可景云元年（710）所划定边界。虽然唐廷采纳姚崇、卢怀慎等大臣的奏议，但在被动防守态势下，是否真正做到就不得而知了。不过，这清楚表明唐廷开始将防御吐蕃入侵方向指向九曲、河西，但此时唐廷还无力与吐蕃在九曲、河西展开大规模角逐。

因此，在唐朝失去九曲之地的战略劣势仍无法得以改变、在对吐蕃的外交上仍坚持使用敌国之礼、唐蕃双方矛盾仍得不到根本解决的

---

① （宋）司马光：《资治通鉴》卷211，中华书局1956年版，第6705页。

② （宋）司马光：《资治通鉴》卷211，中华书局1956年版，第6705—6706页。

情况下，唯一堵住失去九曲这个要地的办法就是在其周围防御，同时将与吐蕃主战场推到九曲外。事实上，开元二年（714）五月左散骑常侍解琬已上言在秦州、渭州屯兵十万备御吐蕃。[①] 这些地方占据渭河上游，是维护唐都长安的重要屏障。同年，吐蕃北上临洮、直插渭源、东侵渭州、西入兰州，唐朝不能完全将防御都城安全的目光局促于秦州、渭州，而是扩展到从秦州经渭州、兰州以至河西的鄯州一线，借此设置陇右防区。

仅仅组建一个陇右防区还不足以防御吐蕃，同年十月在击败吐蕃后，遂以诏书的形式颁布改进措施：

> 比来缘边镇军每年更代，兵不识将，将不识兵，岂有缘路疲人，盖是以卒与敌。其以西北军镇，宜加兵数，先以侧近兵人充并，精加简择。其有劳考等色，所司具以条例奏闻。战兵别简为队伍，专令教练，不得辄有使役，仍令兵部侍郎裴璀、太常少卿姜晦往军州计会，便简支配，有见集后军兵，宜令兵部侍郎韦抗、紫薇舍人王斑郎简择以闻。[②]

这道诏书首先改变唐朝边镇军兵不识将、将不识兵的局面，重新建立没有劳役、专门用于作战的战兵作战体系。新作战体系兵员，从附近地方的兵人中选择简充，适当增加每个驻防单位的兵员数额。唐玄宗还在诏书中特别指出要加强包括陇右在内的西北军镇兵员。增加兵员办法：一是增加原来驻地兵额，二是在原来没有戍守的地方派兵戍守。

至于陇右防区，更为重要的是后者。开元二年（714）之前，唐朝已在湟水谷地设置河源军、黄河干流谷地设置积石军，从湟水谷地的鄯州通往黄河干流谷地的廓州之途设置合川郡界守捉，洮河

---

① （宋）司马光：《资治通鉴》卷 211，中华书局 1956 年版，第 6700 页。

② （宋）王钦若等编纂，周勋初等校订：《册府元龟》卷 124《帝王部一二四 · 修武备》，凤凰出版社 2006 年版，第 1357—1358 页。

谷地分别设置莫门军、临洮军。现在只剩下陇右节度使辖属叠州、宕州所在的羌水谷地与河州所在的离水谷地。虽然顺着羌水谷地东南可以到通往长安的散关道，但就防御吐蕃、屏障唐都安全而言，不如从秦州至鄯州这条通道重要。况且羌水谷地东南武州归属松州都督府管辖，客观上有助于加强这里的防守。所以，在陇右节度使辖属的河流谷地中只有河州所在的离水谷地没有布防，这是开元二年（714）在离水谷地设置平夷守捉的原因。没有设置在河州城内，而是在今临夏韩集镇双城的部署。从此向西经盐泉城（今青海循化撒拉回族自治县）北上渡过黄河，再经合川郡界守捉，就到鄯州。这相当于为从河州经龙支县至鄯州这条战略通道外围建立一道防线，客观上加强了离水谷地防御。

至于这次为何要在拉脊山口之南设置绥和守捉呢？从吐蕃这次行军路线来看，吐蕃是首先到达临洮军，然后于此兵分两路：一路西北去兰州，另一路东经渭源到渭州。据从洮河退回的路线可以判断，吐蕃应是顺着洮河谷地北上到达临洮军，而不是沿着离水谷地去兰州。况且，吐蕃这次北侵的军队有十万之多，也不易沿着狭隘的离水谷地行军。这次战役后，唐廷也没有加强在洮水谷地部署，说明这次部署的原则不像之前主要是根据吐蕃的行军路线，而是根据这次战役后新成立的陇右防区补苴罅漏的原则。结果，位于今贵德境内农春河上游的地方成为绥和守捉设置的地方。在此进行部署，相当于将湟水谷地的河源军与黄河干流谷地的积石军联系起来，于是构成一个直接面对从青海湖之南而来的吐蕃的防线。这也符合唐玄宗君臣旨在打破景云元年（710）与吐蕃划定界线的思想。至此可以看出，随着平夷、绥和守捉的设置，唐军已经建立了直面青海之南、九曲方向的戍守体系，但在河源军以西、以北与凉州以南却存在巨大罅漏。此外，从河源军经今湟源县通往日月山之途也存在一个巨大罅漏。唐廷首先选择哪一个呢？

三 九曲之役与白水军、安人军

开元五年至六年（717—718），郭知运率兵掩袭吐蕃。《新唐书》

等文献记载：

开元五年，大破吐蕃，献俘京师。明年，复出，将轻兵丙夜至九曲，获精甲、名马、牦牛甚众。①

（开元五年七月）壬寅，陇右节度使郭知运大破吐蕃于九曲。②

五年七月，陇右节度郭知运大破吐蕃，献俘于阙下，帝悉免而抚之，分配诸州为编户。亲语之曰："吐蕃俘囚等，是尔蕃部于我国家，送款降婚，分之疆界，我不尔诈，尔无我虞。近年尔忽从凶滑，不守诚信，犯我群牧，侵我州军。即籍防闲，故有经略，临阵所虏……作诸州编户，即宜听有司处分！"③

乞力徐此集兵马者，准旧例。兵马新旧交替，若道别集兵马，并是虚言。又往者平论地界，白水已来，中间并合空闲。昨秋间郭将军率聚兵马于白水筑城。既缘如此，吐蕃遂于界内道亦筑一城，其两国和同，亦须迎送使命；必若不和，其城彼此守捉边境。又以北突厥骨吐禄，共吐蕃交通者，旧时使命，实亦交通，中间舅甥和睦已来，准旧平章，其骨吐禄，阿舅亦莫与交通，外甥亦不与交。今闻阿舅使人频与骨（吐）禄交通，在此亦知为不和。中间有突厥使到外甥处，既为国王，不可久留外国，使人遂却送归。即日两国和好，依旧断当吐蕃不共突厥交通。如舅不和，自外诸使命何入蕃任伊来去？④

（开元）六年，（郭）知运又率兵入讨吐蕃，贼徒无备，遂掩至九曲，获锁甲及马、牦牛等数万计。⑤

---

① （宋）欧阳修等：《新唐书》卷133《郭知运传》，中华书局1975年版，第4545页。

② （宋）司马光：《资治通鉴》卷211，中华书局1956年版，第6728页。

③ （宋）王钦若等编纂，周勋初等校订：《册府元龟》卷42《帝王部四二·仁慈》，凤凰出版社2006年版，第455页。

④ （宋）王钦若等编纂，周勋初等校订：《册府元龟》卷981《外臣部二六·盟誓》，凤凰出版社2006年版，第11359—11360页。

⑤ （后晋）刘昫等：《旧唐书》卷103《郭知运传》，中华书局1975年版，第3190页。

六年，（郭知运）又率兵入讨吐蕃，贼徒无备，遂掩至九曲，获锁甲及马牛羊等数万计。[1]

这里有七条文献。第一条引自《旧唐书·郭知运传》，第二条《资治通鉴》，第三条《册府元龟·帝王部》，第四条《册府元龟·外臣部》，第五条《旧唐书·郭知运传》，第六条《册府元龟·将帅部》。前四条讲述第一次开元五年（717）唐军在九曲大破吐蕃之役，后两条叙述第二次开元六年（718）唐军在九曲击破吐蕃之役。这两次九曲之役的胜利，都是趁着吐蕃在外交上急于达成与唐划定边界的目的，在战术上掩袭的结果。第一次九曲之役发生在开元五年（717）秋七月，白水军也是同年秋天设置，而且战役发动者和该军的设置都是陇右节度使郭知运，所以白水军的设置是同年七月第一次九曲之役的结果。第二次九曲之役只记载了开元六年（718），但没有具体月份，考虑到安人军开元七年（719）三月设置，吐蕃要求唐玄宗亲自签署盟书誓文的时间为开元六年（718）十一月，所以此役发动的时间应该在开元六年（718）十一月后。无论是此役发动者还是该军部署者都是陇右节度使郭知运，由此可以推断安人军是开元六年（718）十一月九曲之役后设置的。之所以如此，当是因为十一月安人军所在之地寒冷，只能等到翌年三月冰土融化易于动工的时间。

无论是白水军，还是安人军，距离唐蕃战场九曲都有一定的距离。换句话说，唐蕃战场与唐军军事部署的地方，在地域上没有联系在一起。这时设置的白水军、安人军仍然是为了补苴陇右防区罅漏，为何唐军却接连选择九曲作为设置这两个军事据点的战场呢？从前引文献可以看出，这两次战役唐军获得战利品主要是锁甲、精甲、马、牛、羊等。锁甲、精甲为吐蕃作战的必需品，马为吐蕃行

① （宋）王钦若等编纂，周勋初等校订：《册府元龟》卷358《将帅部一九·立功第十一》，凤凰出版社2006年版，第4037页。

军的重要武器装备，牛为重要物资运输的工具，羊是吐蕃作战过程重要的补给物资。此外，还俘虏一些吐蕃士兵。所以，唐军这两次九曲之役不是大规模杀伤，而是使吐蕃失去基本作战能力，从而收到使吐蕃无力向东威胁长安、向西进攻河西与趁机在河西边界设置城池的多重效果。这确实起到了作用，至少从目前现存吐蕃、汉籍文献看，吐蕃在开元五年（717）至七年（719）这三年中没有在陇右防区入侵唐境。

白水军部署在哪里最符合当时形势？目前，所见文献中，关于白水军设置最详细的是前引《册府元龟·外臣部二六·盟誓》的记载。通读整篇文献，可以发现主要表达三层意思。第一为中宗景云时唐蕃在九曲、河西划界，至开元六年（718）十一月前，彼此围绕这两个区域签订盟书事。第二因为双方无法确定河西的边界，开元五年（717）秋陇右节度郭知运在双方空闲地带修筑白水城即白水军，吐蕃随后趁机在所认为的界内筑城。这两城在平时是彼此"迎送使命"之地，战时则可以互相"守捉边境"之所。第三叙述吐蕃承认与北突厥骨吐禄交通的事实，借此希望双方都中断与突厥交往。问题是哪个地方既能与吐蕃交通，又能与唐军交通？最便捷通道，是从河西走廊南下穿越扁都口越大通河、沿北川河谷至湟水谷地的通道。在吐蕃所筑城池中，处于这个位置的只有吐蕃新城，开元二十六年（738）唐军攻取后更名为威戎军，今门源县城之北的金巴台古城，"置在鄯州界"。[①] 这里清楚表明吐蕃新城是唐朝鄯州边界，而不是吐蕃所说在其界内。这显然是唐朝在河西与吐蕃边界。如果将位于鄯州界星宿川西的安人军设置在大通县城，结果就会在顺着北川河谷通往偏都口途中会出现两个鄯州边界，这有悖于唐玄宗君臣在河西的领土边界概念。

开元五年（717）所设置的白水军，控制着翻越达坂山后经大

---

① （宋）王溥：《唐会要》卷78《诸使中》"节度使"条，中华书局1955年版，第1427页。关于威戎军的设置背景、原因和考量，请参下文。

通河北上扁都口之途。这个地方位于威戎军东南大约 120 里处、在大通县城西北一带，与吐蕃控制的新城隔着达坂山形成对峙之势。如果将白水军部署在今湟源县北古城，安人军部署在今青海海晏县三角城，似乎符合唐之鄯州西北边界观念，但与吐蕃新城即威戎军距离过远，形成不了与吐蕃互争边界的事实。从湟源县北古城通往扁都口线路，只能穿过吐蕃占领的青海湖北，过于迂回而不方便。如果这条道路当时确实是从鄯州通往扁都口最便捷道路，吐蕃应将威戎军设置在该道路通往扁都口之途，而不是大通河流域。这背后反映的是开元初年以来唐廷和睦周边，尤其是稳定北方突厥骨吐禄的国策。在与吐蕃边界争夺上，肯定优先选择唐朝与吐蕃都能联系到的地方。吐蕃所能联系并能控制的地方，即吐蕃赞普所言“于界内道亦筑一城”的吐蕃新城，白水军就是根据唐之国策针对这个地方部署的结果。

明乎于此，就会清楚郭知运在第一次九曲之役后首先在今大通县西北部署白水军，随后才在第二次九曲之役后在鄯州星宿川界部署安人军的原因。谭其骧将后者定在巴燕滩①，佐藤长定在湟源县巴燕乡下寺村扎藏寺附近②，崔永红定在今湟源县八角城。③ 安人军究竟在何处？首先可以肯定的是在河源军西 120 里鄯州界星宿川西。所以，要从分析河源军西 120 里的情况，其次确定星宿川位置。

河源军之西有三处可以依托的据点。由东向西分别是今湟源县城东的东峡④、南边的药水峡、西北的巴燕峡。巴燕峡是从湟水谷地西出进入青海湖北岸的要道。⑤ 安人军位于河源军（今西宁城）西 120

---

① 谭其骧：《中国历史地图集》第 5 册《陇右道东部》，中国地图出版社 1982 年版，第 61—62 页。

② ［日］佐藤长：《唐代湟水上游诸城寨与吐谷浑的伏俟城》，梁今知译，青海省地方省志研究学会《青海地方史志研究》，1983 年创刊号。

③ 崔永红：《唐代青海若干疑难历史地理问题考证》，《青海民族大学学报》（社会科学版）2017 年第 3 期。

④ 湟源县志编辑委员会：《湟源县志》，陕西人民出版社 1993 年版，第 49 页。

⑤ 湟源县志编辑委员会：《湟源县志》，陕西人民出版社 1993 年版，第 60 页。

里，今湟源县城距离西宁城约102里，因此安人军肯定不在湟源县城东10里、距离河源军90余里的东峡，自然也不会在湟源县城南6里处的药水峡；后者不仅里数不对，方向也不正确。结果，巴燕峡及附近应是唯一选择。该峡属于今湟源县巴燕乡。“巴燕”为蒙语，意思是富饶的地方。

巴燕乡附近的山脉有两座。东北为乌图长山，西北为将军山，为湟源、海晏两县的分水岭。巴燕峡位于两山夹持中，控制该峡两端出口，相当于在湟水上游设置一道屏障。今巴燕峡东端入口，位于巴燕乡下寺村。[①] 唐选择在这里置安人军，除有峡口依托外，还有巴燕乡富饶的农牧业资源。星宿川又在何处？崔永红认为在海晏三角城，但该城距离河源军已162里，远远超出到河源军120里的里数。

今湟源县境内拥有星宿川的自然景观，不止于海晏县三角城一带。“丹地千崖万壑，群流会集，由细而巨，皆为湟水之源也。”[②] 这里的“丹地”，清之丹噶尔厅，今青海湟源县。今天湟源县境仍有泉眼110处、130多个。这些泉水绝大多数汇流成河，流入湟水及支流。[③] 今湟源县申中乡有村名星泉村，[④] 泉水源之于村北星泉北山。当地仍疏浚星泉北山的泉水，开水渠灌溉农业。[⑤] 该村位置恰位于安人军之东，文献中所言的“西平郡星宿川西”。星宿川应在此处。

开元七年（719）三月，郭知运在鄯州界星宿川西设置安人军，不仅有与吐蕃争夺边界之意，还有控制吐蕃从青海湖之北向东进入湟水谷地的通道之图，同时也对吐蕃从青海湖之北北上进入扁都口的道路构成了威胁、形成了牵制。唐廷在和睦周边、专力经略吐蕃国策指导下，郭知运相继在开元五年（717）、七年（719）部署白水军、安

---

① 湟源县志编辑委员会：《湟源县志》，陕西人民出版社1993年版，第60页。

② 光绪《丹噶尔厅志》卷6《水源》，第10页。

③ 湟源县志编辑委员会：《湟源县志》，陕西人民出版社1993年版，第71页。

④ 湟源县志编辑委员会：《湟源县志》之《湟源县地势图》，陕西人民出版社1993年版。

⑤ 湟源县志编辑委员会：《湟源县志》，陕西人民出版社1993年版，第242页。

人军，使唐军在湟水谷地以河源军为基地的边界扩张向西逼近吐蕃之青海湖，西北直接与吐蕃新城形成隔着达坂山对峙的格局。随着安人军设置，从此进入河源军纵深的延长，安人军至河源军一线南面侧翼开始暴露出来，一个更大罅漏尚待补苴。

第五节　临洮军、振武军与唐蕃封疆之争（中）

振武军，位于鄯州（西平郡）西 300 里，开元中信安王李祎设置。《通典》“陇右节度使”条曰：“振武军，西平郡西三百里，开元中信安郡王祎置。”[①]《元和郡县图志》“鄯州”条曰：“振威军，州西三百里，开元中信安王祎置。”[②] 这里的“振威军”之“威”疑为“武”字错误。[③]“西平郡西三百里”“州西三百里”之“西”字后脱“南”字。《新唐书·地理志》可资为证：“鄯城。……有河源军，西六十里有临蕃城，又西六十里有白水军、绥戎城，又西南六十里有定戎城。又南隔涧七里有天威军，军故名石堡城，开元十七年置，初曰振武军，二十九年没吐蕃，天宝八载克之，更名。又西二十里至赤岭，其西吐蕃，有开元中分界碑。”[④] 振武军初名石堡城，开元十七年（729）置，二十九年（741）没于吐蕃，天宝八年（749）唐军攻克后更名天威军。位于河源军西南 180 里，河源军在鄯州西 120 里，振武军即在鄯州西南 300 里。《唐会要》“节度使”条更加明确振武军设置日期：“置在鄯州鄯城县西界吐蕃铁刃城，亦名石堡城，开元

---

① （唐）杜佑撰，王文锦等点校：《通典》卷 172《州郡典二》“陇右节度使”条，中华书局 1988 年版，第 4482 页。

② （唐）李吉甫撰，贺次君点校：《元和郡县图志》卷 39《陇右道上》“鄯州”条，中华书局 1983 年版，第 991 页。

③ 严耕望：《唐代交通图考》第 2 卷《河陇碛西区》，上海古籍出版社 2007 年版，第 531 页。

④ （宋）欧阳修等：《新唐书》卷 40《地理志四》“鄯州西平郡”条，中华书局 1975 年版，第 1041 页。

十七年三月二十四日信安王祎拔之置。”[①] 总之，振武军，初名石堡城，吐蕃名之曰铁刃城，开元十七年（729）三月二十四日李祎率军攻克更名振武军，二十九年（741）陷入吐蕃，天宝八年（749）唐军收复后更名天威军。位于鄯州西南300里，从此往西20里为赤岭，赤岭之西即吐蕃，开元十七年（729）唐与吐蕃立的分界碑即在赤岭。

今天学者根据在今甘肃卓尼县羊巴城内的“巴棱碑”即“石堡城战楼颂”碑，认为石堡城是今甘肃卓尼县羊巴城。[②] 在论证过程中学者犯了一个关键错误，只考虑出土的文物，而不顾传统史料的记载，陈小平先生结合这条原则就该碑刻的来源、内容、唐蕃战事的时间等方面进行分析，可以说羊巴城非石堡城已经非常明确。[③] 近年来，学者再次认为“巴棱碑”即“石堡城战楼颂”碑、唐蕃之战的“石堡城”。[④] 主要观点有六：唐初道宣《释迦方志·遗迹篇第四》所载从河州通往印度的道路没有记载赤岭；《新唐书·吐蕃传》所记刘元鼎去往吐蕃所经的路线；唐人或用唐前期文献编纂的《唐六典》《通典》《元和郡县图志》《旧唐书·地理志》既没有石堡城又没有赤岭；《大唐故左羽林大将军康府君墓志铭并序》所载：“公以弈代鹰扬，将门骁果，解褐洮州赤岭戍主”之“赤岭”为位于洮河上游而非青海湖东南；《资治通鉴》记载石堡城距离唐军攻取地点的鄯州道远，

---

① （宋）王溥：《唐会要》卷78《诸使中》“节度使”条，中华书局1955年版，第1427页。

② 李振翼、马明达：《甘南卓尼县唐“唐李将军碑”考略》，《兰州大学学报》（社会科学版）1982年第1期；包寿南：《石堡城质疑》，《西北史地》1982年第1期；孙显宗：《也谈唐石堡城遗址》，《西北史地》1983年第2期。

③ 陈小平：《唐石堡城地理位置考索——兼驳今甘肃卓尼县羊巴城即唐石堡城址说》，《青海民族学院学》（社会科学版）1987年第2期。

④ 李宗俊：《唐代石堡城 、赤岭位置及唐蕃古道再考》，《民族研究》2011年第6期；李宗俊：《道格尔古碑即唐蕃赤岭划界碑考辨》，《民族研究》2013年第1期；李宗俊：《敦煌文书P. 3885反映的吐蕃行军路线及神策军驻地、洮州治所等相关问题考》，《唐史论丛》2016年第22辑；李宗俊、沈传衡：《康太和墓志与唐蕃道路等相关问题考》，《西藏大学学报》（社会科学版）2019年第4期，等等。

“诸将咸以为石堡据险而道远”；[①]《资治通鉴》开元十五年（727）、开元十七年（729）唐军行军路线与开元二十九年（741）吐蕃行军路线[②]，不能证明石堡城在青海湖西南。

首先，分析《新唐书·吐蕃传》记载刘元鼎出使所经路线及石堡城的问题。

> 元鼎逾成纪、武川，抵河广武梁，故时城郭未堕。兰州地皆秔稻，桃李榆柳岑蔚，户皆唐人……至龙支城……过石堡城，崖壁峭竖，道回屈，虏曰铁刀城。右行数十里，土石皆赤，虏曰赤岭。而信安王祎、张守珪所定封石皆仆，独虏所立石犹存。[③]

这里清楚表明刘元鼎是从兰州西行过龙支城（今青海民和县南）、石堡城、赤岭，去往吐蕃。由于学者认定石堡城是今甘肃卓尼县羊巴城，赤岭也在洮河两岸，于是刘元鼎出使路线就变成从兰州西去龙支城后，再从龙支城折回东南经今积石县、临夏县、甘南藏族自治州、卓尼县、迭部县、玛曲县等，然后去吐蕃。若果真如此，刘元鼎不选择从渭州南下洮河的便捷道路，而曲折迂回至龙支城再至洮州，实无此必要。

前引《新唐书·吐蕃传》也可以解释《唐六典》等书籍中既没有石堡城也没有赤岭的原因。石堡城，吐蕃之前的称谓，吐蕃攻取后改名铁刃城，唐军攻取后玄宗钦命振武军。至于石堡城何时被吐蕃攻取后改名铁刃城，现存唐代文献没有记载，说明这是唐人非常不愿意提及的历史，那么《通典》《唐六典》《元和郡县图志》中只有振武军而无石堡城就可以理解。唐人刻意回避的问题，宋人及以后的著者已没有这个必

① （宋）司马光：《资治通鉴》卷213，中华书局1956年版，第6784页。

② 至于石堡城距离攻取地点的距离，以及开元十五年（727）、十七年（729）、二十九年（741）的行军路线，请参考下文。

③ （宋）欧阳修等：《新唐书》卷216下《吐蕃传下》，中华书局1975年版，第6102—6103页。

要，所以《新唐书·地理志》《唐会要》《资治通鉴》胡注不会回护这段历史，这是其记载既有振武军又有石堡城的原因。

至于《通典》《唐六典》《元和郡县图志》《旧唐书·地理志》没有记载赤岭的原因，如石堡城一样不是这些书籍作者不知道赤岭所在，而是刻意回避。开元二十六年（738）唐蕃交恶后，唐人便毁掉之前在赤岭所立的赤岭碑[①]，长庆二年（822）刘元鼎所见“信安王祎、张守珪所定封石皆仆”即明证。既然唐之君臣观念中，赤岭已不是唐朝与吐蕃的边界，那么这些唐代官员在编纂《唐六典》《通典》《元和郡县图志》等书时，就没有必要触犯国家忌讳，再涉及唯独吐蕃所承认的边界。同理，宋人在编纂《新唐书·地理志》已将其当作前朝历史，没有必要隐瞒。所以，赤岭在今青海湖东南非常明确。而《大唐故左羽林军大将军康府君墓志铭并序》所载“公以弈代鹰扬，将门骁果，解褐洮州赤岭戍主”之“赤岭戍主”的“赤岭”是否和洮州在一个地方，或在洮州之境？恐非如此。《旧唐书·郭知运传》曰：“又转检校伊州刺史，兼伊吾军使。”[②] 伊吾军，不在伊州城内，而在伊州西部300里。[③] 《新唐书·李敬玄传》曰：“乃拜洮河道大总管，兼镇抚大使，检校鄯州都督。”[④] 这时李敬玄是接替刘仁轨洮河道行军镇守大使而镇守洮河，[⑤] 与其所检校的鄯州都督的“鄯州”距离更远。开元九年（721），“以陇右防御副使、云麾将军、左羽林军将军、介休县公郭

① （宋）司马光：《资治通鉴》卷214，中华书局1956年版，第6833页。

② （后晋）刘昫等：《旧唐书》卷103《郭知运传》，中华书局1975年版，第3190页。

③ （唐）李吉甫撰，贺次君点校：《元和郡县图志》卷40《陇右道下》“伊吾军”条，中华书局1983年版，第1030页。

④ （宋）欧阳修等：《新唐书》卷106《李敬玄传》，中华书局1975年版，第4052页。

⑤ （宋）欧阳修等：《新唐书》卷108《刘仁轨传》，中华书局1975年版，第4084页；（后晋）刘昫等：《旧唐书》卷84《刘仁轨传》，中华书局1975年版，第2795页；《资治通鉴》卷202高宗仪凤三年（678）春正月曰：“（辛酉）刘仁轨镇洮河……奏言：‘西边镇守，非敬玄不可’……丙子，以敬玄代仁轨为洮河道大总管兼安抚大使，仍检校鄯州都督。”（中华书局1956年版，第6384页）

知运进阶冠军，进封太原郡公，仍兼临洮军使”。[①] 郭知运，从开元二年（714）至九年（721）一直担任陇右节度使[②]，开元九年（721）在任陇右节度使兼陇右防御副使的同时，又兼任临洮军使。这时临洮军设置在狄道县，陇右节度使驻守鄯州，两者距离亦非常远。所以，“洮州赤岭戍主”之“赤岭”为青海湖东南赤岭。

其次，分析唐初道宣《释迦方志·遗迹篇第四》没有记载赤岭的原因。

> 其东道者，从河州西北度大河上曼天岭，减四百里至鄯州，又西减百里至鄯城镇，古州地也。又西南减百里至故承风戍，是隋互市地也。又西减二百里至青海，海中有小山，海有七百余里。海西南至吐谷浑衙帐。[③]

这条通往印度的东道：从河州向西北渡黄河、翻越曼天岭至鄯州，从此向西至鄯城。至此西南过承风戍守，从此向西 200 里到青海。这里没有提到“赤岭”。问题是从承风戍，是否要经过赤岭？杜佑曰：“承风岭在廓州广威县西南，东北去鄯州三百一十三里，故吐谷浑界。”[④] 广威县，原为隋西平郡化隆县，隋末归属廓州为州治。先天元年（712），避玄宗讳，改为化城县。天宝元年（742），以与山南西道清化郡县名音同，改为广威县，治今青海化隆县群科镇。[⑤] 鄯州西南至廓州 240 里[⑥]，承风戍在廓州西南 90 里处；积石军在廓州西南 150 里[⑦]，承风戍

① （宋）王钦若等编纂，周勋初等校订：《册府元龟》卷 128《帝王部一二八·明赏第二》，凤凰出版社 2006 年版，第 1396 页。

② 王永兴：《唐代经营西北研究》，兰州大学出版社 2010 年版，第 228—229 页。

③ （唐）道宣著，范祥雍点校：《释迦方志》，上海古籍出版社 2011 年版，第 17 页。

④ （宋）司马光：《资治通鉴》卷 202，中华书局 1956 年版，第 6385 页。

⑤ 郭声波：《中国行政区划通史·唐代卷》，复旦大学出版社 2012 年版，第 998 页。

⑥ （唐）李吉甫撰，贺次君点校：《元和郡县图志》卷 39《陇右道上》“鄯州”条，中华书局 1983 年版，第 992 页。

⑦ （唐）李吉甫撰，贺次君点校：《元和郡县图志》卷 39《陇右道上》“廓州”条，中华书局 1983 年版，第 994 页。

就在廓州至积石军之途，距离积石军（今青海贵德）60 里。今天贵德渡过黄河沿着北岸西行经罗汉堂至青海湖流域的倒淌河有 176 里，加之承风戍至积石军 60 里共 236 里，这与前引《释迦方志》从承风戍至青海距离 200 里相近。这条道路可以避开赤岭，自然就可以避开吐蕃铁刃城（石堡城）进入大非川的“间道”。[①] 同时，承风戍所在之地廓州，也是唐廷了解西域信息的窗口，开元三年（715）前后唐朝就曾经派遣监察御史张孝嵩奉使廓州，“还，陈碛西利害，请往察其形势；上许之，听以便宜从事”[②]，从而说明从廓州乘风戍、积石军、青海湖至西域是一条非常便捷的信息通道。

这里首先探讨临洮军从开元十六年（728）三月向西迁徙至鄯州的原因。

一 王君㚟之死与临洮军西迁

开元五年（717）、六年（718）九曲之役，扭转了开元元年（713）以来唐朝对吐蕃被动的防御态势，八年（720）唐朝遂将兵锋指向北突厥，紧邻陇右的甘（今甘肃张掖）、凉（今甘肃武威）首被战祸[③]，吐蕃趁势与突厥联合攻击唐境。[④] 九年（721），吐蕃再次进攻。虽然现存汉籍、藏籍史料没有直接记载这一战役，但《册府元龟·帝王部·明赏》有间接披露：

> （九年）十月癸未，以摄左羽林军，陇右防御使薛讷为右羽林军大将军、上柱国，封河东郡开国公，赐物三百段，银五百两，钱三万贯，赏功也。以陇右防御副使、云麾将军、左羽林军将军、介休县公郭知运进阶冠军，进封太原郡公，仍兼临洮军使，赐物三百匹，钱三十万，银四百两。左武卫将军、清凉县侯

① 具体论证，请参考下文。
② （宋）司马光：《资治通鉴》卷 211，中华书局 1956 年版，第 6713 页。
③ （宋）司马光：《资治通鉴》卷 212，中华书局 1956 年版，第 6742—6743 页。
④ 王尧、陈践译注：《敦煌本吐蕃历史文书》，民族出版社 1980 年版，第 113 页。

白道恭进封清凉县公，赐物二百匹，钱二十万，银二百两。以右威卫将军杜宾客为灵州刺史，充丰安军使，封建平县开国男，赐物二百段，银二百两，钱二十万。右监门卫将军、临洮军使安思顺为洮州刺史，充莫门使，赐物二百段，银三百两，钱五十万。右威卫郎将杨楚客为右领军卫中郎，赐物二百段，钱十万，银二百两。并赏破吐蕃之功也。[1]

虽然不清楚这次唐军与吐蕃之战发生在何处，但从唐军兵力部署仍可以推测。时任陇右节度使兼任陇右防御副使的郭知运兼任临洮军使，结果原临洮军使安思顺改任洮州刺史充任莫门军使，说明吐蕃是顺着洮河谷地北上进犯。正因为此，所以让陇右节度使、陇右防御副使兼任临洮军使，以加强这个地方的防御。这次战役后，以右威卫将军杜宾客为灵州刺史充丰安军使，则说明这次吐蕃进犯唐境的过程中唐廷考虑到突厥因素。

唐朝和突厥关系好转始于这年正月[2]，这是唐朝和吐蕃关系交恶后迫使唐朝不得不如此。开元九年（721）十月吐蕃兵败后，十年（722）遂将兵锋指向唐之西门的小勃律，结果小勃律与唐军联手，大破吐蕃，“自是累岁，吐蕃不敢犯边”[3]。于是，朔方军节度大使张说趁机上奏减少边兵。

先是，缘边镇兵常六十余万，说以时无强寇，不假师众，奏罢二十余万，勒还营农。玄宗颇以为疑，说奏曰：“臣久在疆场，具悉边事，军将但欲自卫及杂使营私。若御敌制胜，不在多拥闲冗，以妨农务。陛下若以为疑，臣请以阖门百口为保。以陛下之

① （宋）王钦若等编纂，周勋初等校订：《册府元龟》卷128《帝王部一二八·明赏第二》，凤凰出版社2006年版，第1396页。

② （宋）司马光：《资治通鉴》卷212，中华书局1956年版，第6744页。

③ （宋）司马光：《资治通鉴》卷212，中华书局1956年版，第6752页。

明，四夷畏伏，必不虑减兵而招寇也。”上乃从之。[①]

在张说以全家百口性命做担保的情况下，唐玄宗终于打消自己的顾虑，将边兵数量遽减了20余万。这里边兵没有指明何处，但开元十一年（723）五月唐朝以兵部尚书王晙兼任朔方节度大使巡边，“巡河西、陇右、河东、河北诸军”[②]。所以，开元十年（722）所减少的二十余万边兵应包括陇右、河西在内。

吐蕃兵败小勃律、唐人巡边，抬升了唐朝在周边民族中的威望。开元十一年（723）四月，吐蕃首领张甘松投降[③]，九月吐谷浑到沙州投抚。[④] 作为回应，十二年（724）吐蕃进攻唐境，结果铩羽而归。[⑤] 这影响唐朝处理周边其他民族事务。开元十二年（724）秋七月突厥遣使请婚[⑥]，唐朝以不许婚相羁縻。[⑦] 对于开元十三年（725）至十四年（726）东北契丹与渤海靺鞨政权的更迭，[⑧] 都相当的容忍和克制。

开元十四年（726）冬，吐蕃入寇河西走廊大斗谷、进攻甘州[⑨]，

---

① （后晋）刘昫等：《旧唐书》卷97《张说传》，中华书局1975年版，第3053页。

② （宋）王钦若等编纂，周勋初等校订：《册府元龟》卷124《帝王部一二四·修武备》，凤凰出版社2006年版，第1358页；（宋）司马光：《资治通鉴》卷212，中华书局1956年版，第6755页；（宋）欧阳修等：《新唐书》卷111《王晙传》，中华书局1975年版，第4156页。

③ （宋）王钦若等编纂，周勋初等校订：《册府元龟》卷975《外臣部二〇·褒异第二》，凤凰出版社2006年版，第11281页。

④ （宋）王钦若等编纂，周勋初等校订：《册府元龟》卷977《外臣部二二·降附》，凤凰出版社2006年版，第11312页；（宋）司马光：《资治通鉴》卷212，中华书局1956年版，第6757页。

⑤ （宋）王钦若等编纂，周勋初等校订：《册府元龟》卷42《帝王部四二·仁慈》，凤凰出版社2006年版，第455页。

⑥ （宋）司马光：《资治通鉴》卷212，中华书局1956年版，第6760页。

⑦ （宋）司马光：《资治通鉴》卷212，中华书局1956年版，第6764页。

⑧ （宋）司马光：《资治通鉴》卷213，中华书局1956年版，第6770页；（宋）司马光：《资治通鉴》卷213，中华书局1956年版，第6774—6775页。

⑨ （宋）王钦若等编纂，周勋初等校订：《册府元龟》卷358《将帅部一九·立功第十一》（凤凰出版社2006年版，第4038页）将此次吐蕃侵入大斗谷之事记为开元十六年冬，误。见苏晋仁等校证《〈册府元龟〉吐蕃史料校证》，四川民族出版社1981年版，第119页。

从此拉开了吐蕃在河西、陇右新一轮的角逐。

> 春正月，辛丑，凉州都督王君㚟破吐蕃于青海之西。初，吐蕃自恃其强，致书用敌国礼，辞指悖慢，上意常怒之。返自东封，张说言于上曰："吐蕃无礼，诚宜诛夷，但连兵十余年，甘、凉、河、鄯，不胜其弊，虽师屡捷，所得不偿所亡。闻其悔过求和，愿听其款服，以纾边人。"上曰："俟吾与王君㚟议之"。……及君㚟入朝，果请深入讨之。
>
> 去冬，吐蕃大将悉诺逻寇大斗谷，进攻甘州，焚掠而去。君㚟度其兵疲，勒兵蹑其后，会大雪，虏冻死者甚众，自积石军西归。君㚟先遣人间道入虏境，烧道旁草。悉诺逻至大非川，欲休士马，而野草皆尽，马死过半。君㚟与秦州都督张景顺追之，及于青海之西，乘冰而度。悉诺逻已去，破其后军，获其辎重羊马万计而还。君㚟以功迁羽林大将军。拜其父寿为少府监致仕。上由是益事边功。①

开元二年（714）以来，唐朝与吐蕃九曲、河西边界，一直得不到有效解决。吐蕃凭借日益强大的势力，以敌国之礼交往，这成为玄宗一直无法释怀的事情。开元十五年（727）春正月河西节度使、陇右节度使王君㚟在青海湖西大破吐蕃终于给唐玄宗找到了突破口。这关系到选择何处作为进攻方向。在陇右防区只剩下从河源军西至安人军、河源军经绥和守捉至积石军这两线之间的巨大罅漏。于是，这成为唐军进攻的方向，玄宗君臣"深入讨之"的地方。从王君㚟追击吐蕃的路线看出，唐军是跟着吐蕃大将悉诺逻撤回的线路，从甘州经大斗谷、青海湖、大非川，随后从积石军之西进入九曲。唐军大致如此，只不过为了追击吐蕃主力部队，在青海湖之西乘兵过河、抄了近道。虽然没有追击到，但由于提前派人从"间道"烧毁大非川野草，结

① （宋）司马光：《资治通鉴》卷213，中华书局1956年版，第6776—6777页。

果吐蕃辎重作战部队行军速度受阻而被击破。所谓“间道”，显然是从积石军北上渡过黄河进入大非川道路。无论是王君㚟率领追击的部队，还是走“间道”烧毁野草的部队，都刻意回避了赤岭之西的石堡城。就此而言，将石堡城认定在今卓尼县羊巴古城，是令人难以置信和不可接受的。

这次吐蕃被袭引发了报复，结果唐朝在河西走廊的军需重镇瓜州被攻破，① “河陇震骇”②。吐蕃还北上欲与突厥结盟，“吐蕃与突厥小杀书，将计议同时入寇”③。开元十五年（727）闰九月，王君㚟提前获悉吐蕃从河西走廊北去突厥，率精骑邀击肃州（今甘肃酒泉），在返回途经甘州南巩笔驿时却被回纥杀害。④ 这年十二月，唐玄宗下了一道防御吐蕃的制书：

> 唯吐蕃小丑，忘我大德，侵轶封域，抄掠边甿……且本设方镇，以防缘边，至于警急，宜相救援。今故纠合诸军，团结劲卒，务令首尾相卫……陇右道共团结马步三万九千人，临洮军团八千人，河源军团六千人，安仁（人）、白水军各团一千五百人，积石、莫门军各团二千人，河西道蕃汉兵团结二万六千人，赤水军团一万人，玉门、豆卢军各二千人，并依旧统领，以候不虞。更于关内征骁兵一万人，以六月下旬集临洮，十月无事防散。于朔方取健儿弩手一万人。六月下旬集会州下，十月无事便赴本道，候贼所向。贼于河西下，即令陇右兵取合（门）川，过朔方，合兵取新泉，过与赤水军合势邀袭，

---

① 王尧、陈践译注：《敦煌本吐蕃历史文书》，民族出版社 1980 年版，第 114、141 页；（宋）王钦若等编纂，周勋初等校订：《册府元龟》卷 453《将帅部一一四 · 怯懦》，凤凰出版社 2006 年版，第 5100 页；（后晋）刘昫等：《旧唐书》卷 8《玄宗本纪上》，中华书局 1975 年版，第 191 页。

② （宋）王钦若等编纂，周勋初等校订：《册府元龟》卷 119《帝王部一一九 · 选将》，凤凰出版社 2006 年版，第 1304 页。

③ （宋）王钦若等编纂，周勋初等校订：《册府元龟》卷 999《外臣部四四 · 互市》，凤凰出版社 2006 年版，第 11562 页。

④ （后晋）刘昫等：《旧唐书》卷 103《王君㚟传》，中华书局 1975 年版，第 3193 页。

> 令河源、积石、莫门兵取背掩扑。贼于河源下，朔方兵从乳漫渡河，并临洮军兵马、河源军合势邀袭，赤水军取背掩扑。贼于凤林关下，朔方兵赴临洮，与鄯州兵合势邀袭，河源、积石兵取背掩扑。所要甲兵，逐便支俟，公私营种，且耕且战，各宜训勖，以副朕怀。[①]

这次应对吐蕃入侵预案这样部署，陇右集结骑兵、步兵 39000 人：临洮军 8000 人，河源军 6000 人，安人、白水两军各 1500 人，积石、莫门两军各 2000 人。河西蕃、汉兵 26000 人：赤水军 10000 人，玉门军、豆卢军各 2000 人。关内募征骁兵 10000 人，每年六月下旬在临洮军集结，和平之际放归；朔方取健儿弩手 10000 人，每年六月下旬则在会州（今甘肃靖远）集结，十月无事之际归还。在这样部署基础上，假设吐蕃从三条线路进攻唐境，第一条是北上进攻河西，下令陇右兵马从合门川（今青海大通河）东进，经朔方节度使地，会合驻守新泉军（今甘肃靖远）的唐兵，与赤水军（驻守今甘肃武威城）形成东西夹击之势，并令河源军、积石军、莫门军从背后袭击。第二条是从河源军东进，朔方兵从乳漫渡黄河与临洮军、河源军合势拒敌，赤水军背后袭击。第三条是北上进攻凤林关（今甘肃临夏黄河南岸），下令朔方兵南下会合驻守临洮军的兵马，与鄯州东西夹击，河源军、积石军从背后袭击。至此，可以看出截至开元十五年（727）十二月临洮军仍在狄道县。

这种以穿过朔方、陇右之境的南北两条战略通道为依托，以会州、临洮军为战略要地，以陇右、河西境内的军事据点为翼侧，以朔方、河西、陇右三大节度使相互协同的向心战术，力争将入侵之敌消灭在内线的预案，体现了唐廷保护关中上游安全的精神。这种兵力部署与作战预案本身却存在不足之处，朔方、河西、陇右时常因此处于

---

① （唐）唐玄宗：《命备吐蕃制》，载（清）董浩等《全唐文》卷 23，中华书局 1983 年版，第 265—266 页；（宋）王钦若等编纂，周勋初等校订：《册府元龟》卷 992《外臣部三七 · 备御第五》，凤凰出版社 2006 年版，第 11491 页。

战备状态。尤其是朔方，更重要的是防御北方突厥，这个预案中每一套作战方案都会牵动朔方。一旦吐蕃、突厥南北联合，这种防御弱点立刻暴露。即使只有吐蕃入侵，也会使唐军捉襟见肘。这种预案只假想吐蕃攻击某一个地方，吐蕃也不一定会按照唐廷设想攻击，更多情况会使唐军处于被动防守的状态。

鉴于开元十五年（727）十二月防御吐蕃预案不足，开元十六（728）三月唐玄宗又下令颁布防御吐蕃的制书。

> 陇右河西，地接边寇，虽令团练士卒，终须常戒不虞。如闻吐蕃尚聚青海，宜令萧嵩、张志亮等审察事势，倍加防御，当须蓄锐，以逸待劳。其当贼路要害军县处，须量加兵马，任逐便通融处置，仍拣择有干略人检较，明为探侯，动静须知。主将已下，若捉搦用心，事无不理者，当加重赏；如废官慢盗，式遏乖所者，必置严惩，仍晓示，使各勉职，以副所委。其管城垒应筑未了者，并早令毕功，无致延缓，阙于备守。[1]

与之前不同，这份制书首先废除以临洮军、会州为战略要地，以陇右、河西境内的军事据点为翼侧的作战方案。以此作战方案为基础的兵力部署，直接交给河西节度使萧嵩、陇右节度使张志亮负责，“当贼路要害军县处，须量加兵马，任逐便通融处置”。这样陇右、河西的兵力部署，就从以前从中央下令直接交给地方根据边疆之需顺势设置；原则是吐蕃入寇所经的要害军县之地。从开元十五年（727）十二月唐玄宗兵力部署中可以看出，驻守鄯州的只有鄯州兵，经过开元十年（722）的大裁军估计也没有剩余多少，其位处湟水谷地交通要道，又是陇右节度使所在地，其兵力必须得到加强。这是开元十六年（728）三月唐军在鄯州设置临洮军的原因。这次作战方案调整，在

① （唐）唐玄宗：《命陇右河西备边制》，载（清）董浩等《全唐文》卷23，中华书局1983年版，第266页；（宋）王钦若等编纂，周勋初等校订：《册府元龟》卷992《外臣部三七 · 备御第五》，凤凰出版社2006年版，第11491页。

使唐军作战状态从经常戒备转为以逸待劳的同时，也将唐朝与吐蕃的战场从内线作战转向外线作战。

二　外线作战与振武军争夺

开元十六年（728）三月外线作战方案的制定，使陇右、河西两节度使开始对吐蕃进攻。进攻方向在何处？

> 乙巳，河西节度使萧嵩、陇右节度使张忠亮大破吐蕃于渴波谷；忠亮追之，拔其大莫门城，擒获甚众，焚其骆驼桥而还。[1]

“张忠亮”为“张志亮”之误。《资治通鉴》胡注载，“渴波谷当在青海西”[2]，“大莫门城在九曲”。河西节度使萧嵩，尤其陇右节度使张志亮之所以绕道青海湖之西，随之行军青海湖之南的大非川，进而进入九曲拔掉吐蕃大莫门城，如同开元十四年（726）冬身兼河西节度使、陇右节度使的王君㚟，主要为了避开吐蕃铁刃城，即唐人所谓的石堡城，从此证明该城无疑位于青海湖东南。

一旦唐军对这里攻击，在选择进攻方向时，就没有必要再绕道青海湖之西。

> 甲寅，朔方节度使信安王祎攻吐蕃石堡城，拔之。初，吐蕃陷石堡城，留兵据之，侵扰河右，上命祎与河西、陇右同议攻取。诸将咸以为石堡据险而道远，攻之不克，将无以自还，且宜按兵观衅。祎不听，引兵深入，急攻拔之，乃分兵据守要害，令虏不得前。自是河陇诸军游奕，拓境千余里。上闻，大悦，更名石堡城曰振武军。[3]

---

① （宋）司马光：《资治通鉴》卷213，中华书局1956年版，第6782页。

② 《旧唐书》卷99《萧嵩传》曰：“至青海西南渴波谷”（中华书局1975年版，第3094页）。

③ （宋）司马光：《资治通鉴》卷213，中华书局1956年版，第6784页。

信安郡王祎，玄宗开元中为朔方节度使。时石堡城为吐蕃所据，侵扰河右，敕祎与河西陇右计议取之。祎到军，总率士伍，克期攻之。或曰："此城据险，又为吐蕃所惜，今悬军深入，贼必并力拒守。事若不捷，退则狼狈，不如按军持重，以观形势"。祎曰："人臣之节，岂惮艰险。必其众寡不敌，吾则以死断之，苟利国家，此身何足可惜。"于是督率诸将，倍道兼进，并力攻之，遂拔石堡城，斩获首级，并获粮储器械，其数甚众。仍分据守，以遏贼路。帝闻之，大悦。始改石堡城为振武军。自是，河陇诸军游奕拓地千余里。①

第一条史料出自《资治通鉴》，第二条史料《旧唐书·信安王祎传》《册府元龟·将帅部·攻取》的记载完全一样。石堡城何在？前引《资治通鉴》胡注："自鄯州鄯城县河源军西行百二十里至白水军，又西南六十里至定戎城，又南隔涧七里有石堡城，本吐蕃铁仞（刃）城也。宋白曰：石堡城在龙支县西，四面悬崖数千仞，石路盘曲，长三四里，西至赤岭三十里。"白水军为安人军之误。以此观之，石堡城位于河源军西南187里、鄯州西南307里的地方，即距湟源县约60里药水河西侧高山上的大、小方台，山高于药水河床，东、西、南三面悬崖绝壁，只有北面一侧与高山连接。从两方台往下，有一条曲折盘旋石径，可达山麓。这决定该城只需部署少量兵力就可以达到易守难攻的效果。

从这次战役结果"斩获首级，并获粮储器械，其数甚众"来看，戍守石堡城的吐蕃并不多，但所储备粮食、器械却非常多，说明戍守该城的士兵更多起到在吐蕃与唐军作战过程中后勤补给与控遏唐军通过赤岭行军的作用。所以，当唐军攻克后，信安王李祎"仍分据守，以遏贼路"。这里"仍"字说明唐军对石堡城的兵力部署采用的应是

---

① （后晋）刘昫等：《旧唐书》卷76《信安王祎传》，中华书局1975年版，第2652页；（宋）王钦若等编纂，周勋初等校订：《册府元龟》卷369《将帅部三〇·攻取第二》，凤凰出版社2006年版，第4176页。

与吐蕃相同的方式，目的就是控制吐蕃进入唐境，前引“赤岭戍主”所守的是唐朝部署在从石堡城通往赤岭的一个军事据点。

首先，这样一座易守难攻的城池，只能采取“倍道兼进”速战速决的战术，否则师老兵疲，必将付出十分惨重的代价。这也是当时一些将领所顾虑，“此城据险，又为吐蕃所惜，今悬军深入，贼必并力拒守。事若不捷，退则狼狈”。所谓“悬军深入”，指孤军无援的军队深入敌境作战。事实也是如此。从河源军至安人军一线以南、河源军至积石军一线以西，唐朝还没有任何行政建置与兵力部署，而石堡城西南的地方完全为吐蕃所控制。而且，在赤岭以东交通格局内，石堡城是从今湟源县东南下、贵德境西北上最外围的一个军事据点。如果不攻克这座要塞，唐军只能在石堡城以东活动，在赤岭以西的活动一定受到限制。

如果像一些学者主张将石堡城认定在今甘肃卓尼县喀尔钦镇羊巴城，是不合时宜的。卓尼县，唐代位于洮州之境，北为河州、南为叠州，而且从河州经洮州至叠州有道路相通。对这次攻克石堡城的唐军而言，不能说是“悬军深入”，这是深入唐境作战。这种说法更适合吐蕃军队，但事实不能如此假定。无论是前引《资治通鉴》，还是《旧唐书》《册府元龟》，都一致表明吐蕃占据石堡城后，是以此为后勤补给与控遏唐军进入赤岭以西的要塞入侵“河右”。古人以东称为左，以西称为右，“河右”指的就是黄河以西，具体言之就是陇右节度使辖属黄河以西的地域，开元十五年（727）王君㚟大破吐蕃于青海之西的战役、十六年（728）萧嵩与张志亮在青海湖西渴波谷大败吐蕃之战，均说明吐蕃入侵的方向毫无疑问都指向河西，石堡城在吐蕃行军路线中起到后勤补给与保护吐蕃军队侧翼安全的作用。为何吐蕃不凭此经常攻击陇右呢？从此攻击陇右，无论是东北进入湟水谷地，还是东南进入黄河谷地，都会遭遇唐朝沿着谷地部署的级别不同、兵力不等的军事据点抵挡，况且这是深入唐境作战，非组织大规模兵力不能轻易实行。这就确定了吐蕃行军路线只能绕道青海湖之西，攻击方向指向河西。

反之，如果将石堡城设定在羊巴城，就会出现不合乎常理的解释。这个地方已经深入唐境，吐蕃焉能将这样一个军需储备和护卫吐蕃军队通过青海湖大非川、青海湖侧翼安全的军事要塞，置放在一处几乎处于唐军包围的环境中。从此进入青海湖流域，再攻入河西，行程有几千里。如此长途行军和奔袭，必须准备充足的粮草和详细的作战方案。而且，在从羊巴城进入青海湖的行军过程中，吐蕃北面侧翼已处于唐军的威胁中。即使能够侥幸实行一次，也不可能毫无顾忌、接二连三地实行。在有文献可以查找的记载中，只有仪凤元年（676）闰三月，吐蕃入寇鄯州、廓州、河州、芳州。这次长距离奔袭，是从河西与若尔盖草原两个方向进攻，而且也没有深入洮州之境。

其次，可否因为《资治通鉴》所载"石堡据险而道远"之"道远"，就认为石堡城不在青海湖东南？同样说不通。通读《资治通鉴》所记载的这篇文献，可以清楚地发现所使用史料来源就是《册府元龟·将帅部·攻取》《旧唐书·信安王祎传》。既然如此，《资治通鉴》中"诸将咸以为石堡据险而道远，攻之不克，将无以自还，且宜按兵观衅"，就是源自《册府元龟·将帅部·攻取》《旧唐书·信安王祎传》："此城据险，又为吐蕃所惜，今悬军深入，贼必并力拒守。事若不捷，退则狼狈，不如按军持重，以观形势。"司马温公在编纂时，当是出于某种目的遂将"此城据险""悬军深入"改为"据险而道远"。

学者之所以认定石堡城是羊巴城一个重要观点，就是依据前引《资治通鉴》"石堡城据险而道远"，其假定这个"道远"是在陇右节度使的治所鄯州。从鄯州至青海湖西南的石堡城只有 300 余里，确实不够道远。从鄯州至所谓石堡城所在的羊巴城，确实很远，但这又不合乎行军作战和攻城的逻辑。这次战役是信安王李祎亲自指挥作战，如果将指挥中心设置在距离羊巴城千里之外鄯州，在冷兵器时代绝对不可思议。所以，在选择攻击目标的时候，只会将指挥中心设置在便利又安全的地方。即使唐军要攻取羊巴城，也不可能将指挥中心设置在鄯州，只能设置在距离该城比较近的地方，这又不存在所谓“道远”。

最后，从这次战役之后河西、陇右的军队“拓境千余里”来看，石堡城也不是羊巴城。羊巴城东、南、北三个方向都是唐之境土，那么拓境方向只能指向西面的九曲。从该城往西至黄河岸边1000多里。不过，这不能说明石堡城就是羊巴城。果真如此，从开元十七年（729）唐朝与吐蕃在九曲作战的历史要重新书写，而留存至今的唐朝官方史书不会仅仅一笔略过。

三 木垒九垒之役与临洮军东迁

开元十七年（729）三月石堡城之役后，这年夏天吐蕃也发动了对唐朝战役。

> （及至蛇年，开元十七年）夏，赞普牙帐驻于斯立格之册布那。论·结桑东则布等于木垒九垒作战，击唐军多人。冬，（赞普）驻于札玛牙帐之上首园。唐廷使者李总管前来致礼。大论穷桑·萧玛苑集会议盟。征集、增加预备军旅之数字，引兵赴突厥地，还。是为一年。[①]

这条史料中的“木垒九垒”，黄正建根据《册府元龟》“（十七年）三月，瓜州刺史墨离军使张守珪、沙州刺史贾思顺，领伊、沙等州兵入吐蕃大同军，大破吐蕃，驱剪不可胜纪”记载，[②] 认为“木垒九垒”应为“大同军”。[③] 汉籍文献、吐蕃文献对此次战役结果的记载却恰恰相反，《册府元龟》是唐军胜利、《大事记年》则是吐蕃胜利。

---

① 王尧、陈践译注：《敦煌本吐蕃历史文书》，民族出版社1980年版，第115页。

② （宋）王钦若等编纂，周勋初等校订：《册府元龟》卷986《外臣部三一·征讨第五》，凤凰出版社2006年版，第11417页。

③ 黄正建：《敦煌本吐蕃历史文书大事记年有关唐蕃关系的译注拾遗》，《西藏研究》1985年第1期。

薛宗正认为“木垒九垒”应是石堡城地段，且吐蕃取得了胜利。“突厥”指安西大都护府所辖四镇、十姓之地。[①] 这似乎难以成立。无论是石堡城，还是铁刃城，吐蕃都非常熟悉，而且“铁刃城”有对应的藏文[②]；这么重要的军事据点，吐蕃是不会将其与“木垒九垒”相混淆的。李宗俊认为“木垒九垒”应在洮河上游地带。[③]

孰是孰非？首先，可以肯定的是木垒九垒之役发生在开元十七年（729）夏，即开元十七年（729）三月石堡城之役后。这次战役唐朝调动了朔方、陇右、河西的军队，规模空前，吐蕃不可能不提前获悉。这就要尽力阻止这次战役发生，以达到保住石堡城不被唐军攻克的目的。所以，就要选择一处能够达到目的的地方。鉴于这种考虑，开元十六年（728）七月以来，吐蕃在河西走廊附近发动了几次战役。

> 秋七月，吐蕃大将悉末朗寇瓜州，都督张守珪击走之。乙巳，河西节度使萧嵩、陇右节度使张忠亮大破吐蕃于渴波谷；忠亮追之，拔其大莫门城，擒获甚众，焚其骆驼桥而还。[④]
>
> （七月）是月，检校兵部尚书萧嵩、鄯州都督张志亮攻拔吐蕃城，斩获数千级，收其赀畜而还。[⑤]
>
> 八月，萧嵩遣右金吾将军杜宾客及吐蕃战于祁连城，大破之，获其大将一人，斩首五千余级。[⑥]

这年七月，吐蕃之所以再次兵临瓜州，就是因为这里是河西节度使的

---

① 薛宗正：《吐蕃王国的兴衰》，民族出版社 1997 年版，第 86 页。

② 王尧、陈践译注：《敦煌本吐蕃历史文书》，民族出版社 1980 年版，第 249 页。

③ 李宗俊：《唐前期西北军事地理问题研究》，中国社会科学出版社 2015 年版，第 275 页。

④ （宋）司马光：《资治通鉴》卷 213，中华书局 1956 年版，第 6782 页。

⑤ （宋）王钦若等编纂，周勋初等校订：《册府元龟》卷 986《外臣部三一・征讨第五》，凤凰出版社 2006 年版，第 11417 页。

⑥ （宋）王钦若等编纂，周勋初等校订：《册府元龟》卷 986《外臣部三一・征讨第五》，凤凰出版社 2006 年版，第 11417 页。

军需重镇。对这里实行打击，显然有阻止河西节度使与陇右节度使、朔方节度使会师攻击石堡城的目的。唐廷当然非常清楚吐蕃攻击瓜州的目的，随后河西节度使、陇右节度使的联军深入吐蕃青海湖、九曲之地：焚烧青海的野草、烧毁吐蕃黄河上的骆驼桥、拆毁设置在九曲的大莫门城、抢掠吐蕃的赀畜。这些都是吐蕃行军作战必不可少的后勤补给物资。因此，唐军对分列在石堡城东、西两面的青海湖与九曲进行打击，旨在使唐军攻击石堡城时吐蕃无法给予有力支援。七月，正是牧草生长的旺季、牲畜膘肥马壮的季节。事实证明也是如此，当唐军攻击石堡城时，汉籍史料、吐蕃文献都没有见到吐蕃支援的记载。吐蕃当然不甘心此役失败，于是这年八月再次北上深入河西走廊腹地祁连城（今甘肃民乐县东南），此役目的同样是阻止河西节度使军队南下，并且能够与在大通河流域的吐蕃新城形成南北呼应之势，但事与愿违，损兵折将。

面对河西战场的接连失败，这年十月吐蕃遣使长安[①]，欲以和平手段解决这次争端，并阻止石堡城之战。唐玄宗丝毫没有停止攻讨的准备，为了配合石堡城之役的顺利进行，开元十七年（729）三月遂令瓜州刺史兼墨离军使张守珪、沙州刺史贾思顺，领伊、沙等州兵入吐蕃大同军，唐军终于得以攻克石堡城。石堡城，这座关系到吐蕃青海湖、九曲安全之地的军事要塞，在一时无法夺取并在其他地方无法取得胜利而扭转败局的局势下，那么就要选择一处能迫使唐朝重新划定边界的地方，以争取重新聚集力量、伺机再战。这个地方就是洮河谷地，从此北上可以威胁渭河谷地战略通道，一个事关唐都上游安全的地方。而且，开元二年（714），吐蕃北上临洮、侵兰州、逼渭源，确实一度达到迫使唐廷重视河西与九曲边界的目的。

所以，开元十七年（729）夏选择了洮河上游附近的木垒九垒之地发动攻击。虽然汉籍没有直接记载，但洮河流域发生的变动还是留

---

① （宋）王钦若等编纂，周勋初等校订：《册府元龟》卷975《外臣部二〇・褒异第二》，凤凰出版社2006年版，第11284页。

下了足够的判断依据。开元十七年（729）洮州百姓归属附近岷州，洮州城内莫门军迁移北上归属临洮军。如此重大事情，首先可以肯定是驻守莫门军士兵不会向西迁移到鄯州城内，唯一的解释就是开元十七年（729）夏木垒九垒之役，临洮军从鄯州城向西迁徙到临洮县。这时石堡城攻克、唐军在周边接连胜利使得这里不再有吐蕃的威胁。吐蕃在洮州发动木垒九垒之役以及与突厥联系，无论如何都迫使唐廷不得不重新考虑在洮河部署。通过这次战役，吐蕃确实达到了预期目的。这年冬天唐朝使者李总管到吐蕃谈判。《资治通鉴》所记开元十八年（730）吐蕃遣使致书边境、兵败而惧求和[①]，不过是唐人为了尊严不得不进行的遮掩。

总之，石堡城是开元二年（714）陇右节度使设置以来，唐朝在陇右防区补苴罅漏的结果。随着从河源军至安人军一线以南、河源军至积石军一线以西这个罅漏补苴，唐朝在陇右防区缺口只剩下大通河流域的吐蕃新城。根据“其当贼路要害郡县处，须量加兵马”的部署原则，在洮河以西靠近吐蕃九曲地方只有廓州、河州城内没有设置军、守捉等戍守军队。开元十七年（729）夏季木垒九垒之役再次造成吐蕃对长安上游的威胁，只能更加促使唐朝完成对没有设置兵马的地方补苴，以便尽快将吐蕃势力挤出河西和九曲，再无对唐朝上游造成新的威胁。这意味着下一次唐朝军事行动方向应该与此相关。

第六节　宁塞军、威戎军、镇西军与唐蕃封疆之争（下）

宁塞军，《元和郡县图志》“鄯州”条曰“廓州城内”。[②]《资治

① （宋）司马光：《资治通鉴》卷213，中华书局1956年版，第6789页；（宋）司马光：《资治通鉴》卷213，中华书局1956年版，第6790页。

② （唐）李吉甫撰，贺次君点校：《元和郡县图志》卷39《陇右道上》“鄯州”条，中华书局1983年版，第991页。

通鉴》所载相同。[1]《通典》“陇右节度使”条曰：“宁塞郡城内，臣亡父先臣希望开元二十六年置。”[2]

威戎军，《新唐书》“鄯州西平郡”条说：“（州）西北三百五十里有威戎军”[3]，《元和郡县图志》“鄯州”条所载威戎军在鄯州的距离、方位相同，并且说明设置年代与设置人：“州西（北）三百五十里，开元二十六年杜希望置。”[4]《资治通鉴》所载该军距离、方位皆同。[5]《通典》“陇右节度使”条脱漏了距离中的“五”字：“西平郡西北三百十里，臣亡父先臣希望开元二十六年置。”[6] 所以这里“西北三百十里”应更改为“西北三百五十里”。《唐会要》“节度使”条进而明确是在吐蕃新城基础上设置，设置在鄯州西北边界：“威戎军置在鄯州界，开元二十六年五月杜希望收吐蕃新城，置此军。”[7]

镇西军，现存文献有三种不同的说法。第一，开元二十六年（738）设置、位于河州城内。《元和郡县图志》“鄯州”条曰：“镇西军，河州城内。开元二十六年杜希望置。”[8]《通典》“陇右节度使”条：“安乡郡城内，臣亡父先臣希望开元二十六年置。”[9] 安乡郡，即河州。《旧唐书》《资治通鉴》同样记载在河州城内。[10] 第二，镇西军

---

① （宋）司马光：《资治通鉴》卷215，中华书局1956年版，第6850页。

② （唐）杜佑撰，王文锦等点校：《通典》卷172《州郡典二》“陇右节度使”条，中华书局1988年版，第4482页。

③ （宋）欧阳修等：《新唐书》卷40《地理志四》“鄯州西平郡条”，中华书局1975年版，第1041页。

④ （唐）李吉甫撰，贺次君点校：《元和郡县图志》卷39《陇右道上》“鄯州”条，中华书局1983年版，第991页。

⑤ （宋）司马光：《资治通鉴》卷215，中华书局1956年版，第6850页。

⑥ （唐）杜佑撰，王文锦等点校：《通典》卷172《州郡典二》，中华书局1988年版，第4482页。

⑦ （宋）王溥：《唐会要》卷78《诸使中》“节度使”条，中华书局1955年版，第1427页。

⑧ （唐）李吉甫撰，贺次君点校：《元和郡县图志》卷39《陇右道上》“鄯州”条，中华书局1983年版，第991—992页。

⑨ （唐）杜佑撰，王文锦等点校：《通典》卷172《诸使中》“节度使”条，中华书局1988年版，第4482页。

⑩ （后晋）刘昫等：《旧唐书》卷38《地理志一》“陇右节度使”条，中华书局1975年版，第1388页；（宋）司马光：《资治通鉴》卷215，中华书局1956年版，第6850页。

在河州西北180里。《新唐书》“河州安昌郡”条曰：“西百八十里有镇西军，开元二十六年置。”[①]《元和郡县图志》“河州”条曰：“镇西军，在州西一百八十里。开元三年，哥舒翰于索恭川置。”[②]“开元三年，哥舒翰于索恭川置”均误。第三，既不言在河州城内，也不说在该州之西。《唐会要》“节度使”条曰：“镇西军，置在河州，开元二十六年八月置。”[③]虽然如此，这指明镇西军设置月份，较威戎军设置晚三个月。目前，学者对镇西军地望有两种不同看法。唐长孺认为《元和郡县图志》“镇西军”为“天成军”之误，但赞同镇西军在河州城内。[④]严耕望不赞同将“镇西军”改为“天成军”，认为镇西军“开元”二字下、“三年”二字上，当脱“二十六年杜希望于盐泉城置。天成军在州西八十里，天宝十”二十余字。甚是。同时，“疑此军始置在河州城，不久即移至河州西一百八十里之盐泉城，在河南岸，河上有桥”[⑤]。这与开元二十六年（738）史事不符。因此，笔者认为镇西军应首置盐泉城，不久迁到河州城内。杜佑所说“臣亡父先臣希望开元二十六年置”，是言最终而非所置之地。

至此可以看出，宁塞军、威戎军、镇西军都是开元二十六年（738）鄯州都督杜希望所置。威戎军，设置于这年五月。镇西军，设置于这年八月。宁塞军，设置的具体月份，通过下文求证。

一　赤岭碑文与威戎镇西宁塞三军设置背景

开元十七年（729）三月木垒九垒之役，再次迫使唐朝回到与吐蕃划定的边界。开元十八年（730），吐蕃首先给出理由：

---

① （宋）欧阳修等：《新唐书》卷40《地理志四》“河州安昌郡”条，中华书局1975年版，第1040页。

② （唐）李吉甫撰，贺次君点校：《元和郡县图志》卷39《陇右道上》“河州”条，中华书局1983年版，第990页。

③ （宋）王溥：《唐会要》卷78《诸使中》“节度使”条，中华书局1955年版，第1427页。

④ 唐长孺：《唐书兵志笺正》卷2，科学出版社1957年版，第65页。

⑤ 严耕望：《唐代交通图考》卷2《河陇碛西区》，上海古籍出版社2007年版，第510页。

> 伏惟皇帝舅宿亲，又蒙降金城公主，遂和同为一家，天下百姓，普皆安乐。中间为张玄表、李知古等，东西两处，先动兵马，侵抄吐蕃，边将所以互相征讨，迄至今日，遂成衅隙。外生（甥）以先代文成公主、今金城之故，深识尊卑，岂敢失礼？又缘年小，枉被边将谗构斗乱，令舅致怪。伏乞垂察，追留死将，万足承前。数度使人入朝，皆被边将不许，所以不敢自奏。……外甥蕃中已处分：边将不许抄掠。①

吐蕃赞普认为挑起边界争端的是唐朝的边将，这样从国家角度把责任归咎给唐朝。随后说当时自己年龄尚小，吐蕃边将趁机进献开边谗言，如此从吐蕃君臣角度把责任归咎吐蕃边将。之前自己虽然努力改善吐蕃和唐朝现状，但结果都被边将阻挠。现在为了吐蕃和唐朝的边界稳定，作为赞普处理了滋事将领。

针对吐蕃最高统治者的回复，唐玄宗也给出了回答：

> 朕君临寓县，子育黎元，因百姓以为心，惧万方之有罪。昔文成远嫁，将以宠光彼国，岂无武力，盖取曲成。寻亦纷纭，有侵亭障，重以婚姻之故，旋师衽席之间。又降金城以敦前好，所期疆埸无垒，书轨攸同。更闻权在强臣，遂复违约失顺。干戈未息，道路称叹。今有使臣远来，方悉忠诚弥固，舅甥之礼，万里如初，协和之勤，一心逾亮。义节可尚，情见乎词。朕以公主在蕃，亲爱之极，纵有违负之过，讵移骨肉之恩？深明至怀，知得良算。至于止戈为武，国之大猷，怀远以德，朕之本意。中外无隔，夷夏混齐……剑南去年生羌就戮，虽边将有此举动，是彼使来之前。自兹已后，更无讨袭，诸军所守，侵掠并停。今故使御

---

① （宋）王钦若等编纂，周勋初等校订：《册府元龟》卷 979《外臣部二四·和亲第二》，凤凰出版社 2006 年版，第 11333 页。

史大夫崔琳往申信约，所有陈请，咸不相违。[①]

如果说吐蕃赞普从国家、君臣等角度，把吐蕃和唐朝边疆的紊乱归为边将滋事的结果，唐玄宗则抓住了此点也认为这完全是吐蕃边将所致，随后从道德伦理的高度、治国大道的角度，原谅了吐蕃将领在边疆的挑衅。在将责任完全归咎于吐蕃后，随后才令唐朝将领一定要有所遵守、不得侵略。

无论是吐蕃最高统治者赞普，还是唐朝最高统治者唐玄宗，都没有深刻检讨唐蕃边疆发生的事件。在这种背景下签订的边界碑文，该呈现什么样内容？

维大唐开元二十一年，岁次壬申，舅甥修其旧好，同为一家……间者边吏不谨，互有侵轶，越在遐荒，因之隔阂。今遵永旧……因以示赤岭之外，及所定边界，一依旧定，为其封守焉。罢斥候，通关梁。……我之今日，罔不稽古。尔蕃臣魁渠，实曰警戒，无或背淳德，习凶梗，侵扰我河湟，窥觇我亭障……汉家军镇，亦不得兵马相侵，我家用不奄袭尔城守，覆坠尔师徒，雍塞尔道路，烟灭尔部落……有渝其诚，神明殛矣。[②]

通读整个碑文，唐蕃边界的实质问题仍然没有得以有效解决。除赤岭外，没有史料能够说明吐蕃对河西、九曲的侵占。开元二十八年（740）十一月，金城公主逝世后，唐玄宗终于说出碑文中没有的情况，“（二十八年十一月）吐蕃遣使因请河西、九曲之地，为金城公主汤沐邑。杨矩遂奏与之。吐蕃既得九曲之地，草肥，复怀背叛，频

① （宋）王钦若等编纂，周勋初等校订：《册府元龟》卷 979《外臣部二四 · 和亲第二》，凤凰出版社 2006 年版，第 11333—11334 页。

② （宋）王钦若等编纂，周勋初等校订：《册府元龟》卷 979《外臣部二四 · 和亲第二》，凤凰出版社 2006 年版，第 11334 页。

寇河陇”[①]。这意味着从签订赤岭碑文开始，唐蕃已经在边界埋下了战火种子。

事实上，作为唐蕃边疆所争的河西、九曲都是关系彼此安全的地带，这种地缘结构矛盾决定了双方统治者无论签订什么样的边界协定内容，只能带来一时安定，终将在彼此安全诉求下变成一页废纸。偶尔一次边疆事件，随时可以将其点燃。开元二十四年（736）吐蕃击破唐之西门勃律后，唐玄宗遂令河西节度使崔希逸大破吐蕃，从而拉开战争帷幕。[②]

二　南北之战与威戎军、镇西军、宁塞军的设置过程

目前，两《唐书》都没有杜希望传记。有关其设置威戎军、镇西军、宁塞军的战役，仅在杜希望儿子杜佑的本传有所记载。

> 属吐蕃攻勃律，勃律乞归，右相李林甫方领陇西节度，故拜希望鄯州都督，知留后。驰传度陇，破乌莽众，斩千余级，进拔新城，振旅而还。擢鸿胪卿。于是置镇西军，希望引师部分塞下，吐蕃惧，遗书求和。希望报曰：“受和非臣下所得专。”虏悉众争檀泉，希望大小战数十，俘其大酋，至莫门，焚积蓄，卒城而还。[③]

“陇西节度”为“陇右节度”之误。[④] 开元二十六年（738），鄯州都督、陇右节度使留后杜希望首先攻拔新城，因此提升为鸿胪卿，随后于盐泉城设置镇西军。这里明确指出新城、镇西军设置的先后，但没

① （宋）王钦若等编纂，周勋初等校订：《册府元龟》卷979《外臣部二四·和亲第二》，凤凰出版社2006年版，第11335页。

② （宋）王钦若等编纂，周勋初等校订：《册府元龟》卷986《外臣部三一·征讨第五》，凤凰出版社2006年版，第11418页。

③ （宋）欧阳修等：《新唐书》卷166《杜佑传》，中华书局1975年版，第5085页。

④ （后晋）刘昫等：《旧唐书》卷9《唐玄宗本纪下》曰：“二月辛卯，以李林甫遥领陇右节度使”，中华书局1975年版，第209页。

有提及宁塞军。按照文意，杜希望设置镇西军后，才“引师部分塞下”，吐蕃为之恐惧、求和，却遭到拒绝，于是唐蕃双方围绕着檀泉发生数十次战斗，最后到达吐蕃大莫门城（今青海共和县西南）。换句话说，在到达大莫门城之前，首先经过“塞下”。从盐泉城往西到达莫门城必经廓州，所以“塞下”在廓州境。由于在廓州部署军队，直接逼近吐蕃境、将要达到吐蕃军需储备的大莫门城，遂引起吐蕃恐慌。所谓“部分塞下”，应为在廓州设置宁塞军。若此推测不误，杜希望首先于吐蕃新城设置威戎军，继之于盐泉城设置镇西军，最后于塞下设置宁塞军；设置时间至少在开元二十六年（738）八月之后。

首先分析威戎军的设置。

> 三月……癸未……吐蕃寇河西，左散骑常使崔希逸击破之；鄯州都督杜希望又攻拔新罗城，制以其城为威戎军。①
>
> 三月……癸巳……吐蕃寇河西，崔希逸败之，鄯州都督杜希望克其新城。②
>
> 三月，吐蕃寇河西，节度使崔希逸击破之。鄯州都督、知陇右留后杜希望攻吐蕃新城，拔之，以其地为威戎军。③
>
> 二十六年，大入河西，希逸拒破之。鄯州都督杜希望又拔新城，更号威戎军。④
>
> 二十六年三月，吐蕃寇河西，崔希逸击破之，鄯州都督杜希望攻拔吐蕃新罗城戎军。⑤

---

① （后晋）刘昫等：《旧唐书》卷9《唐玄宗本纪下》，中华书局1975年版，第209页。

② （宋）欧阳修等：《新唐书》卷5《唐玄宗本纪》，中华书局1975年版，第140页。

③ （宋）司马光：《资治通鉴》卷214，中华书局1956年版，第6832页。

④ （宋）欧阳修等：《新唐书》卷216上《吐蕃传上》，中华书局1975年版，第6085页。

⑤ （宋）王钦若等编纂，周勋初等校订：《册府元龟》卷986《外臣部三一·征讨第五》，凤凰出版社2006年版，第11418页。

第一条文献出自《旧唐书·唐玄宗本纪》，第二条《新唐书·唐玄宗本纪》，第三条《资治通鉴》，第四条《新唐书·吐蕃传》，第五条《册府元龟》。《册府元龟》“鄯州都督杜希望攻拔吐蕃新罗城戎军”句应为“鄯州都督杜希望攻拔吐蕃新罗城，更号威戎军”。这些文献，都清楚地表明威戎军的设置时间为开元二十六年（738）三月，设置地点或在吐蕃新城，或在新罗城（今青海门源县金巴台古城）。

威戎军是杜希望趁着吐蕃北入河西走廊，被河西节度使崔希逸击破之际进行背后袭击的设置。这次战役后的六月，杜希望提升为陇右节度使。[①] 不过，拔下吐蕃新城立功最多的不是杜希望，而是王忠嗣。

> 王忠嗣，为左威卫将军、河西讨击副使兼检校代州都督，为王昱所陷，贬东阳府左果毅。属河西节度使杜希望谋拔新城，玄宗诏追忠嗣赴河西，既下新城，忠嗣之功居多，因授左威卫郎将，专知行军兵马，又大破吐蕃，以功最，诏拜左金吾卫将军同正员。[②]
>
> 属河西节度使杜希望谋拔新城，或言忠嗣之材足以辑事，必欲取胜，非其人不可。希望即奏闻，诏追忠嗣赴河西。既下新城，忠嗣之功居多，因授左威卫郎将，专知行军兵马。是秋，吐蕃大下，报新城之役，晨压官军，众寡不敌，师人皆惧焉。忠嗣乃以所部策马而前，左右驰突，当者无不辟易，出而复合，杀数百人，贼众遂乱，三军翼而击之，吐蕃大败。[③]

王忠嗣原为左威卫将军、河西讨击副使、兼检校代州都督，后来被王昱构陷，贬官东阳府左果毅。在杜希望谋划攻打吐蕃新城之前，王忠

① （宋）司马光：《资治通鉴》卷214，中华书局1956年版，第6833页。

② （宋）王钦若等编纂，周勋初等校订：《册府元龟》卷384《将帅部四五·褒异第十》，凤凰出版社2006年版，第4347页。

③ （后晋）刘昫等：《旧唐书》卷103《王忠嗣传》，中华书局1975年版，第3198页；（宋）欧阳修等：《新唐书》卷133《王忠嗣传》，中华书局1975年版，第4552页。

嗣也被调到河西走廊。结果，因攻城立功居多，官授左威卫郎将。问题是王忠嗣是如何攻城并立下最多的功勋？考虑到王忠嗣是被调到河西走廊任职，所以是从河西走廊南下与杜希望率领的唐军对吐蕃新城实行南北夹击而最终获胜。

具体过程应该这样：开元二十六年（738）三月吐蕃主力部队北上攻击河西走廊，结果被河西节度使崔希逸击破。这时从白水军北上的杜希望率领的唐军伺机进攻戍守新城的吐蕃，正当双方酣战之际，王忠嗣率部从河西走廊趁机南下，结果吐蕃大败、唐军拔下新城，玄宗下令将吐蕃新城更名为威戎军。这种南北夹击的战术，受制于威戎军所在地理位置及环境。该军位于鄯州西北 350 里处，距离鄯州西北的白水军还有 130 里。这却非坦途，尤其从白水军至威戎军的路程更是如此。从白水军东北，折而北去翻越达坂山，最后沿着大通河谷西去北上才能达到。如此崎岖的跋涉，再北上攻击；即使攻克，能否守住还是问题。这时戍守于此的吐蕃事先获得消息，可能会提前重新部署。其中部分顺着浩亹水谷地东南袭扰陇右节度使后方。从祁连县及附近，吐蕃还会从东南经俄博与这里守军对北上唐军东西夹击切断其归路，随后合围北上攻击。鉴于这种判断，杜希望遂将预先北上攻击吐蕃新城的计划，改成从河西走廊南下为主、北上进攻为辅。除这些因素外，还有陇右东南方的黄河河桥尚在吐蕃之手。它对陇右侧翼构成威胁。这需要趁着吐蕃北上被河西军队击破之际，以最快速度完成拔下吐蕃新城计划，最好战术就是南北夹击。这次战役过程印证这种推断。这年秋天吐蕃获悉新城被攻，从祁连县方向调集大部军马，因王忠嗣部的骁勇善战，威戎军才免落入吐蕃。

其次分析镇西军、宁塞军的设置。

（七月）杜希望将鄯州之众夺吐蕃河桥，筑盐泉城于河左，吐蕃发兵三万逆战。希望众少不敌，将卒皆惧。左威卫郎将王忠嗣帅所部先犯其陈，所向辟易，杀数百人，虏陈乱。希望纵兵乘之，虏遂大败。置镇西军于盐泉。镇西军在河州西百八十里。忠嗣以功迁左金吾将军。①

二十六年四月，杜希望率众攻吐蕃新城，拔之，以其城为威戎军，发兵一千以镇之。其年七月，希望又从鄯州发兵夺吐蕃河桥，于河左筑盐泉城。吐蕃将兵三五以拒官军，希望引众击破之，因于盐泉城置镇西军。②

第一条文献出自《资治通鉴》，第二条《旧唐书·吐蕃传》。第二条文献唐军攻下吐蕃新城更名为威戎军的时间不是开元二十六年（738）四月，而是这年三月。这条文献补充了前引文献没有涉及的一千名兵力部署。这年七月陇右节度使杜希望率领鄯州兵马攻打吐蕃设置在黄河南岸的盐泉城（今青海循化撒拉族自治县西北），却遭遇吐蕃三万兵马抗拒。在敌众我寡岌岌可危形势下，左威卫郎将王忠嗣率军击破吐蕃，受到前后夹击的吐蕃遂失去盐泉城，杜希望因之设置镇西军。从杜希望率领鄯州士兵攻打盐泉城之初所率领兵马来看，似乎没有打算再次增加驻守兵力，后来因攻取过程中发现吐蕃人马之多，才不得不将盐泉城升格为镇西军。

随着这次战役胜利，杜希望又率众挺进廓州境，在廓州城内设置宁塞军，尤其是拔掉吐蕃军需重镇莫门军后，从河州经盐泉城、宁塞军、积石军一线纵深得到加强，所以原来设置在盐泉城的镇西军当在设置宁塞军之后迁移到河州城内。这时九曲仍为吐蕃所有，那么就要在可能进入河州城内方向重新部署。时至开元二十六年（738）七月，在紧邻九曲的廓州城内已设置宁塞军、洮州城内已设置莫门军。虽然此时原驻鄯州城内的临洮军西迁狄道县，这个机动性很强的军事据点随时可以西迁鄯州城内，况且鄯州之兵非弱兵，杜希望曾率之攻下盐泉城、设置宁塞军。这时只有河州城内没有部署，因此必须将镇西军东迁。另外，于盐泉城设置镇西军，可以加固从此至河州一线，

① （宋）司马光：《资治通鉴》卷214，中华书局1956年版，第6835页。
② （后晋）刘昫等：《旧唐书》卷196上《吐蕃传上》，中华书局1975年版，第5234页。

尤其是河西西面防御。盐泉城为吐蕃所据的历史事实说明，一旦这里为吐蕃所有，随时就有可能再次威胁河州西面的安全，这也成为将镇西军移到该州城内原因。

总之，通过威戎军、镇西军、宁塞军设置考察，可以发现至开元二十六年（738）唐朝已经基本完成陇右防区补苴罅漏。除去吐蕃设置在陇右、河西接合部的吐蕃新城，威戎军的设置使两大节度使的联系畅通。镇西军设置，除去吐蕃设置黄河以南的盐泉城，沟通廓州与河州的联系，便利黄河南北的交往。宁塞军设置，在加强从河州经盐泉城至积石军这条防线的同时，也便利从廓州北上鄯州道路安全。

第四章　陇右兵力部署与作战研究

兵力部署，指兵力在空间分布的状态。从唐朝在陇右设置第一个军事据点开始，就本着保护从秦州至鄯州这条关乎唐都长安上游安全的战略通道的畅通为原则，以这条生命线及支线为依托尽力向南面拓展空间。这既能应对来自九曲和青海湖两个方向的主要威胁，还能防御北方突厥南下。

兵力部署的要旨，是有效防御外敌入侵，执行对外作战任务，这是就防御一方而言。就入侵一方而论，要打破有利防御方的兵力部署原则，根据作战任务和作战目标选择有利的时间和空间，从而引起敌方防区在内的相邻防区参战与兵力调动。

就陇右防区来说，有三个必争的战略要地。一是以临洮军为中心的地区。这是唐朝牧马之地，连接渭河战略通道与湟水谷地战略通道。而位处唐都长安上游的区位，使其具有牵一发而动全身的作用。二是位于陇右和吐蕃接合部，以石堡城为依托的赤岭。这不仅是吐蕃越过赤岭进入陇右必经之地，还关系到吐蕃北方领土安全。三是位于陇右和河西接合部，以威戎军为中心的大通河流域。该处是连接这两节度使最佳通道，是吐蕃北上河西走廊沟通突厥最便捷的道路。

这三个地方是唐朝与吐蕃必争之地，尤其是随着唐朝与吐蕃战场从九曲转移到河西，石堡城和威戎军就成为彼此争夺最剧烈的地方。一旦受到吐蕃攻击，唐朝所调到的兵力往往不局限于陇右一隅，而是扩展到河西，甚至北方朔方节度使。这要求对陇右兵力部署和调动的研究，至少要考虑到河西。

第一节 陇右河西兵力部署辨析

目前关于陇右、河西兵力部署的文献，主要记载在《元和郡县图志》《通典》《资治通鉴》《旧唐书·地理志》中。目前对四种文献所记载的陇右、河西兵力差异，大多数学者都采取避而不谈的态度，有些学者比较之后认为是一些记载有误。① 这种非彼即此的研究方法固然简单，而且易于操作，但历史复杂性又要求研究者不能轻易地给出看似正确的答案，而应结合史料与知识结构给予合理的解释。

表 4 - 1 **陇右节度使辖属各军事据点兵力部署** （单位：人）

文献 兵力部署	《元和郡县图志》	《通典》	《资治通鉴》	《旧唐书·地理志》
合川郡界守捉	1000	1000	1000	1000
河源军	14000	14000	4000	4000
莫门军	5500	5500	5500	5500
积石军	7000	7000	7000	7000
临洮军	55000	15000	15000	15000
平夷守捉	3000	3000	3000	3000
绥和守捉	1000	1000	1000	1000
白水军	4000	4000	4000	4000
安人军	10000	10000	10000	10000
振武军	1000	1000	1000	1000
宁塞军	500	500	500	500
镇西军	12000	13000	11000	11000
威戎军	1000	1000	1000	1000
兵力总和（总兵力）	115000（75000）	76000（75000）	64000（75000）	64000（70000）

① 王永兴：《唐代经营西北研究》，兰州大学出版社 2010 年版，第 219 页。

表4－1中总兵力由两部分组成。括号“（）”中的数字，表示文献所载的陇右节度使兵力。《元和郡县图志》“都管兵七万五千人”[①]，《资治通鉴》“兵七万五千人”[②]，《通典》“管兵七万五千人”[③]，《旧唐书·地理志》“管兵七万人”[④]。“（）”外的数字，是各种文献记载的陇右节度使所辖十三个军、各守捉军事据点的兵力总和。通过对比，可以发现文献所载陇右节度使总兵力和陇右节度使辖属各军事据点的兵力总和没有一个完全相符。《元和郡县图志》所记陇右节度使十三个军事据点的兵力总和为115000人，比该节度使总兵力75000人多40000人。《通典》兵力总和为76000人，比该节度使总兵力75000人多1000人。《资治通鉴》兵力总和为64000人，比该节度使总兵力75000人少11000人，《旧唐书·地理志》兵力总和为64000人，比该节度使总兵力70000人少6000人。《旧唐书·地理志》所记该节度使总兵力为64000人，辖属十三个军事据点的兵力总和却与《资治通鉴》相同。因此，《旧唐书·地理志》所记陇右节度使的总兵力70000人应为75000人之误。《元和郡县图志》《通典》《资治通鉴》所记陇右节度使的总兵力均为75000人，可以加以证明。

既然《元和郡县图志》等文献所记陇右节度使辖属十三个军事据点兵力部署的史料来源存在差异，却对该节度使总兵力的记载相同，说明其总兵力在某个时期的稳定性，进而表明总兵力75000人是平时的兵力部署。这十三个军事据点平时兵力部署的总和也是75000人。所以，以此总兵力和兵力总和为标准去衡量文献所记载就能分辨出哪个是平时兵力，哪个又是战时兵力。据前引这些文献所记陇右节度使辖属十三个军事据点兵力之和得出的兵力总和与该节度使总兵力75000人不一样的分别是《元和郡县图志》所记载的115000人、《通

---

① （唐）李吉甫撰，贺次君点校：《元和郡县图志》卷39《陇右道上》“鄯州”条，中华书局1983年版，第991页。

② （宋）司马光：《资治通鉴》卷215，中华书局1956年版，第6849页。

③ （唐）杜佑撰，王文锦等点校：《通典》卷172《州郡二》，中华书局1988年版，第4482页。

④ （后晋）刘昫等：《旧唐书》卷38《地理志一》，中华书局1975年版，第1388页。

典》所记载的76000人、《资治通鉴》《旧唐书·地理志》所记载的64000人，这些兵力总和一定包含着平时兵力和战时兵力。这就需要根据前引文献所记陇右节度使总兵力及所辖属各军事据点兵力总和的不同将它们分为若干组。

根据这种研究思路，可以将这四种文献分为三组。《元和郡县图志》为第一组，《通典》为第二组，《资治通鉴》与《旧唐书·地理志》为第三组。这三组之间的不同分别体现在河源军、临洮军与镇西军兵力部署的差异上。第一组与其他两组的不同是：第一组河源军的兵力比第三组河源军兵力的4000人多10000人；临洮军比第二组、第三组的15000人都多40000人；镇西军比第二组的13000人少了1000人，比第三组的11000人多了1000人。第二组与第一组、第三组不同的是：镇西军比第一组的12000人多了1000人；比第三组的11000人多了2000人；临洮军比第一组的55000人少了40000人。第三组与第一组、第二组不同的是：河源军比第一组、第二组的14000人少了10000人；镇西军比第一组的12000人少了1000人，比第二组13000人少了2000人。

从第三组陇右节度使所辖各军事据点兵力的总和，不足该节度使的总兵力之数，可以初步判断该组镇西军兵力11000人、河源军兵力4000人分别是战时的兵力。而平时之兵力，则可以通过从第一组与第二组之间的差别中找出来。这两组之间的差别，分别体现在临洮与镇西两军之上。第一组陇右节度使的总兵力比辖属各军事据点的兵力总和少了40000人，这所少的兵力刚好是这个组的临洮军兵力55000人比其他两组兵力15000人多出来的人数，所以临洮军平时兵力为15000人，55000人是战时兵力。第二组陇右节度使的兵力总和76000人比该节度使总兵力的75000人多出1000人，这多出的刚好是镇西军兵力13000人比第一组该军兵力的12000人多出的人数，因此该军平时兵力为12000人，13000人则是它战时的兵力。如果将临洮、镇西两军的平时兵力，加上陇右节度使辖属其他10个军事据点的兵力，再加上第一组、第二组河源军兵力14000人，所得出的兵力总和就是该节度使的总兵力，所以这两组河源军14000人是平时的兵力，而第三组4000人则是战时兵力。

临洮军、河源军、镇西军平时兵力部署之间的差异，可以进一步通过其军事地位的高低证明。临洮军为陇右节度使治所鄯州城内的驻军，它的军事地位自然高于该节度使辖属的其他军事据点，所以这里平时驻军的人数位居首位且高达15000。河源军位于为陇右节度副使治所鄯城城内[①]，地位仅次于临洮军。与此相应，平时的兵力部署一定略低于临洮军兵力14000人。而位于河州州城内的镇西军，是陇右节度使在黄河以东重要的军事据点。它不仅防御来自九曲吐蕃的北上，而且还起到将位于湟水谷地的鄯州与位于渭河上游谷地东通唐都的渭州连接起来的唯一作用。[②] 因此，这里平时兵力部署在陇右各军事据点中屈居第三位为12000人。

至此，可以断定处陇右节度使辖属的河源军、临洮军与镇西军平时的兵力分别是14000人、15000人与12000人，战时的兵力分别是4000人、55000人与13000人、11000人。河源军兵力的4000人，说明这是战时从平时14000人抽出来的10000人支援其他军事据点的人数。临洮军兵力的55000人，说明这是其从平时兵力的15000人增加到战时兵力的数量。同样，镇西军兵力的13000人、11000人，则说明战时在一个阶段从其他军事据点支援这里的兵力有1000人，在另外一个阶段从这里抽调支援其他军事据点兵力有1000人。在陇右节度使的总兵力75000人保持不变的情况下，一个军事据点兵力的减少是调动到其他地方的结果，而兵力的增加则是其他地方的兵力被调动到这个地方所致。

---

① （唐）颜真卿：《唐故右武卫将军赠工部尚书上柱国上蔡县开国侯臧公神道碑铭》，载（清）董浩等撰：《全唐文》卷342，中华书局1983年版，第3467页。

② 严耕望：《唐代交通图考》第2卷《河陇碛西区》附图《唐代长安西通陇右河西道河湟青海地区交通网合图》，上海古籍出版社2007年版。

表 4－2　　河西节度使辖属各军事据点兵力部署

兵力部署＼文献	《元和郡县图志》	《通典》	《资治通鉴》	《旧唐书·地理志》
赤水军	33 000	33000	33000	33000
大斗军	7500	7500	7500	7500
建康军	5200	5300	5300	5300
宁寇军	1700	1700	8500	
玉门军	1000	5200	5200	5200
墨离军	5000	5000	5000	5000
豆卢军	4500	4300	4300	4300
新泉军	7000	1000	1000	1000
张掖守捉	6500	6300	500	500
交城守捉	1000	1000	1000	1000
白亭守捉	1700	1700	1700	1700
总兵力	74100（73000）	72000（73000）	73000（73000）	64500（73000）

陇右节度使辖属各军事据点兵力增加和减少的情况，在与其毗邻的河西节度使辖属的十一个军事据点中也有类似记载。《元和郡县图志》《通典》《资治通鉴》《旧唐书·地理志》都记载河西节度使总兵力为 73000 人，然而当将该节度使总兵力及其辖属十一个军事据点的兵力总和对比时，只有《资治通鉴》所记该节度使的总兵力与兵力总和相符合。所以，《资治通鉴》所载河西节度使总兵力和兵力总和，应该是该节度使平时的总兵力，而该节度使辖属每一个军事据点的兵力应是战时的兵力。以此为标准，发现《旧唐书·地理志》所记河西节度使兵力总和为 64500 人，比总兵力 73000 人少 8500 人。这恰是该志所没有记载的宁寇军兵力的 8500 人，所以该志此军兵力必为 8500 人。《元和郡县志》所记河西节度使兵力总和为 74100 人，比总兵力 73000 人多 1100 人。《通典》所记该节度使的兵力总和为 72000 人，比总兵力 73000 人少 1000 人。

根据这四种文献所载河西节度使总兵力和兵力总和可以将其分为三组，其间的不同体现在建康、宁寇、玉门、豆卢、新泉四军与张掖守捉的兵力上。《元和郡县图志》记为第一组，《通典》为第二组，《资治通鉴》与《旧唐书·地理志》为第三组。第三组宁寇军的兵力8500人，比第一组、第二组的1700人多出6800人。这不是宁寇军平时兵力，而是战时兵力。与宁寇军地位相仿，位于凉州之北马城河（今甘肃石羊河）下游用来防御突厥的白亭军，平时兵力才1700人。[①] 所以，位于张掖河下游同样用来防御突厥南下的宁寇军，平时兵力应与白亭军平时兵力相差无几。而且，白亭、宁寇两军都没有屯田，[②] 应该分别依靠位于下游的甘、凉两州的供给。这说明这两处平时能够养活军队的数量并不多，且宁寇军距离甘州还有千余里的距离。[③] 因此，1700人才是宁寇军平时兵力，8500人为其战时的兵力。

同理，第三组张掖守捉兵力500人，也为战时兵力而非平时兵力。该守捉位于河西节度使辖属的重镇甘州城内。从此顺着张掖河（今甘肃黑河）西北经宁寇军北上为突厥等民族驰骋的蒙古高原。不仅如此，张掖守捉还位于河西节度副使治所甘州城内[④]，该守捉地位仅次于位于河西节度使治所凉州城内赤水军。换句话说，驻守甘州城内的兵力应高于除凉州城以外其他州城的兵力。而驻守凉州城内赤水军兵力为33000人，瓜州城内墨离军的兵力为5000人，沙州城内的豆卢军兵力为4300人。凉州为河西节度使治所，兵力高出其他各州完全可以理解。不过，地位还不如甘州的瓜、沙两州兵力却均在4000人以上，所以驻守在甘州城内张掖守捉平时兵力不可能仅有500人。而且，在河西各军州屯田之中，张掖守捉仅次于赤水军的36屯

---

① 李并成：《白亭军考》，《西北师大学报》（社会科学版）1994年第1期。

② （唐）李林甫等撰，陈仲夫点校：《唐六典》卷7《屯田郎中员外郎》，中华书局1992年版，第223页。

③ （唐）杜佑撰，王文锦等点校：《通典》卷172《州郡二》“河西节度使”，中华书局1988年版，第4480页；（后晋）刘昫等：《旧唐书》卷38《地理志一》“河西节度使”，中华书局1975年版，第1386页。

④ （宋）欧阳修等：《新唐书》卷67《方镇表》，中华书局1975年版，第1868页。

而为 19 屯。[①] 从侧面说明张掖守捉能养活的兵力在河西防区不会低于除凉州外的其他地方。既然如此，张掖守捉平时兵力是第一组 6500 人，还是第二组 6300 人，抑或是还有其他呢？第二组河西节度使的兵力总和 72000 人，比其总兵力 73000 人少了 1000 人。如果将该组张掖守捉兵力的 6300 人加上 1000 人，恰好等于河西节度使总兵力。因此，张掖守捉平时兵力为 7300 人。《通典》可能将其中的“七”误刻为“六”。

当将宁寇军、张掖守捉平时兵力与河西节度使辖属其他九个军事据点兵力之和相加时，发现这三组中只有第二组该节度使的总兵力及其兵力总和相等。因此，这三组中所剩建康军、玉门军、豆卢军、新泉军平时兵力应该是第二组所记兵力，依次为 5300 人、5200 人、4300 人、1000 人。这四个军事据点平时兵力也与《通典》《资治通鉴》《旧唐书·地理志》等文献所记吻合。玉门军的位置、作用可进一步确定平时兵力是 5200 人，而非 1000 人。玉门军，今玉门市赤金堡。[②] 该军以赤金堡峡为依托，起到连接瓜州和肃州的作用。[③] 与其相似的是东面建康军（今甘肃高台县骆驼城），该军主要起到连接甘州和肃州之间交通的作用。[④] 唐廷在这里部署兵力 5300 人，因此与建康军作用相似的玉门军的兵力应该自然相近。至于豆卢军、新泉军的平时兵力应分别为 4300 人、1000 人。当将它们和宁寇军、玉门军、新泉军、张掖守捉与河西节度使辖属的其他军事据点平时兵力加起来

---

① （唐）李林甫等撰，陈仲夫点校：《唐六典》卷 7《屯田郎中员外郎》，中华书局 1992 年版，第 223 页。

② 严耕望：《唐代交通图考》第 2 卷《河陇碛西区》，上海古籍出版社 2007 年版，第 436 页。

③ 《元和郡县图志》卷 40《陇右道下》“凉州”曰：“玉门军，肃州西二百余里”（中华书局 1983 年版，第 1018 页）。同卷“瓜州”曰：“东南至肃州四百八十里”（中华书局 1983 年版，第 1027 页）。以此推之，玉门军至瓜州约 280 里。

④ （唐）李吉甫撰，贺次君点校：《元和郡县图志》卷 40《陇右道下》“凉州”，中华书局 1983 年版，第 1018 页；李并成：《甘肃省高台县骆驼城遗址新考》，《中国历史地理论丛》2006 年第 1 期；李孝聪：《甘、青地区考察所见与古城址初识》，载朱风玉、汪娟编《张广达先生八十华诞祝寿论文集》，（台北）新文丰出版公司 2010 年版，第 527—556 页。

的兵力总和，恰好符合该节度使的总兵力。

至此，可以断定建康军、宁寇军、玉门军、豆卢军、新泉军、张掖守捉平时兵力分别是5300人、1700人、5200人、4300人、1000人与7300人，战时兵力分别是5200人、8500人、1000人、4500人、7000人与6500人、500人。建康军战时兵力5200人，说明这是从平时兵力5300人抽出100人去支援他处后留守该军的人数。宁寇军兵力的8500人，说明这是战时从他处支援至这里的兵力有6800人。玉门军兵力的1000人，说明这是战时从平时兵力的5200人抽出4200人支援其他地方的人数。新泉军兵力的7000人，说明战时从其他地方调往这里的兵力有6000人。张掖守捉兵力的6500人，说明战时从这里平时兵力的7300人中抽调800人支援其他地方。同样，张掖守捉兵力的500人，说明战时从平时这里兵力7300人抽调6800人去支援其他地方。

这些军事据点兵力部署发生在什么时间？《资治通鉴》将陇右节度使、河西节度使辖属各军事据点的兵力，均记载在天宝元年（742）正月条下[①]，说明这些军事据点兵力部署的时间下限应在天宝元年（742）正月。陇右节度使辖属十三个军事据点中，最晚设置的是开元二十六年（738）镇西军、威戎军。威戎军兵力1000人[②]，《元和郡县图志》《通典》《资治通鉴》《旧唐书·地理志》对该军兵力的记载相同。以此推之，这些军事据点兵力部署上限应为开元二十六年（738）。不过，开元二十九年（741），威戎军已经为吐蕃所有。由此可以进一步将其上限提前到开元二十九年（741）。因此，陇右节度使、河西节度使辖属各军事据点兵力的时间，在开元二十九年（741）至天宝元年（742）正月之间。

第二节 陇右防线分布及兵力部署分析

陇右防区由两部分组成：一部分是陇右节度使辖属十三个军事据

① （宋）司马光：《资治通鉴》卷215，中华书局1956年版，第6848—6850页。
② （宋）司马光：《资治通鉴》卷214，中华书局1956年版，第6832页。

点分布的前沿区，分布鄯州、廓州、河州和洮州之境。鄯州境内有威戎军、白水军、安人军、河源军、振武军、绥和守捉、合川郡界守捉七个军事据点，廓州之境有积石军、宁塞军两个军事据点，河州之境有平夷守捉、镇西军两个军事据点，洮州境内有莫门军。临洮军是唯一一个机动的军事据点，在洮州、兰州和鄯州之间移动。另一部分是位于前沿区以东的渭州、秦州、岷州、叠州、宕州、武州、成州等地所组成的后勤补给区。

从都督府层面，这些州可以归属鄯州都督府、洮州都督府和秦州都督府。开元二十七年（739）设置的洮州都督府辖属洮州、岷州、叠州、宕州、武州[①]，首先解决了陇右节度使因防御正面过大不利于防守的问题。在陇右防区，唐蕃接触地带分布在从今祁连县—西宁—贵德—夏河—临潭—迭部一线，长达 1000 多千米。面对这样漫长的边防线，陇右节度使无法全面顾及，所以洮州都督府的设置在减轻该节度使防御压力过大的同时，还能够与鄯州都督府辖属的鄯州、廓州、河州、兰州形成协同作战。另外，该都督府的设置也分担了秦州都督府的职能。

在开元十七年（729）洮州都督府被废除以后，洮州、岷州、叠州、宕州、武州和秦州、渭州、成州均归属秦州都督府，该都督府既承担着面向九曲和若尔盖草原的威胁，又要担负着粮秣运输的功能。虽然开元二十七年（739）以后秦州都督府仅辖属秦州、渭州、成州，却关系到鄯州、洮州都督府之境 75000 人以及马匹所需粮秣的供应。虽然唐朝在包括秦州都督府在内的陇右防区屯田，总量仅有 152 屯。[②] 如果军屯按照每 50 顷为 1 屯计算，那么陇右屯田有 7600 顷。每顷按照 100 石计算，陇右屯田就有 760000 石的收成。如果唐代每个边兵每年食粮数为 12.2 石，盐 0.18 石，[③] 那么 75000 名战士所需

---

① 郭声波：《中国行政区划通史·唐代卷》，复旦大学出版社 2012 年版，第 1008 页。

② （唐）李林甫等撰，陈仲夫点校：《唐六典》卷 7《屯田郎中员外郎》，中华书局 1992 年版，第 223 页。

③ 李锦绣：《唐代财政史稿》（上卷）第三分册，北京大学出版社 2001 年版，第 1231 页。

粮食就高达927500石，结果仍差167500石需要从内地转运。结果，余下近20%的粮食，且还不包括1万余匹战马所食粟的数量[①]，需要通过和籴等方式补充。[②]

和籴的物品从关中运往陇右节度使兵马戍守的地方，一般从秦州都督府辖属的秦州、渭州经过。有时还要从四川等地转运。[③] 自四川运往陇右，取道秦州都督府辖属成州。于是，秦州都督府辖属秦州、渭州、成州，成为关中、四川等地粮秣进入陇右、河西的必经节点。有三条道路：一是从关中西越六盘山，经秦州、渭州西去；二是从四川北上兴州，经大散关至凤翔府与从长安而来的道路相会；三是从成州北上到秦州。[④]

至于鄯州都督府在陇右节度使设置以后一直存在的原因，则是它和陇右节度使在战役规模上可以形成互补。陇右节度使主要执行大规模战役，或与其他节度使协同。开元五年（717），陇右节度使郭知运在九曲大破吐蕃；十六年（728），陇右节度使和河西节度使联军在青海湖西南渴波谷大破吐蕃；十七年（729），与朔方节度使、河西节度使攻打石堡城；天宝元年（742），陇右节度使又大破吐蕃大岭、青海道莽布支营三万余众，随后河西节度使趁机攻破吐蕃渔海及游弈等军。相对而言，鄯州都督府主要进行的是小规模战役。开元二十六年（738），鄯州都督攻破吐蕃新城。这年七月，鄯州都督府攻夺吐蕃河桥之役。

总之，陇右节度使设置以后，辖区内存在秦州、洮州、鄯州都督府与各自所起作用密不可分。秦州都督府为洮州、鄯州两都督府提供粮秣供应，洮州都督府则负责防御从九曲北上的吐蕃。同时，这三都

---

① （唐）李吉甫撰，贺次君点校：《元和郡县图志》卷39《陇右道上》，中华书局1983年版，第991—992页。

② 李锦绣：《唐代财政史稿》（上卷）第三分册，北京大学出版社2001年版，第1232页。

③ （唐）陈子昂：《上蜀川安危事》，载（清）董浩等撰《全唐文》卷211，中华书局1983年版，第2133页。

④ 严耕望：《唐代交通图考》第2卷《河陇碛西区》附图8《唐代长安西通陇右河西道河湟青海地区交通网合图》，上海古籍出版社2007年版。

督府客观上还起到保护从秦州西去经洮州至鄯州这条生命线，而洮州都督府则起到连接黄河以东的秦州都督府、黄河以西鄯州都督府的作用。唯有如此，陇右节度使才能有效地对外实行大规模作战，鄯州都督府才能在作战中保持更加灵活的机动性。后者也是陇右作战主体，防御的重中之重，防线部署最为密集的地方。这里防线部署主要面对九曲和青海湖两个方向。

一　九曲方向三条横向防线

面向九曲方向有三条。第一条横向防线，积石军—宁塞军—盐泉城—平夷守捉—莫门军。第二条横向防线，绥和守捉—合川郡界守捉。第三条横向防线，安人军—河源军—镇西军—临洮军。

（一）积石军—宁塞军—盐泉城—平夷守捉—莫门军

这条防线以黄河干流、大夏河、洮河为依托构建第一道横向弧形防线。积石军的兵力7000人，宁塞军500人，平夷守捉3000人，莫门军5500人，这条防线部署的兵力为16000人，约占陇右防区总兵力75000人的21%，说明九曲至开元二十九年（741）已经是次要防御方向。这条防线上，兵力部署轻重不等。积石军兵力7000人，约占这条防线兵力总和16000人的44%，莫门军5500人约占34%，平夷守捉约3000人占19%，宁塞军500人约占3%。该防线西段的积石军兵力几乎占这条防线兵力总和的50%，东段莫门军位居第二，防线中间的平夷守捉位居第三，宁塞军最少。这种兵力部署的原因是什么，背后隐藏着什么样的战略考量？

积石军，位于今青海贵德县河阴镇河谷阶地上。这里地势平坦，土质肥沃，气候温和，灌溉便利[①]，为军马所需提供便利条件。四面环山的地理形势，则利于军民防守。发源于南北各山河流横切山地所形成的沟谷，易于形成从南北两部的中低山、丘陵草原区进入的通

① 《旧唐书》卷104《吐蕃传》曰："先是，吐蕃每至麦熟，即率部众至积石军获取之，共呼为'吐蕃麦庄'，前后无敢拒之者"（中华书局1975年版，第3212页）；贵德县地方志编撰委员：《贵德县志》，陕西人民出版社1995年版，第77页。

道。从青海湖南穿过该军深入九曲的道路，近可到青海湖，远可至大夏河、洮河。这里曾是吐谷浑王所筑浇河城。[①] 贞观三年（629），唐朝在此设置静边镇。仪凤二年（677），唐蕃关系紧张，唐廷趁机升其为积石军。在九曲为吐蕃占有后，积石军直接成为与吐蕃对峙前沿。天宝十三年（754），唐在积石军以北的黄河渡口（今青海贵德县河西乡贺尔加村）设置宁边军之前，这里还在吐蕃控制下。[②] 不仅如此，而且积石军以西的黄河干流仍为吐蕃所有。[③] 这是唐朝在这条防线西段部署兵力最多的主要原因。

莫门军，位于今甘肃卓尼县羊巴城，西、北、东三面为洮水环绕[④]，南面是木尕山。该城半在山上，半在平川[⑤]，以防御来自洮河上游的威胁，保护渭河谷地通道的安全，还起到支援河西战事的作用。开元二十九年（741），洮州西面的磨环川，仍为吐蕃所控制。不过，这时陇右主要威胁方向已从九曲向西转移到青海湖，虽然如此，莫门军毕竟事关渭河通道的安全，兵力仅略逊积石军。所在的地理环境对其也有所限制。洮河南岸，高寒低温、湿润多雨[⑥]，不利于军事屯田，自然降低了屯军数量。与积石军 12 屯相比，这里仅有 6 屯、战马 200 匹，占这条防线马匹总数量 350 匹的 57%。这主要是因为洮河上游相对平坦的地形。

平夷守捉，位于甘肃临夏韩集镇东 4.5 千米处的双城村古城。[⑦]

---

① 陈桥驿：《水经注校证》卷 2《水经 · 河水注》，中华书局 2007 年版，第 43 页。

② 刘满：《西北黄河古渡考（一）》，《敦煌学辑刊》2005 年第 1 期。

③ 《请毁黄河桥》，载（清）董诰等撰《全唐文》卷 275，中华书局 1983 年版，第 2794 页。

④ 《元和郡县图志》卷 39《陇右道上》“临潭县”曰：“其城东西北三面并枕洮水”（中华书局 1983 年版，第 997 页）。

⑤ 樊维华：《〈八棱碑〉与唐洮州临洮郡》，《陇右文博》1999 年第 2 期；刘满：《唐洮州治所位置考》，《敦煌学辑刊》2011 年第 1 期。

⑥ 《甘南民族自治州概况》编写组：《甘南民族自治州概况》，民族出版社 1987 年版，第 2 页。

⑦ 《临夏回族自治州概况》编写组：《临夏回族自治州概况》，民族出版社 1987 年版，第 2 页。

从此向南可以通往洮州，向北可以到达河州，向西可以到盐泉城。[①]河州东北的石门山，山高险绝、对岸如门，从平夷守捉南上必经此地。[②] 在河州之南，遂形成两道防御屏障。这确定平夷守捉防御方向，不是南面的大夏河谷，就是西面的黄河谷地。开元二十六年（738），杜希望拔掉吐蕃的盐泉城前，其承担了河州南翼安全。这里兵力较少的原因，除北面有石门山所形成的天然屏障外，开元二十六年（738）唐朝已在河州设置镇西军，部署了 12000 名兵力。该守捉成为河州防御外围。这里湿冷的气候、多雨的天气，也难以供应大规模的军需。因此，这里成为陇右军屯中最少一个，仅有 1 屯。

宁塞军，位于今青海化隆县群科下城，处于黄河冲积阶地。该军所处环境与积石军仿佛：地势平坦、土质基厚、气候温和，利于灌溉，[③] 适于军屯。从今隆务河口往下，黄河河道开始进入公拜峡。贞观五年（631），唐朝在公拜峡峡口设置米州，以控制峡口与从九曲顺隆务河谷北入黄河谷地的通道。随着贞观十年（636）九曲威胁的解除，唐朝废米州为米县，职能也从防御九曲转变为连接河州、廓州节点。这种历史思维惯性影响到宁塞军兵力部署。开元二十六年（738），当杜希望拿下吐蕃河桥设置盐泉城时，乘胜西进大败吐蕃，在今群科镇设置宁塞军，仅有 500 人，为陇右十三个据点中较少的一个，屯田仅 4 屯。东北通往鄯州之路所经拔延山（今马阴山），这里丰美的水草[④]，便利了北上的行军。如此少的兵力部署，自然无法顾

---

① 陈良伟：《丝绸之路河南道》，中国社会科学出版社 2002 年版，第 171 页。

② （唐）李吉甫撰，贺次君点校：《元和郡县图志》卷 39《陇右道上》“凤林县”，中华书局 1983 年版，第 990 页。

③ 化隆回族自治县志编纂委员会：《化隆县志》，陕西人民出版社 1994 年版，第 65 页。

④ 关于马阴山植被情况，（唐）李吉甫撰，贺次君点校《元和郡县图志》卷 39《陇右道上》“化成县”曰：“扶延山，在县东北七十里，多麋鹿。”（中华书局 1983 年版，第 994 页）前引《化隆县志》（第 65 页）有详细记载：“马阴山，又名拔延山、巴燕山……山阴灌木茂密，山阳草肥水美，是良好的牧场……西侧有石门峡，可通往平安、乐都……中部的克欠牙壑，是旧时巴燕戎通往碾伯之要隘。”

及黄河外的达化县。开元二十九年（741），吐蕃屠县的惨剧无能幸免。

盐泉城，主要起到连接宁塞军与平夷守捉的作用。

（二）绥和守捉—合川郡界守捉

这条防线以北面的拉脊山为依托，分别防御越拉脊山从积石军、宁塞军而来的吐蕃。绥和守州的兵力为 1000 人，合川郡界守捉的兵力为 1000 人，这条防线的兵力总和为 2000 人，约占陇右总兵力 75000 人的 2.6%，这两个守捉各自占有 50%。

绥和守捉位处拉脊山南麓，今贵德尕让乡农春城河上游。绥和守捉东面为合川郡界守捉，位于今青海化隆县德加乡附近[①]，向南为昂思多河。从该河谷地南下，再向西可直达宁塞军。这两处兵力部署较少的原因有三个方面。在这条防线外围，唐朝已经部署积石军、宁塞军、盐泉城、平夷守捉、莫门军，客观上减少了这条防线的兵力。这里环境更适合畜牧业发展，结果绥和守捉的屯田有 3 屯。另外，依托拉脊山南麓，易于隐蔽，便于展开战斗。合川郡界的守捉兵力，虽然因地理环境不宜农耕而没有进行屯田[②]，但同时也有唐朝部署的失误。这里完全可以在不增加合川郡界守捉兵力的情况下，增加这个据点附近诸如宁塞军的兵力。

（三）安人军—河源军—镇西军—临洮军

这条防线以湟水谷地、大夏河、洮河为依托，主要起到保护通过河州、洮州、兰州境内交通要道的作用。安人军兵力 10000 人，河源军 14000 人，镇西军 12000 人，临洮军 15000 人，这条防线兵力为 51000 人，约占据陇右防区总兵力 75000 人的 68%。这体现了唐廷保护长安上游安全的战略。这条防线兵力部署不像其外围防线轻重不等，都比较均衡。兵力最多的临洮军，约占这条防线兵力总和 51000 人的 29%，其次是河源军约占这条防线兵力总和的 27%，再次是镇

① 李智信：《唐代黄河流域青海段诸军城》，《青海文物》1989 年第 2 期。

② 化隆回族自治县编纂委员会：《化隆县志》，陕西人民出版社 1994 年版，第 122 页。

西军约占该条防线兵力总和的 24%，最后的安人军约占这条防线兵力总和的 20%。

安人军，东去河源军约 120 里，位于今湟源县巴燕乡巴燕峡东端入口的下寺村。巴燕峡的两岸，山高峰险、崖岩错列。它是湟水谷地通往西藏的要道“藏大路”。[①] 安人军和振武军分别控制这条道路的南北两端。略微不同的是：前者控制从青海湖牧区进入湟水谷地的北道，振武军则控制从青海湖牧区进入湟水谷地的南道。唐廷在这里部署兵力 10000 人，远远超出振武军 1000 人。这里缺乏振武军“一夫当关，万夫莫开”的地理形势，直接面临来自青海湖北道吐蕃的压力。

河源军，向西距离临番城 60 里[②]，位于今西宁市乐家湾一带。[③] 北临湟水，西靠土楼山，湟水从城北自西向东流过，南川、北川于此交汇。从此沿着湟水谷地经西石峡，便至青海湖。从北川河谷北行，翻越达坂山、祁连山、大斗谷，可以到达河西走廊。从南川南下，越过拉脊山，便到黄河干流谷地。顺湟水谷地东下，向东过老鸦峡，可以到达兰州、河州。便利的交通条件，给河源军带来了防守的困难。而位居陇右节度使上游的屏障地位，使河源军军使一度由陇右节度使兼任[④]，并成为陇右节度副使驻扎之地。[⑤] 这是河源军在这条防线，乃至整个陇右防区地位仅次于临洮军的原因；兵力自然低于临洮军而高于其他军事据点。

临洮军，是陇右防区唯一一个机动的军事据点。其在兰州、洮

---

① 湟源县志编纂委员会：《湟源县志》，陕西人民出版社 1993 年版，第 60 页。

② （宋）欧阳修等：《新唐书》卷 40《地理志四》，中华书局 1975 年版，第 1041 页。

③ 李智信：《唐代河源军、安人军、合川郡界守捉、绥和守捉等地望考》，《青海文物》1990 年第 4 期。

④ 张说《凉州都督郭知运碑》曰：拜“持陇右诸州节度大使兼鄯州都督、河源军使，镇西陲”，载（清）董浩等撰《全唐文》卷 227，中华书局 1983 年版，第 2295 页。

⑤ 颜真卿《臧怀恪碑》曰：“后充河源军、兼陇右节度副大使、关西兵马使，……开元十二年……二月二十有六日薨于鄯城之官舍”，载（清）董浩等撰《全唐文》卷 342，中华书局 1983 年版，第 3467 页。

州、鄯州三地机动。当设置在兰州狄道县时，说明南面来自洮河谷地吐蕃的压力和北面来自突厥的压力已经超过在鄯州城内的压力。当临洮军向南迁移到洮州之境，说明是北方压力减轻或已经没有威胁，但来自洮河谷地的压力开始加重。当临洮军向西迁徙到鄯州城内，则说明湟水谷地压力增重。鄯州是陇右节度使治所，洮州事关渭河谷地战略通道的安全，兰州狄道县是唐之牧区所在，关系到唐都长安上游安全。所以，无论临洮军设置在哪个地方，都是重中之重。因此，临洮军兵力在陇右防区和这条防线都居于首位。

这里仅说明临洮军在鄯州城内的形势。该军西面距离“河源军一百二十里”[①]，位于今青海乐都区城西大约 1.5 千米的大古城。[②] 该城南临湟水，三面为山脉环绕。所在的湟水谷地，西起大峡，东至老鸦峡。这里气候温和，水源充足，[③] 该军屯田 30 屯，位居陇右首位。临洮军设置在这条狭长谷地内，除适于屯驻的环境外，还有易于防守的地理形势。西面 27 里为大峡，南面约 20 里为盛家峡，西北部约 40 里为仓家峡，东面 53 里为老鸦峡。东北 100 余里为水峡。[④] 临洮军为五峡所环绕的地理形势，成为该军选址西宁城主要考虑的因素。防御薄弱之处在于西面的大峡，长度仅有 400 米，面临着来自青海湖方向的吐蕃。这决定必须在临洮军上游的河源军、河源军西面的安人军，增加防御力量。

镇西军，设置在河州城内，今临夏市拆桥乡后古城村。[⑤] 这里地势西南高、东北低，四面环山。从此向西，经凤林津渡过黄河，经龙支县，到临洮军。这条防线上镇西军兵力 12000 人，仅次临洮军、河源军。该军设置在河州城内，兼有两方面考虑，一方面是防

---

① （唐）杜佑撰，王文锦等点校：《通典》卷 172《州郡二》“陇右节度使”，中华书局 1988 年版，第 4482 页。

② 李智信：《青海古城考辨》，西北大学出版社 1995 年版，第 65 页。

③ 乐都县志编撰委员会：《乐都县志》，陕西人民出版社 1992 年版，第 49 页。

④ 乐都县志编撰委员会：《乐都县志》，陕西人民出版社 1992 年版，第 53 页。

⑤ 临夏州志编辑委员会：《临夏回族自治州志》，甘肃人民出版社 1993 年版，第 936 页。

御来自西面黄河的威胁，另一方面是维护从渭河谷地延伸至河州战略通道的畅通。

二　青海湖方向三条纵向防线

面向青海湖方向有三条纵向防线。第一条纵向防线，振武军—定戎城—绥戎城—安人军。第二条纵向防线，积石军—绥和守捉—白水军—威戎军。第三条纵向防线，宁塞军—合川郡界守捉。

（一）振武军—定戎城—绥戎城—安人军

这条防线北面以湟水谷地为依托，南面以赤岭以依托，中间一线由药水河谷连接起来。振武军的兵力为1000人，定戎城、绥戎城的兵力不见记载，安人军的兵力为10000人，这条防线兵力总和为11000人，约占陇右总兵力75000人的14.6%。振武军约占这条防线兵力总和的9%，安人军约占这条防线兵力总和的91%。振武军为唐朝和吐蕃殊死争夺的战略要地，战略地位远远高于安人军，为何两军兵力差别如此之大？

振武军，今湟源县药水河西侧石城山上的大、小方台城，位处唐蕃古道日月山口至药水河谷的咽喉地带。[①] 石城山海拔约3600米，高于药水河床大约30米。大方台位于东南，小方台地处西北，中间有一条狭窄山梁将其连接起来，成为相互沟通的小径。[②] 振武军是从青海湖东南穿越日月山口后，沿药水河谷北上，进入湟水谷地的首站。从此东南，至拉脊山南麓向东便进入廓州之境。这里兵力只有1000人。这是这里地势、环境共同的作用。该军北连高山，东、西、南三面悬崖绝壁，所以无须更多兵力，就能起到控扼作用。天宝八年（749），唐朝以伤亡高达数万人的代价，攻克仅有400人戍守的吐蕃。因天高地寒的环境，同样限制驻军数量。今天

---

① 王昱：《石堡城遗址考察纪实》，《青海社会科学》2009年第5期。

② 青海省文物志编辑委员会：《湟中县湟源县文物志》，西宁城西区民族印刷厂1991年版，第228—229页；高东陆：《湟源县境内的古城堡》，《青海文物》1990年第4期。

日月山乡仍以畜牧业为主，[1] 唐代无屯田。

定戎城，今湟源县日月山乡上岩药村东北山梁上的北京台古城。[2]该城坐落这个山梁的一处嘴子上。山梁西面连山地，南、北两面为山沟，东侧一面是药水河。定戎城和振武军分别位于药水河的东、西两岸，控制着沿着药水河谷北上的形势。

绥戎城，西南距离定戎城60里[3]，今湟源县城郊乡二架梁上的光华村古城。该城坐落山梁北部，北面连接大山，城墙外挖有壕沟，其余三面沿山梁断崖修筑。二架梁则高于湟水河床。从古城西门折向北角向西有条大道；在大道北山上，筑有三个相同而并列的瞭望台。从瞭望台上西望，湟水、药水交汇的三角地带尽收眼底。[4] 虽然文献没有记载定戎、绥戎两城的兵力，但一定起到连接并加强这条防线的作用。

（二）积石军—绥和守捉—白水军—威戎军

这条防线以黄河干流谷地、拉脊山山麓、西宁北川谷地与大通河谷地为依托。积石军的兵力有7000人，绥和守捉有1000人，白水军有4000人，威戎军有1000人，这条防线的兵力总和为13000人，约占陇右兵力总和75000人的17%。积石军约占这条防线兵力总和的54%，威戎军、绥和守捉约占这条防线兵力总和的8%，白水军约占这条防线兵力总和的30%。位处鄯州西北之境，陇右、河西接合部的威戎军，为何兵力如此之少？

---

① 据《湟源县志》（湟源县志编纂委员会，陕西人民出版社1993年版，第51页）统计日月山藏族自治乡有草山451293亩，耕地44192亩，内川水地6200亩，浅山地5242亩，脑山地（中低山丘陵）32750亩。

② 据《新唐书·地理志》载，定戎城在绥戎城西南60里，振武军在其南7里，两城有药水相隔。

③ （宋）欧阳修等撰：《新唐书》卷40《地理志四》，中华书局1975年版，第1041页。

④ 李智信：《唐代河源军、安人军、合川郡界守捉、绥和守捉等地望考》，《青海文物》1990年第4期。

白水军，今大通县城关镇李家磨村东北的杨家城。[①] 该军北面是达坂山，西进面娘娘山，东北面兰雀山。中间为盆地，地势西北窄、东南宽。[②] 盆地西面有黑林峡，北面有宝库峡。[③] 这里温和的气候、平坦的土地，易于灌溉屯田。白水军依托这个盆地的西北侧，不仅居高临下，还与达坂山北面的威戎军形成南北呼应之势，同时控制着从河源军北去威戎军的道路。

威戎军，在今青海门源县浩门镇金巴台古城[④]，从此西行可至老虎沟；沿着老虎沟北行，有一座哨卡。该哨卡两岸高山雄峙，有一条羊肠小道经其西面，蜿蜒通入山内。[⑤] 哨卡与威戎军如此部署有着什么样的考虑？浩门镇，北依祁连山，南靠达坂山，大通河西北—东南向横贯其中，从而形成一个平坦开阔，西北高、东南低，南北高、中间低，东西长、南北短、东窄西宽的三角式的浩门镇盆地。其东起克图口，西到青石嘴。从青石嘴以下地势平坦，以上为手扒崖峡谷。[⑥] 威戎军就控制着盆地西侧手扒崖峡谷东端的克图口。因盆地西部开阔，于是在西面老虎沟设置了哨卡，以弥补地形上带来的不足。

威戎军，是从河、湟通往河西走廊的门户，是唐蕃争夺激烈的地方。唐在这里部署兵力 1000 人，主要考虑这里的交通不便、气候干冷。干冷的气候，限制了驻军屯田，屯田仅 1 屯。与威戎军作为河、湟北面门户不同，白水军则是连接威戎军、河源军的节点，同时应是威戎军后勤补给之地。从威戎军南下进攻白水军，

---

① 李智信：《唐代河源军、安人军、合川郡界守捉、绥和守捉等地望考》，《青海文物》1990 年第 4 期。

② 大通回族土族自治县志编纂委员会：《大通县志》，陕西人民出版社 1993 年版，第 75 页。

③ 大通回族土族自治县志编纂委员会：《大通县志》，陕西人民出版社 1993 年版，第 76 页。

④ 陈良伟：《丝绸之路河南道》，中国社会科学出版社 2002 年版，第 230—231 页。

⑤ 李智信：《青海古城考辨》，西北大学出版社 1997 年版，第 197—198 页。

⑥ 门源回族自治县编纂委员会：《门源县志》，甘肃人民出版社 1993 年版，第 71—72 页。

一旦被攻破，立刻威胁到河源军。如果河源军被攻破，陇右节度使所在的鄯州会随时受到威胁。质言之，如果河源军被攻破，白水军难以幸免，威戎军的安全自然无法保证，甚至还会落入吐蕃之手。自此往东南进入河源军的地势越来越宽，这也需要部署较多兵力。这是唐朝在此部署4000人兵力的考量，这里10屯屯田成为兵力部署的基础。

（三）宁塞军—合川郡界守捉

这条防线以黄河干流、拉脊山为依托。宁塞军的兵力有500人，合川郡界守捉有1000人，这条防线兵力总和1500人。宁塞军约占这条防线兵力总和的33%，合川郡界守捉约占67%。

通过对九曲和青海湖两个方向的分析，可以看出每条防线兵力部署并不相同。兵力部署最多的是面向九曲的第三层横向防线，即安人军—河源军—镇西军—临洮军。就实际防御而言，这条防线除面向九曲外，还面向青海湖。镇西军、临洮军主要负责九曲方向，安人军、河源军主要负责青海湖方向。无论负责哪个方向，最终的目的是保护从临洮军经镇西军至河源军这条战略通道的安全，所以该条防线兵力为51000人。这是唐朝在陇右防区兵力部署的基本原则，体现的是保护唐都长安上游安全的战略思想。其余防线都是在这条原则和战略思想指导下，完成各自的兵力部署。

综观整个防线兵力部署，可以看出防线最长的是面向九曲第一层横向防线，即积石军—宁塞军—盐泉城—平夷守捉—莫门军。这条防线的兵力有16000人，说明唐朝和吐蕃的主要战场已经从九曲转移到青海湖方向，就是在这种历史惯性影响下，开元二十六年（738）杜希望设置在廓州城内宁塞军兵力才有500人，成为整个陇右防区兵力最少的一个军事据点。不仅如此，就是其北部、位于拉脊山南麓的绥和守捉、合川郡界守捉的兵力才各自为1000人。这与面向青海湖方向的安人军兵力形成了强烈反差。这不是因为宁塞军所在的气候、土壤不适合灌溉、发展屯田，也不是因为这里有可以凭借的险要地形以减少兵力部署。所以可以说，唐朝在宁塞军兵力部署之少是历史惯性影响而造成的战略错误。

第三节 开元二十九年（741）吐蕃行军路线考辨

开元二十九年（741）至天宝元年（742），发生在陇右和河西防区及周边的战役有哪些呢？

> 六月，吐蕃四十万众入寇，至安仁（人）军。浑崖峰骑将盛希液帅众五千击破之。①
>
> 十二月，乙巳，吐蕃屠达化县，陷石堡城，盖嘉运不能御。②
>
> 十二月癸未，吐蕃陷石堡城。③
>
> 十二月丁酉，吐蕃入寇，陷廓州达化县及振武军石堡城，节度使盖嘉运不能守。④
>
> 是岁，金城公主薨。明年，为发丧，吐蕃使者朝，因请和，不许。虏乃悉众四十万攻承风堡，抵河源军，西入长宁桥、安仁（人）军，浑崖峰骑将臧希液以锐兵五千破之。吐蕃又袭廓州，败一县，屠吏人。攻振武军石堡城，盖嘉运不能守。⑤
>
> 二十九年春，金城公主薨，吐蕃遣使来告哀，仍请和，上不许之。使到数月后，始为公主举哀于光顺门外，辍朝三日。六月，吐蕃四十万攻承风堡，至河源军，西入长宁桥，至安仁（人）军，浑崖峰骑将盛希液以众五千攻而破之。十二月，吐蕃

---

① （宋）司马光：《资治通鉴》卷214，中华书局1956年版，第6844页。

② （宋）司马光：《资治通鉴》卷214，中华书局1956年版，第6846页。

③ （宋）欧阳修等：《新唐书》卷5《玄宗本纪》，中华书局1975年版，第142页。

④ （后晋）刘昫等：《旧唐书》卷9《玄宗本纪下》，中华书局1975年版，第214页。

⑤ （宋）欧阳修等：《新唐书》卷216上《吐蕃传上》，中华书局1975年版，第6086页。

又袭石堡城，节度使盖嘉运不能守，玄宗愤之。[1]

（及至蛇年）夏，赞普以政务出巡临边。陷唐之城堡达化县。晓顿尚氏园中，于赞普驾前，征克若木之大料集。冬，赞普牙账自边地还至札玛。没庐·谐曲攻铁刃城，克之。[2]

这里共有七条文献。第一条文献明确说明吐蕃入寇时间为二十九年（741）六月，入寇人数40万，入寇地点至安人军，结果被浑崖峰骑将盛希液击破，是为第一次战役。第二条，开元二十九年（741）十二月乙巳日（742年2月8日），吐蕃先屠达化县，随后攻击石堡城，节度使盖嘉运不能守。这条文献记载比较模糊，乙巳日应为攻下石堡城日期。因此，第三条记载开元二十九年（741）十二月癸未日（742年1月17日），就非吐蕃攻陷石堡城而是吐蕃进攻的日期，具体地点待后考证说明。第四条中的"十二月丁酉日"（742年1月31日）则是吐蕃屠达化县的日期。第五条、第六条讲述了吐蕃趁着为金城公主发丧的机会来到唐都长安请和，结果被唐玄宗拒绝。吐蕃为之与唐廷进行了数次谈判，最终毫无进展。于是，开元二十九年（741）六月吐蕃赞普率众四十万进攻承风堡，到河源军兵分两路：向西进入长宁桥，再向西进入安人军，结果被浑崖峰骑将盛希液率领的五千唐军击破。值得注意的是"吐蕃四十万攻承风堡"，承风堡位于达化县西南，所以吐蕃是1月17日首先进攻承风堡，31日屠了达化县，2月8日拿下石堡城。第七条吐蕃文献同样印证了吐蕃第一次攻击唐境的时间为开元二十九年（741）夏季（6月），进一步指明是由吐蕃赞普亲自率军进攻，攻陷达化县。这条吐蕃文献还证明了吐蕃是第二次攻陷石堡城的，率众攻打的将领是没庐·谐曲。

---

① （后晋）刘昫等：《旧唐书》卷196上《吐蕃传上》，中华书局1975年版，第5235页。

② 王尧、陈践译注：《敦煌本吐蕃历史文书》，民族出版社1980年版，第117页。

具体行军路线应该怎么样呢?[①] 第一次战役是开元二十九年（741）六月。根据《旧唐书·吐蕃传上》《新唐书·吐蕃传上》所记这次吐蕃行军所涉及的地点，它的行军路线是这样：承风堡—达化县—河源军—长宁桥—安人军。承风堡，位于青海达化县西南。河源军，今青海西宁乐家湾附近。长宁桥，今青海西宁北川与湟水的汇合处，桥址位于今西宁城西新宁桥附近。[②] 安人军，今青海湟源县巴燕峡东段的入口处。[③] 第二次战役是开元二十九年（741）十二月。吐蕃行军路线中所涉及的地点，《旧唐书·吐蕃传上》仅提及石堡城，《新唐书·吐蕃传上》则提及廓州。石堡城原为吐蕃所设，唐军攻取后更名振武军，今湟源县大、小方台城。廓州州城内设有宁塞军，今化隆县群科下城。从两《唐书》叙事的先后顺序分析，吐蕃首攻廓

① 对于开元二十九年（741）吐蕃行军路线的解读，目前学者主要依据留存至今的汉藏文献。严耕望先生（《唐代交通图考》第2卷《河陇碛西区》，上海古籍出版社2007年版，第534页）依据《新唐书·吐蕃传上》《旧唐书·吐蕃传上》的记载，认为这年吐蕃的行军路线始于青海湖。李智信先生（《青海古城考辨》，西北大学出版社1995年版，第97页）持相同的观点。邵文实先生（《开元后期唐蕃关系探谜》，《西北史地》1996年第3期）依据敦煌P. 3885号第一件文书《前大斗军使将军康太和书与吐蕃赞普》、第三件文书《前河西陇右两节度使盖嘉运判廿九年燕支贼下事》的相关内容，认为吐蕃行军路线开始于河西节度使的燕支山，随后南下经河源军，到达廓州。陆离先生则认为吐蕃的行军路线应该是这样：从九曲或青海湖以北、以南的地方出发，向北穿越大斗谷，随后南下渡过黄河、进入九曲休整，以图下次再犯（《敦煌文书P. 3885号记载的有关唐朝与吐蕃战事研究》，《中国藏学》2012年第2期。）另外，学者亦对与这年吐蕃行军路线相关问题做了进一步的研究（［美］白桂思：《吐蕃在中亚：中古时期吐蕃、突厥、大食、唐朝争夺史》，付建河译，新疆人民出版社2012年版，第90页），认为这年夏天吐蕃进攻唐境的原因，可能是唐廷拒绝吐蕃利用金城公主的去世与唐谋求和平的机会。事实上，无论是这年吐蕃的行军路线，还是影响行军路线的原因以及造成的后果，都不是孤立的问题。因此，唯有对这些问题整体研究，才可能得出更加接近史事的结论。之所以对吐蕃行军路线解释不清，主要是因为没有深入地解读这方面的汉、藏文献，将其放置于唐之陇右的军事地理中进行考察，也没有将这次吐蕃的行军路线与遂行作战目的充分联系起来。于是，就很难勾勒出吐蕃行军所经的详细地点，挖掘不到背后吐蕃为解决其边疆危机所建构边防安全现实的考量，以及由此带来陇右、河西的兵力调动。这次吐蕃行军的路线，影响着天宝时期唐朝对外的拓边政策与唐蕃关系的新趋向。所以，有必要对此进行详细分析。

② 西宁市志编纂委员会：《西宁市志》卷7《交通志》，陕西人民出版社1997年版，第118页。

③ ［日］佐藤长：《唐代湟水上游诸城寨与吐谷浑的伏俟城》，梁今知译，青海省地方省志研究学会《青海地方史志研究》1983年创刊号。

州，次及石堡城。因此，吐蕃第二次战役路线是：廓州—石堡城。

这种根据汉籍文献所涉及地点判断吐蕃行军路线，还需要认真阅读加以完善。《新唐书·吐蕃传上》记载：“吐蕃又袭廓州。”所谓“又袭”说明开元二十九年（741）吐蕃攻击廓州不止一次。《新唐书·吐蕃传上》均将其记载为这年六月吐蕃兵败安人军之后，所以这次是开元二十九年（741）十二月，前一次无疑是这年六月。前引吐蕃历史文书《大事记年》所记蛇年［开元二十九年（741）］，吐蕃也是两次进攻唐境。第一次为夏季，与《旧唐书·吐蕃传上》中的六月对应。第二次为冬季，则与《旧唐书·吐蕃传上》中的十二月对应。不同的只是《大事记年》这年夏季增加了“陷唐之城堡达化县”这句文献。达化县，廓州属县。既然吐蕃能够攻陷达化县，必然进入廓州之境。所以，《新唐书·吐蕃传上》中“吐蕃又袭廓州，败一县”第一次时间为开元二十九年（741）六月，而“一县”为达化县。所以，无论开元二十九年（741）六月，还是这年十二月，这两次吐蕃都侵入廓州。《旧唐书·吐蕃传上》：“十二月，吐蕃又袭石堡城。”这条文献同样值得注意。所谓“又袭”说明开元二十九年（741）吐蕃攻击石堡城不止一次，这次是这年十二月。前引《大事记年》“冬……没庐·谐曲攻铁刃城”可资证明。铁刃城，吐蕃之名；汉人称为石堡城。因此，吐蕃第一次攻击石堡城时间是开元二十九年（741）六月，第二次则是这年十二月。开元二十九年（741）六月吐蕃行军路线应该是这样：承风堡—廓州—达化县—长宁桥—安人军—石堡城。这年十二月吐蕃行军路线是：廓州—达化县。

吐蕃第一次行军路线是如何从承风堡达到石堡城？从承风堡所在的廓州之境北上，可以进入绥和守捉（今贵德千户庄），继续北上便至河源军。从河源军向西去经长宁桥，便至安人军附近，南下即到石堡城。至此，可将初步判断吐蕃第一次行军路线承风堡—廓州—达化县—长宁桥—安人军—石堡城，细化为承风堡—廓州—绥和守捉—河源军—安人军—石堡城。在这条行军路线中：从廓州至河源军的路线，是《通典》所记从廓州西北至鄯城的道路[1]，从河源军至石堡城见于《新唐书》。[2] 河源军成为从廓州至河源军，以及从河源军至石堡城这两条道路的交汇点。

河源军还是这次吐蕃北上大斗军的必经之处。从敦煌 P. 3885 号第一件文书《前大斗军使将军康太和书与吐蕃赞普》中大斗军使康太和对吐蕃赞普所言“自兵马北侵，越（中残）川岭，道路苕荛［迢峣］，人畜疲劳”可以论证。“自兵马北侵”说明吐蕃入侵方向是自南而北，南面即陇右。大斗军位于河西、陇右接合部的河西节度使之境，从此往南便进入陇右；陇右北部较大的河流是合门水。合门水即合川。开元十五年（727），唐玄宗对吐蕃入侵拟定的作战预案：如果吐蕃从河西南下，“即令陇右兵马取合川过”。所以，康太和所言“越（中残）川岭”这句难以辨认的字为“合”。合川、合门水，今青海大通河。大通河北面为冷龙岭，南面为达坂山。“合川岭”，极有可能是冷龙岭。开元二十六年（738），杜希望在合川之北设置威戎军。从这里南下经白水军、河源军一线，非山即岭。这符合康太和描述吐蕃行军路线的情况“道路苕荛（迢峣）”。“人畜疲劳”讲的是吐蕃北上入大斗军的路途遥远，造成的吐蕃兵马疲劳。这证明吐蕃不可能从距离大斗军较近的青海湖之北而来，只能是从廓州之境北上长途行军的事实。廓州的南面有隆务河，它自南向北流入黄河。吐蕃在这条河谷中设置雕窠城（今青海循化张尕塌城）。[3] 从这条河谷南下便可进入九曲。廓州东、西两面都为唐军所控制。西面为积石军，东面为盐泉城，开元二十六年（738）在此设置镇西军。虽然不久该军东迁河州城，无论如何这个黄河渡口会有一定兵力部署。更重要的

① （唐）杜佑撰，王文锦等点校：《通典》卷 174《州郡四》“宁塞郡”，中华书局 1988 年版，第 4550 页；刘满：《西北黄河古渡考（一）》，《敦煌学辑刊》2005 年第 1 期。

② （宋）欧阳修等：《新唐书》卷 40《地理志四》，中华书局 1975 年版，第 1041 页。

③ 李智信：《唐代黄河流域青海段诸军城》，《青海文物》1989 年第 2 期；（唐）李吉甫撰，贺次君点校：《元和郡县图志》卷 39《陇右道上》“河州”，中华书局 1983 年版，第 990 页。

是，取道这两处都会遇到唐军的抵抗，所以从隆务河谷北上就成为进入廓州之境的便捷道路。

至此，开元二十九年（741）六月吐蕃行军及路线是这样：首先进入隆务河谷，北上攻入承风戍、廓州、达化县，西去至积石军，北上绥和守捉翻越拉脊山便到河源军。从此兵分两路：一路西去围攻安人军，一路从今湟源县南下进攻石堡城。另外一路从河源军北上攻白水军，翻越达坂山拔掉威戎军，推进到大斗军。至于第二次行军路线，是先攻陷达化县，再及石堡城。

通过对开元二十九年（741）六月、十二月两次行军路线的分析，可以清楚地看出吐蕃这次作战的目标就是攻克石堡城。因此，可以说这是一次战役前后两个阶段。陇右节度使辖属镇西军和河西节度使辖属张掖守捉兵力的增减，可以进一步证明是开元二十九年（741）六月、十二月前后两次行军的结果。诚如前一节所论镇西军的兵力有增加，也有减少。张掖守捉的兵力均为减少，而且减少程度差别也很大。按照常理，在一次战役中，一个军事据点的兵力不会同时既增加又减少，也不可能忽然减少后再次降到很低。这只能说明这是一个战役前后两个阶段造成的结果。除此之外，这次战役也影响到河西节度使辖属豆卢军、新泉军兵力的增加，玉门军、建康军、张掖守捉兵力的减少。

第四节 开元二十九年（741）吐蕃行军路线考量

开元二十九年（741）吐蕃不惜出动四十万兵力，两次从九曲北上廓州深入唐境，经威戎军到达河西走廊，极力完成攻克威戎军和振武军。这背后隐藏着吐蕃什么样的战略考量？从开元二年（714）至开元二十九年（741），唐与吐蕃在九曲、青海湖两个方向进行了十二次战役。

表4-3 **开元二年至二十九年（714—741）唐蕃九曲、青海湖方向战役**①

时间＼方向	青海湖	九曲
开元二年（714）		临洮军　兰州　渭源
开元五年（717）	白水军	
开元六年（718）		九曲
开元七年（719）	安人军	
开元十四年（726）	大斗谷　甘州	
开元十五年（727）	青海湖西　甘州	
开元十六年（728）	渴波谷　祁连城	大莫门城
开元十七年（729）	石堡城	
开元二十一年（733）	河西	
开元二十五年（737）	青海湖西	
开元二十六年（738）	河西　威戎军　宁塞军	盐泉城
开元二十七年（739）	白水军　安人军	

除开元二十一年（733）的战役没有确切地点，其余十一次均有具体地点。这些战役空间分布，绝大多数在青海湖方向。虽然开元六年（718）九曲之役不在青海湖，却是趁着开元五年（717）陇右节度使郭知运大破吐蕃的有利形势对九曲吐蕃进行的偷袭。十六年（728）大莫门城之役，是河西、陇右两节度联军在青海湖西南渴波谷大破吐蕃后的趁胜追击。二十六年（738）盐泉城之役，是这年三月吐蕃攻击河西节度使辖区失败、陇右节度使趁胜攻取吐蕃新城转入战略反攻的结果。因此，二十九年（741）吐蕃不遗余力进攻威戎军、振武军，是开元初年以来唐蕃战场从九曲向青海湖由东向西转移所致。

① 表4-3主要依据两《唐书》、《资治通鉴》、《册府元龟》、《敦煌本吐蕃历史文书》等史料绘制。

陇右据点并非仅有威戎军、振武军，为何开元二十九年（741）吐蕃选择这两个地方作为行军目标？从青海湖进攻陇右线路有两条：沿着青海湖之北的青海道，青海湖东南的唐蕃道。除此之外，还有从河西大斗军经陇右北部至青海湖西的道路。开元十四年（726）冬，吐蕃入寇大斗谷，北上入侵甘州。这次吐蕃是从积石军之西黄河河桥回到九曲[①]，唐军提前焚烧了青海湖南的大非川野草，开元十五年（727）正月唐军遂在青海湖之西大破吐蕃辎重部队。从这次吐蕃行军线路可以看出：不是从青海湖东面的石堡城或安人军入侵。开元十四年（726）从这两地进入唐境道路仍为唐军控制，汉、藏文献没有吐蕃通过这两地的记载。所以，这次吐蕃是从九曲经青海湖西转向青海湖北的祁连山入侵大斗谷。具体应是这样：从九曲过积石军西之河桥，渡大非川，到青海湖西向东转入青海湖北，从此向北经今青海海拉尔山口、大东树山口、祁连县，再转向东南至祁连县俄堡镇，经此穿越大斗谷，过大斗军便至甘州。至今，这条道路仍是沟通青海湖至河西走廊的交通干路。

吐蕃可以经此道路攻击唐境，当然唐军可以借此攻击吐蕃。开元十六年（728），唐军趁着吐蕃攻击瓜州兵败之时，遂至青海湖西攻破吐蕃，进而经青海湖南，攻击九曲大莫门城。开元二十五年（737），崔希逸“发兵自凉州南入吐蕃二千余里，至青海西”，攻破吐蕃。《册府元龟》指出青海湖西具体位置在“素逻文子觜”[②]，虽然这个地名无从查考，不过一定位于青海湖西。青海湖西的牧场主要位于以合河（今

---

① （宋）王钦若等编纂，周勋初等校订：《册府元龟》卷366《将帅部二七·机略第六》只载吐蕃“贼遂取积石军西路而还”（凤凰出版社2006年版，第4148页），不言积石军西路所指。既然为“积石军西路”，说明它一定位于积石军西面。积石军，今青海贵德县河阴镇。在该军西面黄河上游有二处重要渡口：积石军西南140里的洪济桥，积石军西面300里约在今青海省兴海县曲什安河入河口处（刘满：《西北黄河古渡考（一）》，《敦煌学辑刊》2005年第1期）。所谓“积石军西路”，是从积石军西面140里或300里处黄河河桥进入九曲之路。

② （宋）王钦若等编纂，周勋初等校订：《册府元龟》卷986《外臣部三一·征讨第五》，凤凰出版社2006年版，第11418页。

布哈河为中心的天俊县[①]），吐谷浑伏俟城就在附近。唐军从凉州至青海湖西的行程，应该从凉州向西，经甘州转向东南至大斗军，随之经过陇右的威戎军、河源军、安人军，向西绕青海湖北转向湖西。这条线路到青海湖西天俊县与吐谷浑伏俟城，行程大约分别为 1870 里与 1760 里。从凉州经甘州、大斗军、祁连县、刚察县至天俊县与吐谷浑都城约 1650 里与 1540 里。如果考虑当时行军路线的翻山越岭、迂回曲折在内，那么前者与这次唐军行程更加接近。天宝元年（742），河西节度使王倕的行军路线，可以印证。这年十一月初六日唐军从凉州向西出发，十二月各路军队集结在大斗军。十二月十二日到吐蕃新城之南，十五日到青海湖北面，十六日至吐蕃鱼海军，随后从此进入青海湖之西的合河。[②]

由此可以看出，河西唐军能够从河西走廊大斗谷分出的两条道路深入吐蕃境内以至青海湖，有时还可以经此到达九曲。这说明青海湖位于唐军打击的范围之内，唐军可以根据实际需要对青海湖及其附近的吐蕃实行不同程度的打击。这要求吐蕃在唐军从河西走廊至青海湖行军路线中，设置一些军事据点阻遏唐军进入青海湖。从河西走廊经陇右至青海湖之途，有三处险要可以加以运用。第一处是扁都口，第二处是巴燕峡，第三处是大通河之北的台地。扁都口，是连接今河西走廊与湟水谷地大斗谷的北段山口[③]，从河西走廊南下进入陇右之门户，但不利于在此形成屯聚。扁都口北面的甘州、凉州可以作为凭依的广阔腹地，南面有不宜大规模行军的祁连山地。[④] 所以，虽然吐蕃多次从此北上进入甘州，始终无法在此设置据点、形成屯集。巴燕峡，从河湟谷地向西进入青海湖北面的门户。开元七年（719），唐

---

① 青海省地方志编纂委员：《青海省志·青海湖志》，青海人民出版社 1998 年版，第 148—150 页。

② （唐）樊衡：《河西破蕃贼露布》，载（清）董浩等撰《全唐文》卷 352，中华书局 1983 年版，第 3571—3573 页；（宋）司马光：《资治通鉴》卷 215，中华书局 1956 年版，第 6856 页。

③ 李孝聪：《甘、青地区考察所见与古城址初识》，载朱凤玉、汪娟编《张广达先生八十华诞祝寿论文集》，（台北）新文丰出版公司 2010 年版，第 527—556 页。

④ 民乐县志编辑委员会：《民乐县志》，甘肃人民出版社 1996 年版，第 57 页。

朝已经在利于屯集之地抢先设置了安人军，以阻挡从青海湖北面向东挺进的吐蕃。即使吐蕃能够堵住从巴燕峡向西进入青海湖北面的唐军，但唐军仍然可以从大斗军经祁连县进入青海湖流域。这需要吐蕃在从大斗军进入青海湖的两条线路的途中，寻找一处既能够利于屯集又能够阻遏唐军从河西南下、从陇右北上的军事据点。

今大通河之北门源县北山乡金巴台村北面的台地，是唐军从陇右防区北上进入河西防区的门户，自然也是从河西防区南下进入陇右防区所经的要地。这片高地凭借着居高临下的形势，俯瞰着从大斗军经浩门镇盆地到河源军的道路。即使唐军改走从大斗军向西经祁连县至青海湖的道路，占据这片台地的吐蕃始终会使西行的唐军处于后顾之忧中。况且，这是一处不易攻取的战略要地。从开元五年（717）吐蕃在此设置新城，至二十六年（738）唐军攻取后更名威戎军前，这里一直被吐蕃占据。二十六年（738），河西节度使、陇右节度使协同才将其攻取。仅过三年，又被吐蕃夺取。[①] 这说明这片台地对吐蕃具有十分重要的意义。开元二十五年（737）、天宝元年（742），唐军两次对此实行突袭、南北两面夹击的战术，从侧面证明攻取新城着实不易。

吐蕃选择这片台地，除了地形上不易攻取，还在于其所在的地理环境，易于吐蕃于此形成屯集。高寒的气候，使得唐军在这里没有军屯[②]，驻军却有 1000 人。[③] 结果，这里形成了驻军多与粮秣供给少的矛盾。它向东南距离陇右节度使治所鄯州有 350 里[④]，无疑制约着在此戍守的唐军的粮秣供给，以及由此带来的防守困难。与此相反，这里却更适合吐蕃军队屯集。以北的冷龙岭、达坂山麓，是优良的秋季

① 李智信：《青海古城考辨》，西北大学出版社 1995 年版，第 201 页。

② （唐）李林甫等撰，陈仲夫点校：《唐六典》卷 7《屯田郎中员外郎》，中华书局 1992 年版，第 223 页。

③ （唐）李吉甫撰，贺次君点校：《元和郡县图志》卷 39《陇右道上》，中华书局 1983 年版，第 991 页；（唐）杜佑撰，王文锦等点校：《通典》卷 172《州郡典二》，中华书局 1988 年版，第 4482 页。

④ （唐）李吉甫撰，贺次君点校：《元和郡县图志》卷 39《陇右道上》，中华书局 1983 年版，第 991 页；（唐）杜佑撰，王文锦等点校：《通典》卷 172《州郡典二》，中华书局 1988 年版，第 4482 页。

牧场。[1] 这是开元二十九年（741）吐蕃北上行军攻取威戎军的主要原因。就此而言，吐蕃已经达到了此次行军的目的。

开元二十九年（741），吐蕃攻取石堡城基于什么考虑呢？这是解开开元十五年（727）、十六年（728）、二十五年（737）、天宝元年（742）四次战役中，唐蕃双方均经过青海湖北再到青海湖西，不从此转入青海湖东的关键。青海湖东侧的地理环境使然。该湖是一封闭的内陆盆地。西北高、东南低的地势，使青海湖东侧湖滨地带成为小湖泊的集中地。[2] 这决定不像青海湖其他三面容易沿着湖滨地带形成环湖的道路。青海湖东侧西北—东南走向的赤岭，以及发源于赤岭北麓的湟水支流药水河，则规定着青海湖东侧的道路只能在赤岭以东；顺着药水河谷地是距离青海湖东侧最近的线路。这是从青海湖西侧东进与从吐蕃都城逻些北上两条道路会合后进入湟水谷地的唐蕃交通大道。所以，位于唐蕃交通大道的赤岭山口至药水河河谷咽喉地带的石堡城，遂成为双方激烈角逐的要地。

在安史之乱之前，唐蕃在石堡城角逐高达 8 次。[3] 吐蕃占据这里，可以直接以此为基地向北沿着药水河谷地，直插湟水谷地的安人军，威胁沿着湟水谷地的青海道；向东沿着拉脊山南麓推进到绥和守捉、合川郡界守捉，威胁陇右节度使后方，并对关中上游形成战略压迫。与此相反，一旦这里为唐军所有，相当于在青海湖与九曲之间插入一个随时可以威胁其联系的楔子。从此通往吐蕃都城的交通生命线，时刻将处在唐军的威胁中。

总之，开元二十九年（741）吐蕃攻取威戎军、振武军两个据点，实际上是为了堵住从陇右、河西进入青海湖南、北两侧的交通道路。这取决于青海湖在吐蕃、唐接界的边防线中占据重要位置。青海湖，

① 大通回族土族自治县志编纂委员会：《大通县志》，陕西人民出版社 1993 年版，第 166—168 页。

② 青海省地方志编纂委员会：《青海省志 · 青海湖志》，青海人民出版社 1988 年版，第 2 页。

③ 王昱：《石堡城唐蕃争夺战及其方位》，《青海社会科学》2010 年第 6 期。

位于青藏高原的东北部、祁连山的东南隅。湖滨地区，不仅海拔较低，而且气温较高，所以牧草繁茂，是盛产战马的好地方。[①] 其他与唐境接界的地方，虽然不完全是高山峻岭，无垠的黄沙间，偶尔点缀着一些绿洲，狭小的面积却不容易产生巨大的军事效益。所以，青海湖就成为吐蕃与唐朝漫长边防线中最重要的战略要地。这得益于青海湖在吐蕃和唐朝河西、陇右、安西、剑南以及蒙古草原五个动脉的心脏位置。

对陇右而言，从渭水谷地向西经湟水谷地，青海湖是突厥向东南进入青藏高原、深入吐蕃腹地的交通孔道；对蒙古高原而言，青海湖是突厥从漠南穿越河西走廊经陇右一侧进入青藏高原与吐蕃联系的便捷孔道；对西域而言，青海湖是从鄯善折向东南，进入柴达木盆地与陇右、河西接合部的孔道；对剑南而言，由青海湖南下金沙江上游区，可以进入横断山地，到达川边与滇西北，直接威胁唐之后方；对吐蕃本部而言，青海湖隔着唐古拉山口，经此即进入吐蕃核心区的北方，可以说是吐蕃核心区北方的重要屏障。[②] 因此，吐蕃占据青海湖，在加深其北部边防防御纵深的同时，[③] 尤其重要的弥补这里因远离吐蕃都城所带来的因为战线过长所导致军队补给的困难，而且还可以以此为基地向外多方位地呈放射状的发展。所以，唐前期吐蕃遂将青海湖看作其向外积极发展的优先战略选择之地。

明乎于此，就清楚了分别位于青海湖东北的威戎军、东南的石堡城在维护吐蕃边防安全中所起到的至关重要的作用。威戎军关乎吐蕃向北伸向漠南，石堡城关乎吐蕃向南进入藏北，两者南北合势则始终会使吐蕃向西进入西域、向东进入陇右的途中处于被牵制的状态。这决定在与唐军角逐中，要始终把青海湖及东北、东南两个方向的安全

---

① （唐）杜佑撰，王文锦等点校：《通典》卷190《边防六·西戎二》“吐谷浑”条，中华书局1988年版，第5164页。

② ［日］松田寿男：《吐谷浑遣使考（下）》，周伟洲译，《西北史地》1981年第3期。

③ 林冠群：《唐代吐蕃史论集》，中国藏学出版社2006年版，第233页。

作为对外经略的重中之重。具体到开元二十九年（741）吐蕃攻击威戎军、振武军的目的，一方面解开青海湖东北、东南两个方向作战的危机，另一方面改变其与唐之安西、河西、陇右、剑南整个西部边疆对峙中所面临的处处被动的防守态势。

安西距离唐都长安万里之遥，就是距离吐蕃都城也千里迢迢，这种远离唐朝和吐蕃两个核心区的边缘地带，注定其在唐蕃边疆争夺与维系各自边疆安全中不处于支配全局的作用。[①] 在从吐蕃都城向西经今西藏阿里地区去往安西的途中，没有一个可以与青海湖相比且可资耕牧的良好区域，[②] 既能够保障前方军队的后勤补给，又能够给唐朝造成战略威胁。而且，这里与吐蕃本部还隔着高耸的昆仑山，无疑又增加了后勤补给的难度，从而决定吐蕃根本无法从此出动大规模的军队对安西进行致命的打击。所以，这里不像吐蕃与唐之陇右节度使、河西节度使的作战中有时出动十万，甚至数十万的军队。[③] 虽然吐蕃有时也可以青海湖为基地穿过河西走廊直接进入安西，但这种长距离劳袭且又通过唐境的战术取得不了根本性的胜利。[④] 总之，正是因安西不处于关系唐之整个西部边防防御中牵一发而动全身的战略地位，吐蕃是不可能几乎倾全国兵力对这里进行攻击。

对紧邻安西的河西进行攻击，首先面临着优先从哪里进攻的选择。河西走廊西北—东南走向的地理形势，首先决定吐蕃根本不可能

---

① （唐）杜佑撰，王文锦等点校：《通典》卷190《边防六・西戎二》，中华书局1988年版，第5174页。

② 王小甫：《唐、吐蕃大食政治关系史》，中国人民大学出版社2009年版，第25—26页。

③ （宋）司马光：《资治通鉴》卷210，中华书局1956年版，第6364页；（宋）司马光：《资治通鉴》卷211，中华书局1956年版，第6704页；（宋）王钦若等编纂，周勋初等校订：《册府元龟》卷432《将帅部九三・立后效》，中华书局1956年版，第4895—4896页。

④ （宋）司马光：《资治通鉴》卷213，中华书局1956年版，第6779页；（宋）王钦若等编纂，周勋初等校订：《册府元龟》卷986《外臣部三一・征讨五》，凤凰出版社2006年版，第11417页。

从西北或东南的入口进行长距离推进，结果只能选择从长达 2000 多里的走廊南山某个入口进行攻击。从青海湖流域进入这里的道路却不止一条[①]，唯有大斗谷相对便捷。[②] 这确定吐蕃对河西进攻的方式，要么单独出兵一处，鱼贯而入；要么多路并进，穿插而行。就吐蕃与唐军在这里角逐的历史而言，吐蕃更多地选择集中兵力攻击一处的战术，但河西走廊以南山为依托所形成的绵长边防线，以及其绕道青海湖西向东进入九曲漫长的行军路线，决定吐蕃无论选择从何处攻击河西走廊都无法避免给唐军攻击青海湖基地的机会。[③] 即使选择最为便捷的扁都口一线向北进入河西走廊腹地，陇右节度使则会趁机与河西节度使形成南北呼应之势，随时对其夹击。[④] 即使吐蕃能够通过河西走廊与北方突厥取得了联系，旨在对唐之北部边防形成战略压力，进而配合其在其他地区的军事行动。[⑤] 这成功与否，又受制于唐朝对突厥的外交政策。至少从开元十五年（727）以来，北方的突厥已经和唐朝的关系得到了实质性的改变。所以说，开元二十九年（741）吐蕃对河西的进攻，并不是取得突厥对其的呼应，只是为了达成攻取威戎军所采取的一种进攻手段。

剑南防区，位处唐朝边疆防御体系中的西南一隅，虽然吐蕃可以通过金沙江、澜沧江、怒江这些河谷通道进入唐境，但其在剑南与唐军的争夺中，如同攻击安西一样，不能对唐之西部整个防御体系形成有力的撼动之势。剑南在唐蕃战争中始终处于附属陇右的地

---

① （唐）樊衡：《河西破蕃贼露布》，载（清）董浩等撰《全唐文》卷 352，中华书局 1983 年版，第 3571—3573 页；（后晋）刘昫等：《旧唐书》卷 57《公孙达武传》，中华书局 1975 年版，第 2300—2301 页。

② 李孝聪：《甘、青地区考察所见与古城址初识》，载朱风玉、汪娟编《张广达先生八十华诞祝寿论文集》，（台北）新文丰出版公司 2010 年版，第 527—556 页。

③ （宋）司马光：《资治通鉴》卷 213，中华书局 1956 年版，第 6782 页。

④ （宋）王钦若等编纂，周勋初等校订：《册府元龟》卷 986《外臣部三一・征讨五》，凤凰出版社 2006 年版，第 11417 页。

⑤ （宋）王钦若等编纂，周勋初等校订：《册府元龟》卷 981《外臣部二六・盟誓》，凤凰出版社 2006 年版，第 11359—11360 页。

位[①]，无法得以改变。而且，自开元二十二年（734），唐廷下令剑南节度使支持南诏攻讨投降吐蕃的群蛮各部以来，吐蕃在剑南节度使南部势力已经开始逐步萎缩。[②] 开元二十六年（738），玄宗遣使册封皮罗阁为云南王，[③] 遂进一步加强了与这里的联系，随后吐蕃势力便不得不退缩到浪琼（今云南洱源）一带。[④] 因此，基于这时边疆退缩与南诏归附不利于自己的现实考量，吐蕃绝不会倾巢进攻剑南。同时，难保在其剑南陇右防区作战过程之中，南诏不会乘势对其侧翼与后方攻击。

因此，开元二十九年（741）吐蕃就把挽救边疆危机的战略要地，选择在唐之陇右防区。陇右防区的战略地位，不仅在唐朝西部边疆防御体系中位处安西、河西与剑南、南诏的中间地带的突出位置，还是唯一一个紧邻唐都，且直接起到屏障长安上游作用的防区。开元二年（714），当吐蕃兵侵至渭源县时，唐廷下令在京兆府、豳州、陇州、岐州等地抽出十五万人兵力支援。[⑤] 这次唐廷调动如此规模的兵力，足以说明陇右屏障关中安全的重要地位。不仅如此，而且陇右还是河西、安西、北庭等节度使兵马所需粮秣输入的必经之地与供给地。[⑥] 所以，无论吐蕃基于什么样的作战目的进攻陇右，都会足以引起唐朝的高度重视。

正是因为陇右在唐朝西部边疆防御体系与唐都的重要战略地位，所以在唐廷弄清吐蕃的作战意图之前，是不会轻易地调动其他防区的力量进行支援。安西，一个十分不稳定的区域，自然需要兵力对此镇守、控遏。剑南，唐朝重要战略物资产地，自然不能小觑。一旦失

---

① （宋）司马光：《资治通鉴》卷214，中华书局1956年版，第6835页。

② 王海兵：《唐蕃西川战争及相关路线考辨》，《江汉论坛》2008年第1期。

③ （唐）元宗：《封蒙归义云南王制》，载（清）董浩等撰《全唐文》卷24，中华书局1983年版，第277页。

④ 方铁：《南诏、吐蕃与唐朝三者间的关系》，《中国藏学》2003年第3期。

⑤ （宋）王钦若等编纂，周勋初等校订：《册府元龟》卷118《帝王部一一八·亲征第三》，凤凰出版社2006年版，第1286页。

⑥ 李新贵：《唐前期陇右节度使属州整合过程研究》，《历史地理》第27辑，上海人民出版社2013年版，第22—35页。

去，不仅唐都长安所在关中平原将受到威胁，而且西北兵马所需的粮秣将随时出现补给的危机。[①] 这时蒙古高原上不稳定的突厥，又使河西时常处于战备状态，这无疑牵制并分散了唐朝在北部边疆的兵力部署，客观上有力地支援吐蕃对陇右的军事打击。结果，在开元二十九年（741）十二月吐蕃在陇右防区腹地行军的过程中，援助陇右的唐军主要是与其相邻的河西及关东军队。而且，在陇右西部前沿防区进行穿插，使得作为后勤补给大夏河以东的后勤补给区，始终不敢轻易地调动军队进行支援，所以只能看到位处大夏河谷地设置在河州城内的镇西军兵力的增加和减少。因此，开元二十九年（741）无论是吐蕃选择作战的时机，还是选择作战的区域，都是做了整体考虑，而且从攻克威戎军和石堡城遂行作战的目的而言，可以说是一次十分经典的战役。

第五节 开元二十九年（741）吐蕃行军路线地理探析

开元二十九年（741）吐蕃在陇右防区穿插行军时，考虑哪些因素呢？一般而言，一支军队行军打仗时，首先，要避开敌方设计的防线，朝着兵力最少，最易行军的地方开始。其次，在敌境作战，要设计出一条最短的行军路线。无论是哪条原则，都是为了遂行作战。换句话说，这两条原则的实行必须以作战目的遂行为根本。

这里以开元二十九年（741）六月吐蕃第一次兵分两路的河源军为节点，分析吐蕃从青海湖、九曲两个方向进入唐境的道路中，最终选择第一次行军路线的原因。从青海湖方向进入河源军有两条道路。第一条从青海湖南向东北进入振武军，继续东北至河源军。唐朝在这条道路上部署了振武、河源两军，兵力分别为 1000 人、14000 人，

① （唐）陈子昂：《陈拾遗集》卷 8《上蜀中军事》，上海古籍出版社 1992 年版，第 92 页。

总和为 15000 人。第二条从青海湖北向东经安人军至今湟源县与从振武军而来的唐蕃道会合。这是丝绸之路青海道之一部。① 唐在这条道路上部署了安人军、河源军，安人军的兵力为 10000 人，加上河源军的 14000 人，总和为 24000 人。

从九曲方向进入河源军则有三条。第一条从积石军北上至河源军②，这里称为积石道。唐朝在这条道路上部署了积石军、绥和守捉、河源军，兵力分别为 7000 人、1000 人、14000 人，总和为 22000 人。第二条从廓州北上，经宁塞军、积石军、绥和守捉至河源军，这条道路一部分与积石道重叠，这里称之为廓西道。唐在这条道路上部署了宁塞军、积石军、绥和守捉、河源军，兵力分别为 500 人、7000 人、1000 人、14000 人，总和为 22500 人。第三条从宁塞军北上经合川郡界守捉，这里称之为廓东道。唐在这条道路上部署了宁塞军、河源军，兵力分别为 500 人、14000 人，总和为 14500 人。

在这五条道路中，兵力部署最多的是青海道，余下依次为廓西道、积石道、唐蕃道、廓东道。开元二十九年（741）六月，吐蕃第一次行军路线时既没有选择兵力最多的青海道，也没有选择人数最少的廓东道，而是选择兵力位居第二的廓西道，而且也是最为迂回曲折的道路。首先要避开易守难攻的石堡城。开元十七年（729），唐廷调动陇右节度使、朔方节度使、河西节度使的军队才将其攻克，攻城之艰辛由此可见。这次吐蕃作战目标是北面的威戎军、南面的石堡城，这决定吐蕃不会将作战目标过早地暴露，以免陷入南北两面被唐军分隔包围的险境。这是吐蕃本可以从绥和守捉向西进攻击石堡城，却仍然绕道北上安人军的真实原因。

吐蕃也不会从青海湖之西的安人军或之北的白水军进攻。开元二十七年（739）七月，吐蕃分从两道进攻安人军和白水军，由于进攻

① 夏鼐：《青海西宁出土的波斯萨珊朝银币》，《考古学报》1958 年第 1 期。

② 严耕望：《唐代交通图考》第 2 卷《河陇碛西区》图 8《长安西通陇右河西道河湟青海地区交通网合图》，上海古籍出版社 2007 年版；刘满：《西北黄河古渡考（一）》，《敦煌学辑刊》2005 年第 1 期。

白水军的吐蕃被唐军“拒守连旬”无法推进，结果被南北夹击遭到失败。[①] 攻击安人军的一路胜利与否，文献没有记载。恐怕多以失败而告终。安人军，东北为乌图长山，东南为将军山，只要控制住所在的下寺村就能遏制从此进入湟水谷地的门户，因此对安人军攻击同样很难一时达到应有的效果。以往失败的记忆，现实地形上的无法克服的困难，都促使吐蕃不可能再次选择从外线进攻。

吐蕃不选择振武军、安人军、白水军进攻，主要受制于这些地方所在的地形。结果，只剩下从九曲北上通过廓州之境的三条道路。吐蕃没有选择积石军路起点的积石军进行攻击，同样是受到地形方面的限制。黄河从今龙羊峡下峡口出峡，流经积石军之北，随后向东流入松巴峡的上峡口。[②] 积石军就位处这两处峡口之间，可以说是一个非常易守难攻的据点。而且，这两峡口之间的黄河河谷比较开阔，更增加了在此渡河的难度。不过，廓州东南 100 里的广违城渡[③]，是渡河的理想场所。这里位处黄河支流隆务河与黄河干流交汇处。这段黄河河面窄、水势平缓，[④] 同时两河交汇处的石质阶地也平缓开阔、利于渡河。[⑤] 这是开元二十九年（741）六月吐蕃选择廓州北上的地形因素的考量。

问题是从廓州境内分出的两条道路，吐蕃为何放弃兵力部署少、路途近的廓东道，偏偏选择兵力部署多、路途远的廓西道？从开元二十九年（741）这次战役的结果来看，吐蕃遂行目标是攻克振武军、威戎军。前者位于陇右节度使的西南部，后者位于陇右节

---

① （后晋）刘昫等：《旧唐书》卷 196 上《吐蕃传上》，中华书局 1975 年版，第 5234 页。

② 刘满：《西北黄河古渡考（一）》，《敦煌学辑刊》2005 年第 1 期。

③ 广违城渡，位于黄河及其支流隆务河交汇处的米川县，（唐）李吉甫撰，贺次君点校：《元和郡县图志》卷 39《陇右道上》“米川县”（中华书局 1983 年版，第 994 页）曰：“西至州一百里。”因此，广违城渡亦距离廓州约百里。

④ 庞琳：《古代湟水黄河间的重要通道——安夷和罗谷道考述》，《青海民族学院学报》（社会科学版）1995 年第 4 期。

⑤ 刘满：《西北黄河古渡考（一）》，《敦煌学辑刊》2005 年第 1 期。

度使的西北部，两者一南一北，相距470里。[①] 从河源军北上去往威戎军的道路，只有从河源军沿着北川河谷经白水军的这条便捷线路。这规定从廓州北上河源军的道路只能选择廓西道而不是廓东道，因为廓西道距离吐蕃攻克的目标振武军更近。而且，沿着廓西道北上河源军行军，客观上也为吐蕃经定戎城至振武军这条行军路线的侧翼安全提供了保障。相反，如果吐蕃选择廓东道，可能出现在从廓州向北推进，或者沿着唐蕃道南下之际，会受到位于这两条道路之间唐廷部署在廓西道军队的掣肘，无论是北上还是南下，都会感到侧翼受到威胁。

吐蕃选择廓西道，还有着其他方面的考虑。虽然积石军有7000名唐军驻守，但对面的黄河北岸此时仍为吐蕃所控制，这无疑牵制了这里的唐军，从而确定在弄清吐蕃攻击意图之前不能轻易地被调动。《元和郡县图志》等文献没有积石军兵力被调动的记载，结果这条道路上唐军的兵力就从原来的22500骤减至15500，与廓东道14500相接近，因而几乎成为吐蕃从廓州北上河源军兵力最少的道路，同时也减少了吐蕃北上的后顾之忧。虽然从绥和守捉北上的道路要翻越拉脊山，但这里却缺少峡谷地段，道路宽阔也便于行走，成为商贾、僧侣、军队的道路。[②]

吐蕃放弃廓东道，还有北上行军过程中稳住陇右节度使的考虑。如果吐蕃选择廓东道行军，这支军队在经合川郡界守捉翻越拉脊山以后，兵锋就直接指向陇右节度使治所鄯州。这势必引起驻守于此唐军的剧烈反应，无论唐廷是否清楚吐蕃这次行军的目的，都可能派出一部分军队与河源军、安人军对行军至此的吐蕃形成夹击之势，甚至还会调动朔方等地的军队，尽其所能地聚歼侵入这里的

---

① 威戎军位于鄯州西北350里，河源军距离鄯州120里［（唐）李吉甫撰，贺次君点校：《元和郡县图志》卷39《陇右道上》“鄯州”条，中华书局1983年版，第991页］，以此可知威戎州位于河源军230里。而石堡城位于河源军西南240里［（宋）欧阳修等：《新唐书》卷40《地理志四》“鄯州西平郡”，中华书局1975年版，第1041页］。因此，威戎军、石堡城南北相距470里。

② 李智信：《青海古城考辨》，西北大学出版社1995年版，第114页。

来犯之敌。如此吐蕃的目标就难以达成，所以要设计出一条让临洮军按兵不动的计策；避免刺激陇右节度使核心区，成为吐蕃行军时必须考量的一个重要因素。这就是在行军时尽量远离它，不让陇右节度使摸清吐蕃这次行军的真实意图。这确实收到了效果，达到了目的。否则，开元二十九年（741）六月面对吐蕃北上行军，唐廷不会将设置在狄道县的临洮军兵力从平时的 15000 人遽增到战时的 55000 人。既然临洮军兵力都在增加，那么增加戍守在河州城内镇西军兵力也是可以理解的，所以就从平时兵力 12000 人增加至 13000 人。这恰是唐廷在不清楚吐蕃此次行军目的而在战略部署上误判的结果。唐廷不清楚吐蕃这次北上意图的另一个证据，就是没有调动平时驻守的河源军阻击。①

正是因为身兼陇右节度使、河西节度使的盖嘉运不清楚吐蕃这次北上真正的意图，所以从河源军北上的吐蕃军队顺利地推进到河西节度使所辖大斗军附近，丧失了与河源军、白水军东西夹击吐蕃的良机。同时，也丧失了吐蕃因安人军兵败或攻击石堡城受阻与大斗军合力收复威戎军的机会。② 其中固然有唐廷战略误判因素，也与从河源军经白水军至威戎军这条易于北上而不易南下的道路密切相关。虽然唐朝戍守在河源军的兵力 14000 人，但这里却没有更加有利的地形地势可以凭依，南川河谷反而提供了从绥和守捉北上直达的道路。从河源军沿着北川河谷北上的地形也比较开阔，直至白水军才逐渐变得狭窄。③ 一旦白水军丢失，威戎军南面的屏障立刻尽失。这给从河源军北上的吐蕃造成了有利的行军形势，于是在行军途中攻克威戎军。文献没有具体记载威戎军被攻克的时间，不过天宝元年（742）六月代

---

① 具体参考下文的分析。

② 参见敦煌 P. 3885 号第一件文书《前大斗军使将军康太和书与吐蕃赞普》，载《法藏敦煌西域文献》第 29 卷，上海古籍出版社 2003 年版，第 89—90 页。该文书又见陈祚龙《敦煌文物随笔》，台湾商务印书馆 1978 年版，第 260—264 页。

③ 大通回族土族自治县志编纂委员会：《大通县志》，陕西人民出版社 1993 年版，第 75—76 页。

替盖嘉运出任河西节度使的王倕，对此进行了攻击[①]，说明在此以前威戎军已不为唐朝所有。该军失去时间为开元二十九年（741）[②]，具体应为这年六月。吐蕃攻克威戎军之后，还乘势向北推进到大斗军，但这不是真正地攻击它。因为大斗军已深入大斗谷，狭窄的通道，高峻的山岭，多变的气候[③]，即使吐蕃能一时夺取，也难以长期防守。所以，吐蕃赞普率领的军队攻击大斗军不是唐朝文书所记载的兵败，不过是吐蕃赞普为牵制河西唐军以策应南下攻击石堡城的吐蕃所做的假象。

这次战役进程并没有完全按照吐蕃赞普设计的进行，最终达成攻克石堡城的目标。吐蕃军队从廓西道行军至河源军兵分两路，一路由吐蕃赞普率领从河源军北上攻击威戎军。另一路军队从河源军西行至绥戎城分兵两支：一支西去进攻安人军，以阻止安人军尾随其后攻击，结果被该军驻守在浑崖峰骑将盛希液率领的5000精锐士兵击破。这支阻击军队的失败，对从绥戎城南下攻击石堡城的吐蕃主力一定造成了不可估量的影响，结果吐蕃第一次攻击石堡城以失败而告终。

鉴于这次阻击安人军的失败和攻克石堡城行军目的的暴露，这年十二月唐应该加强戍守振武军的兵力。虽然这年十二月吐蕃仍顺着隆务河谷北上进攻。与以前不同的是，吐蕃这次攻下廓州属县达化后就进行了屠城。吐蕃此举无非为了打破唐军在陇右，尤其是在振武军及其周边的防御部署，进而配合攻击石堡城的行动。当唐军获悉达化县被屠城之后，遂调集关东、河西等地的团练迅速往此集结。敦煌P. 3885号第三件文书这样记载："关东（中残）张安等二将军（中残）必按军法。廓州水南，（中残）恻（测）此贼徒。逗留可（中残）兵。河西军州，团炼（练）日（中残）谢君违，惟敌是求，（中

① （后晋）刘昫等：《旧唐书》卷104《哥舒翰传》，中华书局1975年版，第3212页；（宋）欧阳修等：《新唐书》卷135《哥舒翰传》，中华书局1975年版，第4569页。

② 李智信：《青海古城考辨》，西北大学出版社1995年版，第201页。

③ （唐）魏征等：《隋书》卷3《炀帝纪上》，中华书局1973年版，第73页。

残）升，举在目前。”文中的“（中残）恻（测）此贼徒。逗留可（中残）兵”，一定为屠达化县的吐蕃军队。该部吐蕃在此逗留，同样是为了制造假象，以吸引唐军往此聚集。这收到了效果并达到了目的。前引文书清楚地说明，无论是从河西还是从关东调集的唐军都在“廓州水南”集结。集结至这里的唐军，还有包括陇右节度使辖区内的唐军，镇西军平时的兵力遂从平时的12000减少到11000。吐蕃趁此机会，立即攻击石堡城。这次攻取，同样并非一帆风顺。起初攻击石堡城的吐蕃将领为没庐·谐曲[①]，后来又改为索斜决。[②]无论如何，石堡城终被吐蕃攻克。这次战役后，吐蕃赞普也率军回磨环川休整。[③]

吐蕃从哪里再次攻击石堡城的呢？首先，可以肯定的是吐蕃不会再走第一次从绥和守捉北上翻越拉脊山至河源军，再经河源军西去至绥戎城，至此南下到石堡城的这条迂回曲折的线路。安人军不易攻克的地理形势，以及吐蕃接连在此兵败的教训，促使吐蕃不可能故伎重演。在吐蕃攻克石堡城前，吐蕃赞普已经离开九曲回到行宫札玛[④]，从而说明吐蕃极有可能是从日月山外沿着莫离驿（今青海共和县东坝）这条交通大道进攻。虽然至今还不清楚札玛的具体地望，但其距离青海湖应该不远。面对即将到来的石堡城攻坚战，他不可能会走远。青海湖周围丰美的水草，非常利于吐蕃在此屯集休整。吐蕃这次攻击石堡城不是采取直接攻取的战术，而是通过制造屠灭达化县、吸引支援的唐军完成攻克石堡城的目的。

通过对开元二十九年（741）吐蕃行军路线的分析，可以看出这是一次非常经典的敌境穿插的作战行动。首先，这是在充分掌握陇右防区防线兵力部署基础上的设计。在防线兵力部署上，吐蕃看似沿着

① 王尧、陈践译注：《敦煌本吐蕃历史文书》，民族出版社1980年版，第117页。

② 黄希凡：《敦煌藏文吐蕃史文献译注》，甘肃教育出版社2000年版，第52页。

③ 参见敦煌P. 3885号第三件文书《前河西陇右节度使盖嘉运判廿九年燕支贼下事》，载《法藏敦煌西域文献》第29卷，上海古籍出版社2003年版，第89—90页。该文书又见陈祚龙《敦煌文物随笔》，台湾商务印书馆1978年版，第260—264页。

④ 王尧、陈践译注：《敦煌本吐蕃历史文书》，民族出版社1980年版，第117页；黄希凡：《敦煌藏文吐蕃史文献译注》，甘肃教育出版社2000年版，第45页。

兵力最多的防线行军，实际上因为唐之积石军受制于黄河北岸吐蕃的监视、掣肘而无法调动，结果所行走的廓西道兵力部署仅有15500人，即使这些唐军也没有完全参战。目前可以明确确定参战有安人军5000人。即使全部算上宁塞军的500人、绥和守捉的1000人、白水军的4000人、威戎军的1000人，再加上从镇西军支援的1000人，才有12500人。这充分说明陇右防区以点成线、以线组面的防御体系，并不适合消极被动的防御。在这种消极被动防御态势下，这种兵力分散的部署体系很难聚集起来形成有效的作战体系，尤其是面临吐蕃动辄以数万，甚至数十万军队的主动攻击，就会出现兵力分散、战斗力无法充分发挥的现象。其次，吐蕃有意地打破了以前河西、陇右节度使联合作战的模式。陇右、河西的联合作战不仅仅是兵力的增加、战斗力加强，而是在地域上可以使吐蕃所依靠的青海湖、九曲两个基地同时处于警备状态，从而使以此为基地的吐蕃处于被动防守的态势。这次吐蕃采取的穿插战守，是趁着身兼陇右、河西节度使的盖嘉运从河西节度使南下巡边的机会进行的一次大规模袭击。由于是在唐境穿插行军，为了避免行军带来的阻碍，遂采取了避免刺激陇右节度使核心区、佯攻、屠城等手段，以掩盖其作战的真实目的。这确定唐朝在以后与吐蕃的较量中，陇右节度使只有与邻近的防区，尤其是河西节度使协同作战，才有再次取胜的可能性。这也影响了开元以后唐朝对吐蕃的作战方式。只有积极地进攻，才能维护已有的疆土；只有协同作战，才能开疆拓土。

第六节　陇右河西兵力调动解析

开元二十九年（741）六月、十二月，吐蕃为解救边疆危机所设计的行军路线与作战空间，主要在陇右节度使辖区，同时部分还在河西、陇右接合部的大斗军等地作战。这是否会引起陇右、河西两大防区的兵力部署调动，目前传统文献没有直接记载。近年来，随着相关文书发现，确实证实了这次吐蕃在陇右防区穿插行军引起了周边防区的兵力调动。前引敦煌 P. 3885 号第三件文书这样记载："关东（中残）张安等二将军（中残）必按军法。……河西军州，团炼（练）日（中残）谢君违，惟敌是求，（中残）升，举在目前。"这段文献有两处值得关注。一是"河西军州"的"河西"。这里"河西"应该是指河西节度使所辖的军州。开元以来，陇右节度使、河西节度使协同作战已经成为惯例。这种协同作战的方式，一度促使陇右节度使、河西节度使由一人兼任，开元十五年（727）前后王君㚟身兼陇右节度使、河西节度使就是显例。这年当王君㚟战死，唐玄宗所做的军事部署和兵力调动就包括河西节度使兵力。此外，还包括关内道和朔方兵力。二是"关东"。所谓"关东"，多数情况下指河南道，有时泛指潼关以东的地方。[①] 开元、天宝之际，全国分设安西节度使、北庭节度使、河西节度使、陇右节度使、朔方节度使、河东节度使、范阳节度使、平卢节度使、剑南节度使和岭南五府经略使。[②] 所以，这里"关东"除河南道外，还应该包括河东节度使在内。无论是河南道，还是河东节度使的兵力，这次这两个地方都不在吐蕃行军路线以及唐蕃作战空间，所以这里只分析陇右节度使、河西节度使的兵力调动问题。

至于开元二十九年（741）吐蕃在陇右、河西穿插行军，是否引起这两个防区兵力部署的改变，目前留存至今的《旧唐书·地理志》《新唐书·地理志》《元和郡县图志》《通典》《资治通鉴》等文献并没有记载。通过前文比较分析，确实发现是开元二十九年（741）吐蕃行军所引起的兵力部署调整。在陇右防区包括临洮军兵力从平时的15000 人增加至战时的 55000 人，河源军兵力从平时的 14000 人减少至战时的 4000 人，镇西军兵力在一个阶段从平时的 12000 人增加至战时的 13000 人，在另外一个阶段从平时的 12000 人减少至战时的11000 人。在河西防区主要包括建康军兵力从平时的 5300 人减少至

① 张荣芳：《试论隋唐的山东与关东》，载中国唐代学会编《唐代研究论集》（第 3 辑），台北新文丰出版股份有限公司 1992 年版，第 737—767 页。

② （宋）司马光：《资治通鉴》卷 215，中华书局 1956 年版，第 6847—6851 页。

战时的5200人，宁寇军兵力从平时的1700人增加至战时的8500人，玉门军兵力从平时的5200人减少至战时的1000人，豆卢军兵力从平时的4300人增加至战时的4500人，新泉军兵力从平时的1000人增加至战时的7000人，张掖守捉的兵力从平时的7300人在一个阶段减少至战时的6500人，在另外一个阶段又减少至战时的500人。

开元二十九年（741）六月，当吐蕃赞普率领的军队向北推进到河西大斗军附近，这时身兼陇右节度使、河西节度使的盖嘉运，正在陇右节度使境内巡视边防①，从而证明是此时盖嘉运并不清楚吐蕃作战意图。正是因为如此，所以盖嘉运在陇右兵力部署上犯下了一系列的战略错误。首先，河源军兵力从平时的14000人减少至战时的4000人。这被抽调的10000兵力，文献没有记载调往何处。盖嘉运是否调动10000兵力对从此北上的吐蕃阻击？恐并非如此。这时作为陇右节度使驻地鄯州城内并没有屯驻大量的军马，临洮军仍然驻守在东部狄道县，所以在不清楚吐蕃北上的意图之前，是不会轻易地调动屏护鄯州兵力。而且，河源军西面只有安人军派驻在浑崖峰的5000士兵击破了入侵的吐蕃，这不是主动出击而是被动应对。这进一步说明，此时面对吐蕃的北上无论是安人军还是河源军，都处于观望、不知所措的状态。其次，镇西军兵力从平时的12000人增加至战时的13000人。河州城不在这次吐蕃行军路线所涉及范围内，唐廷不往战事区增派兵力，反而在河州城内增派1000兵力，但吐蕃攻击意图并不在此，唐军战斗力没有得到应有发挥。最后，临洮军兵力从平时的15000人骤然增加至55000人。开元二十九年（741）临洮军设置在兰州狄道县，唐廷将这个地方兵力增加了40000人，是出于屏障长安上游安全的考量，没有意识到吐蕃作战目的是攻克威戎军和石堡城这两个战略要地。

无论是往镇西军增派兵力，还是往临洮军增派兵力，唐廷兵力部署意图旨在堵住吐蕃进一步深入唐境。在河州城内增加兵力，主要防

① 参见敦煌P.3885号第一件文书《前大斗军使将军康太和书与吐蕃赞普》，载《法藏敦煌西域文献》第29卷，上海古籍出版社2003年版，第89页。

御吐蕃对河州西至鄯州、东至临洮这条道路中间地带的攻击，兼有保护陇右节度使后方安全的意图。在临洮军增加兵力，则主要考虑洮河通道免于遭受吐蕃的攻击，兼有考虑保护都城长安上游安全的作战思想。这种以防堵为主的消极防御，足以说明盖嘉运不清楚开元二十九年（741）六月吐蕃在陇右穿插行军的真正目的。开元二十九年（741）十二月，镇西军兵力从平时的12000人减少至11000人，则是1000名士兵被调往廓州所致，但盖嘉运同样不了解吐蕃的作战目的，导致石堡城最后为吐蕃攻克。

河西防区豆卢军、新泉军兵力的增加，以及玉门军、建康军、张掖守捉兵力的减少，则是开元二十九年（741）六月吐蕃行军北上所致。这次兵力调动涉及河西防区十一个军事据点中的六个，范围从西部豆卢军至东部新泉军，绵延2000多里。这种多据点、大范围的兵力调动，在兵力部署者看来，河西即将面临大规模入侵。其沿着河西走廊一字形展开的调动模式，表明河西面临入侵方向不是来自河西走廊北部的蒙古高原，就是来自河西走廊南部的青藏高原。开元二十九年（741）吐蕃在陇右的穿插行军中，只有这年六月吐蕃推进到河西大斗军附近，唐朝获悉突厥内乱已是这年七月。所以，豆卢等六个军事据点兵力调动只能是开元二十九年（741）六月吐蕃造成的结果。

豆卢军，位于河西防区西部沙州城内。瓜州是河西防区的军需重镇，这里宽阔的地理形势无疑带来了防守的困难。开元十五年（727），吐蕃一度攻陷瓜州，夺取城里的军资及仓粮，遂顺势向东进攻击常乐县、玉门军。[①] 所以，在不清楚吐蕃作战意图之前，面对吐蕃的北上，盖嘉运就顺势增加了沙州城内豆卢军的兵力。因为吐蕃的攻击方向是远离这里的河西西部的大斗军，所以仅仅往这里增派了200兵力，即在平时兵力4300人增加至战时的4500人，以未雨绸缪。

① （宋）王钦若等编纂，周勋初等校订：《册府元龟》卷453《将帅部一一四·怯懦》，凤凰出版社2006年版，第5100页；王尧、陈践译注：《敦煌本吐蕃历史文书》，民族出版社1980年版，第114页；黄希凡：《敦煌藏文吐蕃史文献译注》，甘肃教育出版社2000年版，第285页。

玉门军、建康军兵力的减少，因为它们的南面是高耸的走廊南山，而且走廊南山之南也没有便捷道路通往这里。建康军的兵力从平时的5300人减少至战时的5200人，减少了100人；玉门军的兵力从平时的5200人减少至战时的4200人，减少了1000人，这两军兵力减少的多寡不同，是根据距离吐蕃入侵河西大斗军距离的远近所做出的调整。在其南面有山脉可以凭依的情况下，距离入侵地越远说明受到的威胁越小，反之则越大。根据这条原则，在兵力调动时，就会将距离入侵地远者、受到威胁小的兵力更多地调往他处，同理距离入侵地近者、受到威胁大的兵力则会较少地调动。玉门军西距甘州200余里，建康军西距甘州200里。[①] 这样从大斗谷北上的吐蕃，因为距离建康军较近对其产生的威胁自然比玉门军更重，所以就从玉门军平时兵力5200人抽调4200人支援他处而只留1000人戍守城内；从建康军平时兵力5300人中，仅仅抽调100人而留下5200人防守。此外，较少抽调建康军平时兵力，还因为此处是来自蒙古高原的民族沿着张掖河南下进入河西走廊之后面对的首个唐军据点。[②] 玉门军、建康军部署之间的差异，除盖嘉运根据吐蕃北上入侵所做出判断外，还应当包括吐蕃从大斗谷北上所行经路线的考量。开元十六年（728），吐蕃入寇大斗谷，北上进攻甘州，焚烧甘州城里后而离去。[③] 甘州南面为西安城（今甘肃民乐县西北），是吐蕃北上甘州所经之地。[④] 开元十六年（728），唐军在西安城东南方向的祁连城下击破吐蕃。[⑤] 既然吐蕃能够达到祁连城

---

① （唐）李吉甫撰，贺次君点校：《元和郡县图志》卷40《陇右道下》“河西节度使”条，中华书局1983年版，第1018页。

② 严耕望：《唐代交通图考》第2卷《河陇碛西区》附图8《唐代长安西通陇右河西道河湟青海地区交通网合图》，上海古籍出版社2007年版。

③ （宋）王钦若等编纂，周勋初等校订：《册府元龟》卷358《将帅部一九·立功第十一》，凤凰出版社2006年版，第4038页。

④ 严耕望：《唐代交通图考》第2卷《河陇碛西区》附图8《唐代长安西通陇右河西道河湟青海地区交通网合图》，上海古籍出版社2007年版。

⑤ （后晋）刘昫等：《旧唐书》卷8《玄宗本纪上》，中华书局1975年版，第192页；（宋）司马光：《资治通鉴》卷213，中华书局1956年版，第6782页；（宋）王钦若等编纂，周勋初等校订：《册府元龟》卷986《外臣部三一·征讨第五》，凤凰出版社2006年版，第11417页。

下，那么必然经过大斗谷与守卫谷口的大斗军。所以，吐蕃从大斗谷北上进入甘州路线应该是这样的：大斗谷—大斗军—祁连城—西安城—甘州。[①]

从大斗谷北上甘州这条行军路线，影响着位于这条线路北段设置在甘州城内张掖守捉的兵力调动。正是因为甘州位于这条线路北段，而且中间还隔着西安城、祁连城、大斗军等几个据点，所以其面临来自大斗谷吐蕃北上压力减轻了许多。结果，这次从张掖守捉平时兵力7300 人中仅仅抽调 500 人支援他处。无论如何，这次不可能从中抽出 6500 人，约占据该守捉兵力全部的 90% 。一旦大斗军被攻破，仅800 人戍守的张掖守捉就会被吐蕃轻易攻克。况且，这里正对着吐蕃入侵的方向。那么，在制定作战预案的过程中，盖嘉运不可能不考虑到这一点。这只有一种解释，就是这次从张掖守捉抽调出兵力的6500 人不是开元二十九年（741）六月吐蕃赞普率军北入大斗谷这次行军。

新泉军力从平时的 1000 人遽增至战时的 7000 人，取决于其特殊的地理位置。该军位于今甘肃省景泰县西面，从此往东便到黄河渡口乌兰关。[②] 开元十五年（727），在防御吐蕃的作战预案中，唐玄宗就下令朔方节度使兵马在此防堵。[③] 换言之，如果这里为吐蕃所占据，从河西经此通往唐都道路随时就会被隔断，长安自然处在吐蕃的威下。在此增加重兵，还应该有另外一层因素考虑，即防御突厥从贺兰山东侧经灵州至此。[④]

开元二十九年（741）六月、十二月，盖嘉运根据河西防区的地理形势、吐蕃北上河西大斗军的行军路线所做出的兵力部署，旨在加

---

① 严耕望：《唐代交通图考》第 2 卷《河陇碛西区》附图 8《唐代长安西通陇右河西道河湟青海地区交通网合图》，上海古籍出版社 2007 年版。

② （唐）李吉甫撰，贺次君点校：《元和郡县图志》卷 4《关内道四》“会州”条，中华书局 1983 年版，第 98 页。

③ （宋）王钦若等编纂，周勋初等校订：《册府元龟》卷 992《外臣部三七・备御第五》，凤凰出版社 2006 年版，第 11491 页。

④ 史念海：《唐代历史地理研究》，中国社会科学出版社 1998 年版，第 213 页。

强河西东部的兵力部署，以便与陇右东部的兵力部署连接为一个整体，进而屏障唐都上游的安全。所以，设置在凉州城内的赤水军、凉州北面的白亭军、西面的交城守捉的兵力就没有丝毫被调动，调动的只是河西东部的新泉军。在河西西部，只是略微增加戍守沙州城内豆卢军的兵力之后，遂将玉门军的兵力遽然从 5200 人抽调出 4200 人支援他处。这次位于吐蕃入侵方向上的张掖守捉、建康军，开元十二年（724）六月同样免不了兵力被调动的命运，不过数量较小而已。这样兵力调动和调整的目的，旨在加强河西东部的兵力部署。新泉军兵力从平时的 1000 人遽增到战时 7000 人，就是基于这种思想部署的。

前面结合开元二十九年（741）六月、十二月吐蕃的行军路线，对陇右河源军、镇西军、临洮军，以及河西豆卢军、玉门军、建康军、张掖守捉、新泉军的兵力调动做出了合理的解释，问题是这些军事据点的兵力调动，究竟来自何处？除镇西军、河源军之外，余下军事据点的兵力调动，又是怎么样的呢？通过上文的多方论证，可以肯定的是陇右兵力部署是在不清楚吐蕃行军目的背景下做出匆忙的调整，这意味着开元二十九年（741）六月陇右、河西两大防区的兵力调动应本着近距离原则进行。所以，调至临洮军兵力 40000 人、镇西军兵力的 1000 人，不会从吐蕃行军路线所经的陇右、河西两大防区调动，而且抽调的不是由军、守捉组成的镇兵，而是具有地方性质的团练兵。这两个节度使总兵力没有因此改变。

至于河西兵力调动，应该本着这样的原则分析。开元二十九年（741），河西兵力调动与陇右一样都是面对吐蕃北上所做出的被动调整，但与陇右不一样的地方是吐蕃兵锋并没有深入河西腹地，只是到了河西大斗军，所以该区兵力调动是根据入侵方向做出的应对。这一方面使河西兵力调动有了较多的准备时间，可以相对从容进行。另一方面，河西走廊东西狭长、南北较短的地形，规定着盖嘉运在河西兵力调动本着距离最近的原则进行。因此，豆卢军兵力增加的 200 人，应是从其西面玉门军兵力减少的 4200 人抽出的 200 人，新泉军兵力增加的 6000 人应包括从玉门军兵力减少的 4000 人，建康军兵力减少的 100 人，张掖守捉兵力减少的 800 人，剩余的 1100 人应是从河西地方团练兵抽出。

开元二十九年（741）十二月吐蕃攻击石堡城，促使陇右防区镇西军兵力减少，也促使河西防区张掖守捉兵力的减少与宁寇军兵力的增加。与这年六月吐蕃入侵陇右所带来的增加戍守镇西军兵力，尤其是大规模增加临洮军兵力截然不同，这次则是将河源军兵力从平时的 14000 人抽出 10000 人。不仅如此，还从维护临洮军至鄯州这条交通大道中间地段的镇西军抽调平时兵力 1000 人。前者说明这次吐蕃行军方向，已经不是向北指向河源军；河源军已不再受到吐蕃威胁。否则，将这里的绝大部分兵力抽调他处，无异自撤藩篱。后者说明镇西军这个维护东西道路的据点，同样不再受到威胁。所以，这次对陇右威胁的只能是河源军以南、镇西军以西的地方。开元二十九年（741）发生这个方位的战役，只有前引文献所载这年十二月吐蕃攻击石堡城，从而证明这次河源军、镇西军的兵力调动，是吐蕃攻击振武军所致。这次唐军之所以能够调动这两军的兵力，显然是这年六月吐蕃攻取石堡城的失败直接将作战的目标暴露；唐军借此判断吐蕃这次行军方向已经不会北上。

从河源军兵力抽调的 10000 人加上从镇西军抽调的 1000 人共有 11000 人，这些士兵究竟被派往何处？从前引敦煌 P. 3885 号第三件文书中可以窥出一些端倪。开元二十九年（741）十二月吐蕃屠杀达化县城的吏民，主要是为了打破唐军的预先兵力部署。所以，面对吐蕃屠城，唐军不能无动于衷，这就引起唐军其他军事据点的支援。残破的第三件文书，记载前来支援的有的自关东。这不能排除这 11000 人首先到石堡城，一部分再至达化县的可能性。天宝元年（742）唐人对这次石堡城之役回忆说："诱我石堡之城。"[①] 之所以这样说，应是将原先于石堡城集结的唐军调到达化县，而且吐蕃确实在达化县留

---

① （唐）樊衡：《河西破蕃贼露布》，载（清）董浩等《全唐文》卷 352，中华书局 1983 年版，第 3571—3573 页。

下部分军队作为诱饵，吐蕃趁此机会攻克石堡城。

至于这年十二月从河西防区张掖守捉平时兵力的7300人抽调6800人，刚好等于宁寇军从平时的1700人增加至战时的8500人中多出的6800人。与这年六月河西防区的豆卢等六个军事据点兵力调动，所呈现的东西一字形排列以防御吐蕃北上，旨在加强河西东部的新泉军，用来巩固唐都长安上游的目的不同，这次河西兵力的调动是沿着张掖河谷地南北方向开展，防御重点已不在河西防区的核心地带，而是转移到边缘。这表明河西防区已不像开元二十九年（741）六月受到吐蕃北上威胁，否则不可能将位于吐蕃北上路线途中，戍守在河西重镇甘州城内张掖守捉的兵力抽出绝大部分。这是唐人已经清楚吐蕃不会北上行军的缘故。既然如此，这次河西兵力的调动不是应对吐蕃北侵，而是防御突厥因其国内内乱可能进行的南下。这年七月突厥发生可汗被弑事件，所引起的内乱一直持续到天宝元年（742）。[①] 唐廷对此不能不提高警惕。宁寇军，位于河西防区的最北部，防御突厥南下的最前沿。[②] 因此，于此增兵设，防势之所趋。

---

① （宋）司马光：《资治通鉴》卷214，中华书局1956年版，第6844页；（宋）司马光：《资治通鉴》卷215，中华书局1956年版，第6854—6856页；（宋）王钦若等编纂，周勋初等校订：《册府元龟》卷37《帝王部三七·颂德》，凤凰出版社2006年版，第392—393页；（宋）王钦若等编纂，周勋初等校订：《册府元龟》卷977《外臣部二二·降附》，凤凰出版社2006年版，第11313页。

② （唐）陈子昂：《陈拾遗集》卷8《上西蕃边州安危事》，上海古籍出版社1992年版，第100页。

结　　语

陇右防御体系形成以仪凤二年（677）为节点。仪凤二年（677）之前是正州加羁縻州的预警体系。以后，转变为军、守捉等由军事据点组成的戍守体系。这种兵力部署分散的态势，决定积极进攻才是维护长安上游安全的重要作战方式。

一　仪凤二年（677）之前陇右防区是正州加羁縻州的预警体系

陇右防区由东西两部分组成。东面由秦州总管府相继析出岷州总管府、叠州都督府和洮州都督府，西面有凉州总管府相继析出兰州都督府和鄯州都督府。前者主要以洮水、羌水两流域作为基本的地理单元，形成了以岷州为节点，连接这两个流域各州组成的防御系统，旨在保护从唐都长安至西域所经渭河谷地的战略通道。后者主要以黄河干流及支流离水作为基本地理单元，形成以兰州为节点，连接这两处地方各州组成的防御系统，旨在保护从渭河谷地延伸而来、穿越兰州之境的战略交通。

这是从唐武德（618—626）初年至开元二年（714）近一百年的时间内，无论是秦州总管府还是凉州总管府，其辖属各都督府析出正州比较稳定的原因。因各自所保护交通要道的职责没有发生改变。唐朝以这些东西横亘的交通要道为依托，逐步实现向西拓边及维护拓边成果，是百年来经略西部边疆的主旋律。这时位处青藏高原、黄土高原、内蒙古高原接合部以青海湖为中心的区域，成为争相角逐、易于破碎的区域。

武德四年（621）设置的岷州总管府，是唐朝实行向西拓边战略的过程中和来自以青海湖为中心的吐谷浑政权从合作走向冲突的产物。当唐朝在西进过程中实现了更迭吐谷浑政权后，唐朝与青藏高原迅速崛起的吐蕃又产生了以青海湖为中心新的地缘矛盾，合作、冲突又成为双方关系常见的表现形式。叠州都督府是唐与吐蕃冲突后合作的产物，洮州都督府则是双方合作破裂后走向冲突的结果。兰州都督府、鄯州都督府的置废亦是如此，前者设置初固然主要是为了防御北方的突厥，但很快就转向来自青藏高原的吐谷浑，双方冲突自然无法避免。后者则是与吐蕃再次冲突所致。直至开元二年（714）设置的陇右节度使，同样如此。

所以，在唐朝、吐谷浑和吐蕃各自在维护其边疆安全的战略无法得以改变的情况，冲突就成为唐朝与吐谷浑、吐蕃最常见的形式。既然冲突是唐朝经略周边民族过程中常见的问题，除了利用唐朝所能控制的正州构成基本的防御单元外，那么如何在正州所不能控制地方积极防御就成为一个非常现实的课题。位处唐朝与吐谷浑间的党项、唐朝与吐蕃间的吐谷浑及党项，基于生存发展需要所表现出的摇摆不定的特性，成为唐朝经略吐谷浑、吐蕃过程可资利用的资源。这是贞观以来陇右各都督府辖区内除正州之外，还有所属党项羁縻州的原因。

这些羁縻州在地域归属上呈现由南向北再向西的趋势。贞观五年（631）设置在若尔盖草原与九曲羁縻西戎州都督府以及西戎州、西麟州、西吉州、阔州、西雅州、丛州、诺州、蛾州、洪州、西集州、肆州、玉州归属松州都督府。贞观十年（636），将原属松州都督府分布在从今青海柴达木盆地至九曲的盖州、位州、嶂州、祐州、肆州、玉州、台州、桥州、序州、都州、流州、厥州、调州、凑州、般州、匐州、器州、迩州、率州、钟州归属叠州都督府，十三年（639）又将这些州归属洮州都督府。随着乾封二年（667）、仪凤元年（676）这些羁縻州废除和迁移，至咸亨三年（672）、仪凤元年（676）又于今大通河谷设置了合门州都督府与丽州、超州、罕州、永州、定州归属鄯州都督府。

这些羁縻府州在地域归属上的变化，反映出唐朝防御对象与防御方向之间的变化。松州都督府主要防御对象是从若尔盖草原北上的吐谷浑。叠州都督府防御对象则转变为来自青藏高原的吐蕃，主要防御方向仍是若尔盖草原，次要防御方向则是柴达木盆地、青海湖以南的区域。洮州都督府防御对象仍是吐蕃，主要防御方向转移到九曲。鄯州都督府防御对象是吐蕃，防御方向已经转移到青海湖。这些防御对象和防御方向的变化，同时意味着唐朝和周边民族主要战场转移到湟水谷地。这促使唐朝在陇右的防御中心逐步完成从东向西的转移。

由此可以看出，在仪凤二年（677）之前陇右防区主要防御形式是正州加羁縻府州。正州主要承担了保护从长安至西域所经主要交通要道的功能，从这些主要交通要道分出的以各河流谷地为依托的交通支路构成了基本防御单元，是为保护这些主要交通要道的第一层防御。位于这层防御之外的为羁縻防御层，主要为防御其外的民族并起到预警作用。从贞观时期兴起的羁縻防御层，随着吐蕃兴起，逐渐变得支离破碎，被戍守体系替代。

二 仪凤二年（677）之后陇右防区是正州加军、守捉构成的戍守体系

陇右戍守体系的形成经历了太宗、高宗至武周、玄宗三个时期。这三个时期，依照设置年代顺序分别是贞观九年（635）设置的合川郡界守捉、仪凤二年（677）的河源军、莫门军、积石军、久视元年（700）的临洮军、开元二年（714）的平夷守捉、绥合守捉、开元五年（717）的白水军、开元七年（719）的安人军、开元十七年（729）的振武军、开元二十六年（738）的宁塞军、镇西军、威戎军。

这十三个军事据点的设置从一开始就遵循着维护唐都长安上游安全的战略需要，所以要保护渭河谷地、湟水谷地以及连接这两条河谷交通要道的畅通。在这条边疆安全原则下，凡是危害它的势力只有“一”条出路可供选择：不臣服，就是敌人。这十三个军事据点在陇右的空间分布大致呈现出由东向西转移的态势。

这有两方面的原因。一是仪凤二年（677）河西、九曲羁縻体系

的破坏，二是湟水谷地与洮河谷地战略地位的变动。仪凤二年（677）之前，唐军以黄河为前沿向西开拓，贞观九年（635）为保护侯君集部从河州经龙支县至兰州这条路线的侧翼，设置合川郡界守捉。仪凤二年（677）后，唐廷根据吐蕃行军路线，由西向东设置河源军、积石军、莫门军。这是唐朝在陇右防区补苴罅漏的开始。

虽然这主要针对九曲、河西两个方向的威胁，但北方仍是重要的因素。久视元年（700），针对吐蕃、突厥南北交寇与震荡唐都长安上游的危急形势，狄道县成为兵力部署的最佳之地。正是因为突厥因素的存在，使设置在狄道县的临洮军随着北方压力减轻而迁移到湟水谷地；洮河谷地的北方压力一旦增加，临洮军又向西迁移到这里，从而成为陇右十三个军事据点中唯一一支机动力量。

景云元年（710），吐蕃终于合法占领河西、九曲。这遭到唐玄宗君臣否定，封疆之争就在河西、九曲逐步展开。这个主题一直贯穿着玄宗朝。唐廷要想将吐蕃势力挤出九曲、河西，首先要完成对从秦州至鄯州这条战略通道及支线兵力的部署。开元二年（714），在陇右鄯州、廓州、河州、洮州组成的前沿战区，只剩下离水谷地，以及河源军至积石军一线这两个罅漏。这年分别于此设置了平夷守捉和绥和守捉。

结果，在河源军以西、以北与凉州以南，以及河源军经绥和守捉至积石军一线以西，还存在吐蕃占据的两个地带。开元二年（714）以来，唐廷和睦周边、专力经略吐蕃的国策，使唐军经略方向指向吐蕃、突厥交通的鄯州之境。开元五年（717）、七年（719）趁着吐蕃军事式微与唐蕃封疆谈判之际，唐军接连两次发动旨在破坏吐蕃后勤补给的九曲之役，遂在鄯州北境与西境分别设置白水军、安人军。

安人军的设置，延长了鄯州以西湟水谷地的防御纵深，遂与河源军至镇西军对设置在青海湖西南吐蕃的铁刃城形成了东、西两个方向的挤压。开元十五年（727）王君㚟之死与唐军外线作战方针实行作战，遂于开元十七年（729）调动朔方、陇右、河西的兵力对吐蕃铁刃城发动攻击，设置振武军。

至此，在陇右防区只剩下廓州、河州城内与陇右、河西接合部的鄯州北境，不是缺乏必要的兵力部署，就是还在吐蕃之手。长时期的战争，尤其是唐朝还不能一时解除吐蕃从九曲直接威胁洮河谷地的局面下，开元二十一年（733）唐朝与吐蕃签订了从一开始就埋下战火的边界协定。随着二十四年（736）战事帷幕拉开，唐廷终于得以完善了廓州、河州城内，以及鄯州北境的兵力部署。

三 陇右防区兵力部署与作战形式检讨

开元二十九年（741），吐蕃倾四十万兵力入侵陇右、河西，旨在遏制唐军向青海湖方向的军事扩张，达到构建北部边防安全的双重战略目的。天宝元年（742）以来的唐蕃战事一再说明，开元二十九年（741）这两次大规模战役，只是帮助吐蕃夺回威戎军和石堡城这两个战略要地，根本没有起到扭转时局的作用。这年唐蕃战争的烽火刚熄灭，天宝元年（742）陇右就在青海湖之侧大破吐蕃[①]，河西节度使乘胜再次对青海湖的吐蕃实行了成功的偷袭，拉开了唐朝全线反击战争的序幕。随着天宝六年（747）唐军在西域攻破亲附吐蕃的小勃律[②]，八年（749）在陇右攻克石堡城[③]，十一年（752）于云南击破吐蕃[④]，十二年（753）又收复九曲[⑤]、大破大勃律[⑥]，渐渐达到了

---

① （宋）司马光：《资治通鉴》卷215，中华书局1956年版，第6856页；（宋）王钦若等编纂，周勋初等校订：《册府元龟》卷37《帝王部·颂德》，凤凰出版社2006年版，第393页。

② （宋）司马光：《资治通鉴》卷215，中华书局1956年版，第6886页；（宋）王钦若等编纂，周勋初等校订：《册府元龟》卷431《将帅部九二·器度》，凤凰出版社2006年版，第4880页。

③ （后晋）刘昫等：《旧唐书》卷9《玄宗本纪下》，中华书局1983年版，第223页；（宋）司马光：《资治通鉴》卷216，中华书局1956年版，第6896页。

④ （宋）王钦若等编纂，周勋初等校订：《册府元龟》卷434《将帅部九五·献捷》，凤凰出版社2006年版，第4908页。

⑤ （宋）司马光：《资治通鉴》卷216，中华书局1956年版，第6918页。

⑥ （宋）司马光：《资治通鉴》卷216，中华书局1956年版，第6920页；（宋）王钦若等编纂，周勋初等校订：《册府元龟》卷721《幕府部·谋划第二》，凤凰出版社2006年版，第8316页。

高潮。

唐军这一系列战役胜利与开元二十九年（741）唐军失败形成鲜明对比。接连失败，固然是因为陇右防区兵力部署分散，更多的则是因为消极、被动防御。这种防御方式只会在意一城一地的得失，缺乏从全局、宏观的角度进行战场的战略建设。结果，以不足两万人的兵力抵抗高于自己兵力二十多倍的吐蕃。虽然在局部战场的战役上，唐军利用地形的优势取得胜利，暂时延缓了吐蕃遂行目标的进程，却因缺乏对陇右乃至河西等西部大战场的战略筹划，从一开始就以一个或几个军事据点对抗兵力众多的吐蕃，根本无法将整个防御体系有机联系起来协同作战，即使在局部战场取得某些战役的胜利，却无法扭转整个战役失败的结局。开元二十九年（741）这次战役后，唐军在陇右及周边战场与吐蕃多次战役再次证明，唐军欲在兵力部署分散的态势下取得胜利，只能实行积极防御，或者与其他防区协同作战，这样才能将分散的兵力集结起来发挥集中兵力作战的优势。

开元二十九年（741）唐军在连续两次兵败、丧失战略要地的不利局势下，仍然能在天宝元年（742）以来发动一系列战役，取得决定性的战略胜利，背后实际隐藏着唐之兵制革新带来的战斗力提高的新因素。开元以来，唐之边地出现了节度使统辖都督府的防区。这在保障边地粮秣的供输同时，又有力地支援各节度使间的大规模协同作战。① 后勤补给是唐军战斗力得以提高的外在因素。开元初年以来，唐之边地终身职业战兵逐渐在数量、质量上成为边地镇兵的主力与中坚，是唐军战斗力根本提高的内在因素。② 职业战兵，不仅解决了募兵受镇守年限的限制带来的路途遥远、往来不易而影响战斗力发挥的问题，同时还解决了募兵因训练不精、需要时间培养所带来的亟待提

① 李新贵：《唐前期陇右节度使属州整合过程研究》，《历史地理》第27辑，上海人民出版社2013年版，第22—35页。

② 孟彦弘：《唐前期的兵制与边防》，载荣新江主编《唐研究》，北京大学出版社1995年版，第245—276页。

高整体战斗力的问题，而且职业战兵本地化更有利于唐军根据时势变化随时随地满足战争需要。终身职业战兵成为唐代边地镇兵的主力与中坚，恰是在天宝元年（742）唐对吐蕃发动全面战争反击之前的开元二十五年（737）。

参考文献

一　古籍

（后晋）刘昫等：《旧唐书》，中华书局 1975 年版。

（唐）杜佑：《通典》，中华书局 1988 年版。

（唐）李吉甫撰，贺次君点校：《元和郡县图志》，中华书局 1983 年版。

（唐）李林甫等撰，陈仲夫点校：《唐六典》，中华书局 1992 年版。

（唐）李泰等撰，贺次君辑校：《括地志辑校》，中华书局 1980 年版。

（宋）欧阳修等：《新唐书》，中华书局 1975 年版。

（宋）司马光：《资治通鉴》，中华书局 1956 年版。

（宋）宋敏求：《唐大诏令集》，中华书局 2008 年版。

（宋）王溥：《唐会要》，中华书局 1955 年版。

（宋）王钦若等编纂，周勋初等校订：《册府元龟》，凤凰出版社 2006 年版。

（清）董浩等：《全唐文》，中华书局 1983 年版。

陈子昂：《陈拾遗集》，上海古籍出版社 1992 年版。

道宣著，范祥雍点校：《释迦方志》，上海古籍出版社 2011 年版。

唐长孺：《唐书兵志笺正》，科学出版社 1957 年版。

二　方志

《甘南民族自治州概况》编写组：《甘南民族自治州概况》，民族出版社 1987 年版。

贵德县地方志编撰委员会：《贵德县志》，陕西人民出版社 1995 年版。
化隆回族自治县志编纂委员会：《化隆县志》，陕西人民出版社 1994 年版。
湟源县志编辑委员会：《湟源县志》，陕西人民出版 1993 年版。
乐都县志编撰委员会：《乐都县志》，陕西人民出版社 1992 年版。
《临夏回族自治州概况》编写组：《临夏回族自治州概况》，民族出版社 2008 年版。
临夏州志编辑委员会：《临夏回族自治州志》，甘肃人民出版社 1993 年版。
门源回族自治县编纂委员会：《门源县志》，甘肃人民出版社 1993 年版。
青海省地方志编纂委员会：《青海省志·青海湖志》，青海人民出版社 1988 年版。
青海省文物志编辑委员会：《湟中县湟源县文物志》，西宁城西区民族印刷厂 1991 年版。
西宁市志编纂委员会：《西宁市志》，陕西人民出版社 1997 年版。

三　专著

艾冲：《唐代都督府研究——兼论总管府·都督府·节度司之关系》，西安地图出版社 2005 年版。
才让：《吐蕃史稿》，人民出版社 2010 年版。
陈良伟：《丝绸之路河南道》，中国社会科学出版社 2002 年版。
陈桥驿：《水经注校证》，中华书局 2007 年版。
陈祚龙：《敦煌文物随笔》，台湾商务印书馆 1978 年版。
程志、韩滨娜：《唐代州和道》，三秦出版社 1987 年版。
《法藏敦煌西域文献》，上海古籍出版社 2003 年版。
郭声波：《中国行政区划通史》（唐代卷），复旦大学出版社 2012 年版。

国家文物局主编：《中国文物地图集·甘肃分册（下）》，测绘出版社 2011 年版。
黄希凡：《敦煌藏文吐蕃史文献译注》，甘肃教育出版社 2000 年版。
康乐：《唐代前期的边防》，台湾大学出版社 1980 年版。
李锦绣：《唐代财政史稿》（上卷）第三分册，北京大学出版社 2001 年版。
李树桐：《唐史研究》，台湾“中华”书局 1979 年版。
李智信：《青海古城考辨》，西北大学出版社 1995 年版。
李宗俊：《唐前期西北军事地理问题研究》，中国社会科学出版社 2015 年版。
林冠群：《唐代吐蕃史论集》，中国藏学出版社 2006 年版。
林冠群：《玉帛干戈：唐蕃关系史研究》，台北联经出版事业股份有限公司 2016 年版。
刘统：《唐代羁縻府州研究》，西北大学出版社 1998 年版。
史念海：《唐代历史地理研究》，中国社会科学出版社 1998 年版。
台湾“三军”大学：《中国历代战争史》，中信出版社 2013 年版。
谭其骧：《中国历史地图集》，地图出版社 1982 年版。
王小甫：《唐、吐蕃、大食政治关系史》，中国人民大学出版社 2009 年版。
王尧、陈践译注：《敦煌本吐蕃历史文书》，民族出版社 1980 年版。
王永兴：《唐代经营西北研究》，兰州大学出版社 2010 年版。
吴松弟：《两唐书地理志汇释》，合肥教育出版社 2002 年版。
吴玉贵：《突厥汗国与隋唐关系史研究》，中国社会科学出版社 1998 年版。
肖爱民：《中国古代北方游牧民族两翼制度研究》，人民出版社 2007 年版。
薛宗正：《吐蕃王国的兴衰》，民族出版社 1998 年版。
严耕望：《唐代交通图考》，上海古籍出版社 2007 年版。
严耕望：《严耕望史学论文集（中）》，上海古籍出版社 2009 年版。

郁贤皓：《唐刺史考全编》，安徽大学出版社 2000 年版。
朱风玉、汪娟编：《张广达先生八十华诞祝寿论文集》，（台北）新文丰出版公司 2010 年版。
朱悦梅：《吐蕃王朝历史军事地理研究》，中国社会科学出版社 2017 年版。
[美] 拉铁摩尔：《中国的亚洲内陆边疆》，唐晓峰译，江苏人民出版社 2005 年版。
[美] 乔治・H. 奎斯特：《国际体系中的进攻与防御》，孙建中译，上海人民出版社 2008 年版。
[匈] 乌瑞：《有关公元 751 年以前中亚史的藏文史料概述》，荣新江译，中央民族学院藏族研究所编《藏族研究译文集》第 2 集 1983 年版。
[印度] 恩・克・辛哈、[印度] 阿・克・班纳吉：《印度通史》（第 1 册），张若达、冯金辛等译，商务印书馆 1973 年版。

四 论文

包寿南：《石堡城质疑》，《西北史地》1982 年第 1 期。
岑仲勉：《〈括地志〉序略新诠》，《史学专刊》1935 年第 1 期。
陈小平：《唐石堡城地理位置考索——兼驳今甘肃卓尼县羊巴城即唐石堡城址说》，《青海民族学院学报》（社会科学版）1987 年第 2 期。
樊维华：《〈八棱碑〉与唐洮州临洮郡》，《陇右文博》1999 年第 2 期。
高东陆：《湟源县境内的古城堡》，《青海文物》1990 年第 4 期。
郭声波：《唐代河西九曲羁縻府州及相关问题研究》，《历史地理》（第 21 辑），上海人民出版社 2006 年版。
黄正建：《敦煌木吐蕃历史文书大事记年有关唐蕃关系的译注拾遗》，《西藏研究》1985 年第 1 期。
李新贵：《开元二十九年吐蕃行军路线与唐陇右、河西兵力调动研究》,《历史地理》(第 32 辑),上海人民出版社 2015 年版。
李新贵:《唐前期陇右节度使属州整合过程研究》,《历史地理》(第 27 辑),上海人民出版社 2013 年版。
李新贵、田清:《文成公主入藏与唐蕃接触战略》,《军事历史》2021 年第 3 期。
李振翼、马明达:《甘南卓尼县唐"唐李将军碑"考略》,《兰州大学学报》(社会科学版)1982 年第 1 期。
李宗俊:《道格尔古碑即唐蕃赤岭画界碑考辨》,《民族研究》2013 年第 1 期。
李宗俊:《敦煌文书 P. 3885 反映的吐蕃行军路线及神策军驻地、洮州治所等相关问题考》,《唐史论丛》2016 年第 22 辑。
李宗俊:《唐代石堡城、赤岭位置及唐蕃古道再考》,《民族研究》2011 年第 6 期。
李宗俊、沈传衡:《康太和墓志与唐蕃道路等相关问题考》,《西藏大学学报》(社会科学版)2019 年第 4 期。
刘满:《唐洮州治所位置考》,《敦煌学辑刊》2011 年第 1 期。
陆离:《敦煌文书 P. 3885 号中记载的有关唐朝与吐蕃战事研究》,《中国藏学》2012 年第 2 期。
邵文实:《开元后期唐蕃关系探谜》,《西北史地》1996 年第 3 期。
孙显宗:《也谈唐石堡城遗址》,《西北史地》1983 年第 2 期。
王海兵:《唐蕃西川战争及相关路线考辨》,《江汉论坛》2008 年第 1 期。
王昱:《石堡城遗址考察纪实》,《青海社会科学》2009 年第 5 期。
[日] 松田寿男:《吐谷浑遣使考(下)》,周伟洲译,《西北史地》1981 年第 3 期。